U0368868

 # 特殊儿童早期干预

◎张福娟　杨福义　编著

TeShu ErTong

ZaoQi GanYu

华东师范大学出版社

·上海·

图书在版编目(CIP)数据

特殊儿童早期干预/张福娟,杨福义编著. —上海:华东师
范大学出版社,2011.1
华东师范大学教材出版基金
ISBN 978 - 7 - 5617 - 8364 - 1

Ⅰ.①特… Ⅱ.①张…②杨… Ⅲ.①儿童教育:特殊教
育:早期教育-研究 Ⅳ.①G760

中国版本图书馆 CIP 数据核字(2011)第 005206 号

华东师范大学教材出版基金资助出版

特殊儿童早期干预

编　　著	张福娟　杨福义
组稿编辑	孔繁荣
项目编辑	宋坚之
审读编辑	罗雯瑶
责任校对	林文君
装帧设计	黄惠敏

出版发行	华东师范大学出版社
社　　址	上海市中山北路 3663 号　邮编 200062
网　　址	www. ecnupress. com. cn
电　　话	021 - 60821666　行政传真 021 - 62572105
客服电话	021 - 62865537　门市(邮购) 电话 021 - 62869887
地　　址	上海市中山北路 3663 号华东师范大学校内先锋路口
网　　店	http://ecnup.taobao.com/
印 刷 者	江苏扬中印刷有限公司
开　　本	787×1092　16 开
印　　张	16.5
字　　数	304 千字
版　　次	2011 年 5 月第 1 版
印　　次	2021 年 6 月第 18 次
书　　号	ISBN 978 - 7 - 5617 - 8364 - 1
定　　价	36.00 元

出 版 人　王　焰

(如发现本版图书有印订质量问题,请寄回本社客服中心调换或电话 021-62865537 联系)

本书是华东师范大学言语听觉科学
教育部重点实验室的阶段性研究成果

前言

　　早期干预是特殊教育的重要领域之一，早期干预的概念于20世纪60年代末期由美国最先提出来，原来主要是针对经济、文化等环境不利儿童采取补救性的措施进行补偿性的教育。随着社会的进步和科学技术的发展，人们对早期干预的认识和理解程度不断深入，干预对象及内容方面发生了很大变化。现在早期干预主要是指为学龄前（0—6、7岁）儿童中具有发展缺陷或有发展缺陷可能的儿童及其家庭提供各项专业服务，即早期鉴别、早期发现、早期诊断，并针对其特殊需要提供医疗、保健、康复、教育、社会服务及家长育儿指导等综合性服务。

　　早期干预作为一种综合性服务，其服务对象为学前特殊儿童，包括身心障碍儿童、发育迟缓儿童、高危儿童等。早期干预不仅是特殊儿童本身发展的需要，而且对家庭乃至社会发展都有着重要意义。因此，随着特殊教育和残疾人事业的发展，特殊儿童早期干预工作越来越受到重视。

　　我们希望通过本书的编写，达到以下几方面的目的：首先，可以完善"特殊儿童早期干预"课程，进一步促进教学工作的顺利开展；其次，可以为特殊教育专业及相关专业（教育学、心理学等）的本科生及研究生提供学习的素材；再次，可以为基层特殊儿童早期干预机构和相关人员开展早期干预工作提供可借鉴的经验和方法；最后，各类特殊儿童早期干预典型案例的分析也可以为家长及相关人员提供参考。

本书分为上、下两篇。上篇由六章组成。主要叙述特殊儿童早期干预的基本理论,如特殊儿童早期干预的概念及意义,特殊儿童早期干预的理论基础、基本内容与途径,特殊儿童早期干预的政策法规,家庭早期干预的内容、原则与注意事项等,可以为特殊儿童早期干预实践提供理论指导。下篇由七章组成,涉及智力障碍儿童、听力障碍儿童、视力障碍儿童、自闭症儿童、多动症儿童、脑瘫儿童、肢体残疾和病弱儿童、言语语言障碍儿童等的早期干预内容、途径与方法等。

本书执笔者有:张福娟(第一章、第五章)、陈福侠(第二章、第六章)、杨福义(第三章、第四章)、宋文霞(第七章)、李娜(第八章,第十三章第三节)、胡静(第九章,第十三章第二节)、徐胜(第十章)、林云强(第十一章,第十三章第一节)、陈晖(第十二章)。全书由张福娟、杨福义、林云强统稿。因各章出自不同人之手,又囿于水平有限,错误和不当之处在所难免,恳请读者予以批评指正。

本书得以出版,首先要感谢华东师范大学教材出版基金的资助,也要感谢华东师范大学学前教育与特殊教育学院、泰亿格电子上海有限公司在本书编写过程中给予的大力支持和帮助,还要感谢基层特殊学校为本书案例的搜集和整理付出的辛勤劳动。本书在出版过程中得到了华东师范大学教务处和出版社的领导及有关同志的有益指导和积极支持,在此一并表示由衷的感谢。

编　者

2010 年 10 月 1 日

目录

上 篇

下　篇

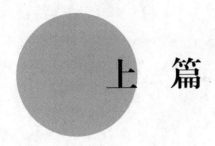

上 篇

第一章 绪 论

　　自从美国提出了"早期干预"的概念以来,针对特殊儿童的早期干预工作就在世界范围内引起了广泛的关注,它的目的就是通过提供各种服务给特殊需要儿童以提高他们未来康复或成功的可能性。本章主要介绍特殊儿童早期干预的概念、对象、意义及发展趋势。

第一节　特殊儿童早期干预的概述

一、早期干预的概念

　　早期干预的概念是在 20 世纪 60 年代末期由美国首先提出来的,原来主要是针对经济、文化等环境不利儿童采取补救性的措施进行补偿性的教育。随着社会的进步和科学技术的发展,人们对早期干预的认识和理解程度不断深入,早期干预概念有了新的发展,尤其在干预对象及内容方面发生了很大变化。现在早期干预主要是指为学龄前(0—6、7岁)儿童中具有发展缺陷或有发展缺陷可能的儿童及其家庭提供各项专业服务,即早期鉴别、早期发现、早期诊断,并针对其特殊需要提供医疗、保健、康复、教育、社会服务及家长育儿指导等综合性服务。希望通过及早而持续的医疗、康复和教育等措施,协助相关问题的解决,使儿童在身体、认知、行为、情绪和社会适应等方面的发展得以改善和提高。

　　从上述概念可看出,早期干预这项工作性质上属于一种综合性服务。其服务对象为学前特殊儿童,包括身心障碍儿童、发育迟缓儿童及高危儿童等。服务的时间越早越好,多半为0—3岁的婴幼儿,有些服务也包括3—6岁的学前儿童。服务的内容为早期发现、早期诊断、医疗、保健、康复、教育及社会服务等。服务提供的方式以专业整合性方式进行,并根据每个儿童及家庭的特殊需要,提供个别指导与服务。

二、早期干预的对象

1. 对象的种类

（1）身心障碍婴幼儿

指存在着先天性或后天各种有害因素造成的明显可见的身心缺陷,需要医疗与康复的残障儿童。这类儿童相较于发育迟缓儿童、高危儿童更容易被发现并进行干预。包括智力障碍婴幼儿、听力障碍婴幼儿、视力障碍婴幼儿、自闭症婴幼儿、运动障碍婴幼儿、脑性瘫痪婴幼儿、多动症婴幼儿、颜面损伤婴幼儿、多重障碍婴幼儿等。有明显生理缺陷的新生儿,在日后发展过程中会出现一系列问题。不少研究者认为这些问题是可以通过对孩子后天所处环境的影响来加以改善的。相反,那些身体健康的新生儿,如果后天所处的环境不良,或者所接受的刺激不当,也会在学前阶段表现出明显的发展障碍。

（2）发育迟缓婴幼儿

在认知发展、生理发展、语言及沟通发展、心理社会发展或生活自理技能等方面,产生异常情形或可预期发展异常情形的婴幼儿。

（3）高危儿童

由于遗传、怀孕、分娩或环境中的不利因素,具有较大风险产生发育迟缓或缺陷的儿童。主要有:高危妊娠母亲的婴儿,包括高龄母亲;母亲在妊娠期间曾发生疾病史的新生儿,包括各种感染性疾病、妊高症、糖尿病、心脏病等;早产儿,胎龄<37周;低出生体重儿,出生体重在2500 g以下的;出生重度窒息的;新生儿颅内出血的;新生儿惊厥;生物化学代谢异常(如低血糖血症、高胆红素血症);有疾病的新生儿等。这些儿童在胚胎期、新生儿期、婴儿期等成长发育的早期,受到一些不利因素的影响,这些不利因素增加了儿童以后发展迟缓的可能性。

（4）上述三类婴幼儿的家庭

在早期干预工作中,都会把上述三类婴幼儿的父母及其家庭列为早期干预的服务对象。家庭是长久教养特殊儿童的基地,父母及其他家人是亲密照顾特殊儿童的人员,家庭生活是呈现父母与幼儿互动状态的最佳场所。父母在养育特殊儿童过程中会遇到不少问题和困难,在早期干预计划中,必然少不了对家长自身各种心理问题的疏导以及育儿的指导,帮助家长掌握护理、教育和训练特殊儿童的基本知识和技能技巧,让特殊儿童能受到及时的家庭干预,使其缺陷和障碍得到有效的补偿和矫治。

2. 年龄范围

学前期是儿童身心发展十分迅速的时期,也是可塑性很大的时期,所以大多数学者认为早期干预的对象以 0—6、7 岁儿童为宜。目前我国大部分地区仅为 3—6 岁残疾儿童提供早期干预服务,0—3 岁特殊儿童早期干预工作还很薄弱。现代儿童生理学和儿童心理学研究表明,儿童 3 岁前大脑发育很快,3 岁时已达到成人脑重的 75%;从出生到 5 岁又是儿童智力发展的最快时期。因此,应加强对 3 岁以下特殊儿童的干预工作。

3. 智商范围

经过诊断,证明儿童在发育的某一方面或几个方面落后,而不论落后表现在哪一领域,包括运动、语言、认知、社会行为及生活自理等领域,该儿童就需要接受早期干预。具体是指:①在标准化的智力测验中智商得分低于平均分两个标准差以上的儿童;②智商在边缘范围,即 1 岁以内发展商在 75 以下,1 岁以上在 85 以下的儿童;③总的发展商并不低,但某一个至两个领域的发展商在 80 以下的儿童。

第二节　特殊儿童早期干预的意义

一、早期干预可以促进特殊儿童健康发展

大量的研究和实践证明早期干预对特殊儿童自身发展有直接意义。早期干预能够治疗或补偿特殊儿童的缺陷,防止残疾程度加深,增进儿童的认知、语言及适应能力的发展,为其以后顺利入学、适应社会创造条件。

1. 能够治疗、补偿或矫正已经存在的缺陷

可利用新的科学技术、工具与手段使机体被损害的机能得到部分或全面康复。如对视力障碍儿童及早进行手术治疗(如白内障康复手术)或配备使用相应的助视器材,可防止其视力下降,而早期的方位辨别和定向行走训练,能够有效地克服视力障碍儿童的盲相;给听力障碍儿童配备合适的助听器材,并进行早期的语言听觉能力训练,能够合理地补偿其听觉和语言的缺陷。

2. 进行二度障碍的预防,即预防继发性缺陷

人作为一个整体,其生理的、心理的各个方面是相互影响的。如对听力障碍儿童及早配备合适的助听器,及时进行听觉技能和言语能力的训练,不仅可以克服"聋"的原发性缺陷,还可以预防"哑"的继发性缺陷的产生,进而可以预防潜在的社

会交往及心理行为问题。同时，早期干预工作的宣传，可以消除特殊儿童家长的焦虑，抚慰家长的心理和情绪，帮助家长接纳特殊儿童，这样就预防了家长的不良情绪殃及孩子，也可防止家长延误其发展的关键期或是引发其他继发性障碍。

3. 避免发展落后，使特殊儿童发展滞后的可能性降低到最小的程度

婴幼儿发育的速度并不完全一致，存在个体的差异性。但如果某些发育领域已经超过个别差异而出现延后时，则应该进行早期干预。接受早期干预的特殊儿童可以在有组织、有计划、有目的教育环境中缩小与普通儿童的差距，更加稳妥地朝着健康合理的常态发展。

4. 消除或减少高危儿童的风险因素，促使其发展

通过医学、护理、心理及教育等方面的早期干预措施，可以减少高危儿童不利的风险因素，降低其死亡率和造成残疾的可能性，促使其正常或较正常地发育。

二、早期干预使特殊儿童家庭拥有希望

家长及其家庭成员最关心子女的前途，都希望子女能够成才，但是当家里降临了一个残疾孩子时，不少家长会感到迷茫、不知所措。通过早期干预可以帮助家长端正态度，树立正确的观念，并向家长提供育儿指导，协助家庭成员采取有效的措施，促进特殊儿童科学合理的发展。

1. 促使家长端正态度，树立正确的儿童观

在我国，家庭中产生残疾儿童后，大多数家长由最初的震惊到拒绝、不理解，然后感到内疚，直到最后盲目无奈地接受。其中不少家长能积极帮助儿童克服缺陷，发展潜能。但也有些家长，采取不正确的教养方式：有的过分溺爱，事事包办代替；有的只看到孩子的缺陷障碍，认为孩子一无是处；有的则对残疾儿童弃之不管，忽视对儿童的教养。这些不正确的育儿态度，将严重地影响残疾儿童的健康发展。特殊教育专业人员要提供给家长必要的早期干预知识，促使他们端正态度，形成正确观念，这样才会抓住儿童早期发展的关键期，补偿缺陷，发展潜能，为儿童以后的健康发展打下坚实基础。

2. 能够为家长及家庭成员提供科学的育儿指导

在儿童的早期教育过程中，家庭教育是核心，家长是孩子的第一任老师。大部分家长能够正视自己孩子的缺陷，但在如何教育特殊儿童问题上却束手无策，往往会感到力不从心，缺乏必要的专业知识，盲目地效仿别人的训练方法，忽视特殊儿童的个体差异性，从而错过儿童发展的关键期。早期干预专业人员可以向家长传授有关早期干预的专业知识，提供专业的育儿指导，这样家长就能配合教育训练机构对儿童进行家庭教育，并能收到良好的效果。

3. 能够减少家庭的负担和压力

特殊儿童的存在对整个家庭而言,不仅带来了沉重的精神负担,而且其发展的过程需要强大的经济投入,又充满着物质压力。如智力障碍儿童缺乏必要的生活自理能力,需要家长及家庭成员给予悉心的照管,这样往往给家庭带来沉重的负担和压力。通过早期干预就可以由专业人士提供针对性的早期干预,有效地培养特殊儿童的生活自理能力,减轻家长乃至整个家庭的负担与压力。

4. 能够解放家庭的劳动力,创造新价值

因特殊儿童本身存在的特殊因素,需要专门的人员陪护左右,这就束缚了家庭的部分劳动力,一些家长也就放弃了工作。如绝大多数自闭症儿童的家长,放弃工作专门照管孩子。如果进行早期干预,培养特殊儿童基本的生活技能,或是将他们送往早期康复机构,无疑解放了家长的劳动力。这样,一方面,家长可以继续工作,增加家庭经济收入,改善生活水平;另一方面,家长可以参与到社会建设中去,为社会的发展创造财富。

三、早期干预具有重大的社会效益

对于社会而言,早期干预不仅能够减少特殊儿童对社会的依赖和被机构性收容(如福利院、收容所)的可能性,还能够减少特殊儿童入学后进入特殊学校接受特殊教育的可能性,增加了其以后适应社会的能力和独立生活、工作的机会,具有重大的社会经济效益。而且,早期干预可以提高公民的社会意识,推进社会的文明进程。

1. 能够降低对社会资源的依赖程度

特殊儿童的发展不仅依靠家庭的支持,还需要整个社会的关心与支持。如特殊儿童所就读的特殊教育学校,这些学校的设置和运作经费要远远大于普通学校的教育费用,这就依赖和要求社会对这部分学校给予较大的投资援助。由此可知,通过早期干预可以减少为残疾婴幼儿及达到入学年龄的儿童提供的特殊教育及其相关服务,来为我们的社会包括公立学校节省教育成本,降低了他们对社会的依赖程度。

2. 能够创造更多的经济效益

早期干预从长远利益来看具有很大的经济效益,这主要体现在:一方面家长及家庭成员因此可以节约许多时间,减少烦恼,可以安心工作,创造经济价值;另一方面,特殊儿童生活自理能力和社会适应能力的提高,增加了其以后独立生活和工作的可能性,这样不但减少了对社会经济援助的依赖,而且还可以通过自己的劳动创造一部分经济价值。

3. 能够推动社会文明进程

儿童早期干预的发展体现了特殊教育与全民教育发展的进步，更充分体现了社会对特殊儿童的关心和重视，使许多特殊儿童在早期就享有与普通儿童相当的发展权利，获得平等的发展机会，树立起正确的人生观和世界观，这些将有利于全社会精神文明建设，有利于构建和谐社会，有利于促进社会成员共同发展。

第三节　特殊儿童早期干预的发展趋势

随着特殊教育和残疾人事业的发展，目前，特殊儿童的早期干预呈现出一些明显的发展趋势。

一、突出"早"的倾向

近些年来，许多国家都十分重视特殊儿童的早期教育和早期干预，认为早期教育和干预越早、越及时，特殊儿童的缺陷补偿和潜能开发的可能性就越大，第二性缺陷的发生率就越低。当然，早期干预究竟从几岁开始更有效，还与家庭的社会经济地位、儿童障碍的程度、障碍的类型等有关。有研究指出，针对从出生到2岁这个群体来说，干预越早开始越好；对轻度障碍的婴幼儿而言，如果在出生之后6个月之内，就接受早期干预，那么受惠是最大的；针对自闭症的孩子，如果干预能够越早介入，成效也会越大。

二、融合教育

进入20世纪70年代，越来越多的国家和地区主张特殊儿童（包括学前的特殊儿童）回归主流，和普通儿童融合在教育和社区环境中。大量研究和实践证明，高水平的融合能促进特殊儿童认知能力、社会适应能力等各方面的发展并能阻止或减少问题行为的产生。融合教育已成为全球特殊教育的一种发展趋势。由于学前特殊儿童融入正常环境和回归主流有一定的困难，早期干预应以更复杂和更充满挑战的方式促进他们的融合。在促进学前特殊儿童与普通儿童的融合方面，具体建议如下：

1. 提供有感染力的物品。可以通过鲜艳的颜色、大小不一的尺寸、各种声音等增加物品的感染力；立体的、新奇的物品能激励学前儿童；如果物品能符合儿童的兴趣和发展水平也具有感染力：这些都会促使学前特殊儿童与普通幼儿一起参加活动，为融合的实现创造条件。

2. 鼓励特殊儿童自己选择活动和物品。给儿童选择活动和物品的自由,当活动和物品由儿童自己挑选时,才能在更大范围内促进融合。

3. 在活动中给特殊儿童安排一定的角色。当儿童只是消极地参与活动时(如听故事、看别人表演等),他们不可能真正融合到普通儿童之中。融合只能产生于所有儿童都参与的活动中,所以在活动中要给特殊儿童安排一定的角色,当然角色的设计必须符合每个儿童的能力和水平。

4. 教师要引导和启发特殊儿童与普通儿童的融合。特殊儿童与普通儿童的主动融合是很困难的,教师要注意加以引导,可以用语言提醒,也可用动作、眼神暗示,以促使两类儿童的交往。

5. 了解儿童的偏好。人们倾向于使用喜爱的用品和参与喜好的活动,学前特殊儿童亦如此。他们在遇到自己感兴趣的用品或活动时,才会变得易于融合。所以学前教育教师要通过仔细观察了解每个学前特殊儿童的偏好,然后向他们提供偏好的用品和活动,促使他们的融合。

三、家长参与

家长参与特殊儿童早期教育和干预工作,是当前国际特殊教育发展的一个重要趋势。不少国家的相关法律都明确规定了特殊儿童家长在早期诊断、个别化教育计划的制定与实施以及评估中有充分参与的机会。我国相关政策法规也要求特殊儿童家庭应当重视对特殊儿童的早期发现、早期康复和早期教育。由于通常父母最了解自己孩子的长处、缺点,所以,很多教育训练措施,特别是早期干预措施的制定更需要家长的配合,有的还需要依靠家长来加以实施。

四、各部门合作

目前,学前特殊儿童的早期干预工作越来越重视各部门的协同合作。不同的部门从各自的角度参与到特殊儿童早期干预之中,除了教育部门外,医疗、福利、社会工作、心理辅导等部门也对特殊儿童提供了重要的帮助。这种多部门的参与及合作,克服了单一部门工作的局限性,拓宽了早期干预工作的思路,扩展了特殊儿童早期干预的资源。

五、医教结合

近年来,随着社会的发展与进步,融合教育理念的逐步深入,招收特殊儿童的学前教育机构的教育对象发生了很大变化,具体表现在:①残疾程度越来越严重;

②障碍类型越来越多样化;③多重残疾儿童越来越多。这些残疾儿童在接受学前特殊教育的同时必须要进行康复训练。由于残疾儿童的康复是一个长期的过程,康复的任务必然会在学前特殊教育机构开展,医教结合是特殊儿童早期干预发展的必然趋势。因此,学前特殊教育机构的教师必须坚持此理念,担负起康复与教育的双重任务。

六、多重干预

当今,人们对特殊儿童的早期干预,已不再只强调某一方面的工作,由于不少学前特殊儿童患有多重残疾,即使某一类残疾儿童也可能表现出多种障碍,所以仅依赖某种单一干预手段或某一领域的训练,并不能促进特殊儿童的有效康复。

黄昭鸣和杜晓新等人(2007)提出多重干预的观点,即采用多种手段和方法对特殊儿童进行干预,通过社团的合作和综合康复,来满足特殊儿童生存和发展的需要[1]。多重康复,从手段上讲,是指可结合采用医学康复和教育康复的方法对特殊儿童进行训练;从内容上讲,是指对特殊儿童的多重障碍进行综合训练。为此,他们提出了康复训练的七个模块,即言语功能训练、听觉功能训练、语言能力训练、认知能力训练、学习能力训练、情绪行为训练、运动功能训练。这七个模块涵盖了医学康复、教育康复、心理康复等领域,力求形成康复合力以促进儿童最佳发展。

思考题

1. 如何理解特殊儿童的早期干预?
2. 简述早期干预的对象。
3. 特殊儿童早期干预有何意义?
4. 早期干预有哪些发展趋势?
5. 如何理解特殊儿童早期干预中的"医教结合"?

---

① 黄昭鸣,杜晓新,孙喜斌等."多重障碍.多重干预"综合康复体系的构建[J].中国特殊教育,2007,(10):67—69.

第二章　早期干预的理论基础

最初，对早期干预的研究与实施主要体现为医学模式，即注重特殊儿童的生理康复。后来，随着各个学科之间的相互借鉴、相互影响，早期干预的模式也逐渐转变为"医学—心理—社会"模式，即不仅重视生理上的康复，也重视心理、社会等因素的影响。与此同时，来自心理学和社会学等不同领域的理论与学说不仅为早期干预提供了科学的理论依据，也为早期干预的实施奠定了坚实的理论基础。

第一节　生物学理论

一、器官用进废退说与功能代偿说

1. 器官用进废退说

法国生物学家拉马克（Lamarck，1808）在其发表的《动物学的哲学》一书中提出了生物进化的思想。其中"用进废退"法则是其主要内容之一。这一法则指出，生物如果某器官没有达到其发展的极限，在环境条件影响下，受到生物本身欲求等的经常持续性的作用，便会逐渐增加这个器官的功能，使它发展壮大起来。相反，如果任何器官不经常使用，则会逐渐衰弱，功能减弱，以致最后消失。

在个体发育过程中，身体的最终发育状态，除了受遗传因素决定外，还有一个弹性阈限，并不是完全由先天决定的，而是由后天生长发育过程的生活环境决定身体在这一阈限内的具体位置。从生理学的角度来说,经常负重和运动的器官神经刺激和血液循环较多,生长刺激因素和发育所需的营养供给都偏高,所以这些器官的发育就比较充分。这就是个体发育中的"用进废退"现象。如果从小对特殊儿童相应的器官进行定向培训,反复、频繁训练并注意训练的趣味性,可以使其不会退化萎缩,保留适当的功能,如脑瘫儿童的肢体运动能力的训练。

2. 器官补偿或代替说

研究表明,生物器官有一种功能补偿或代替的现象。这一现象是生物所具有的一种特性,它是指当机体的某一部位或器官发生病变或功能失常时,有机体通过新的条件联系的建立,可调动器官的残存能力或其他器官的能力对失去的功能进行补偿或代替。例如:盲人在视觉丧失之后,可以通过触觉和听觉来补偿视觉失去的功能;听力障碍儿童大多数仍有残余听力,可以通过配戴助听设备适当补偿听力损失,或通过视知觉进行看话。但是一般来讲,器官的代替或功能的补偿也存在所谓关键期的问题。如果错过关键期,功能补偿或代替的作用非常有限。

二、盖塞尔的成熟理论

盖塞尔(Gesell)是美国著名的儿童心理学家,一生主要从事儿童成长和发展的研究,成熟理论是其主要的观点。他认为支配儿童心理发展的因素是成熟与学习,但成熟更为重要。他强调生物因素在儿童发展中的作用,认为儿童身心的发展变化是受机体内部的因素,即生物基因固有的程序所制约,他把这种通过基因来控制发展过程的机制定义为成熟(Maturation)。他认为成熟与内环境有关,而学习与外环境有关。儿童心理发展是儿童行为或心理形式在环境影响下按一定顺序出现的过程,成熟(内环境)是推动儿童发展的主要动力,学习(外环境)本身并不能促进发展,只是给发展提供了适当的时机而已,同时发展是螺旋状逐步上升的,不同阶段有些发展会重复和产生不平衡,因此该理论亦称螺旋发展理论。为了证明自己的理论,盖塞尔于1929年对一对双生子T和C进行实验研究:T从第48周起每日进行10分钟爬梯训练,连续6周;在此期间,C不做爬梯训练,只从第53周起开始做爬梯训练。根据他的实验结果,C只接受2周的爬梯训练,就能赶上T的水平。盖塞尔原来认为这只是个偶然现象,于是他换了另一对双生子,结果类似;又换了一对,仍然如此。如此反复地做了上百个对比实验,最终得出的结果是相同的,即孩子在52周左右,学习爬楼梯的效果最佳,能够用最短的时间达成最佳的训练效果。

根据双生子爬梯实验,他得出结论说:不成熟就无从产生学习,学习只是对成熟起一种促进作用,成熟是学习或训练的基础,只有在成熟的基础上进行学习或训练,才能有效而成功。无论在成熟的早期、中期、晚期对小儿进行训练都会成功,但其中成功有早晚之分,效果有优差之别。成熟早期是开始学习训练的最佳期或关键期;成熟中期开始学习训练效果虽不如早期,但比晚期开始学习训练要好;成熟晚期开始训练学习虽不如早期中期效果好,但总比不学习不训练要好一些。根据成熟理论,在对特殊儿童进行干预时,应注重其生理的发展成熟状况。例如:一般婴幼儿要到 13 个月才能掌握拇指、食指和中指相对,用指尖抓起立方体,对于残障儿童来说,这一时间会更晚些,因此家长在训练孩子手部精细动作时,要注意这一成熟的时间。

三、关键期理论

最早对关键期进行研究的是奥地利动物心理学家洛伦兹(Lovenz)。他发现小鹅在刚出生的 20 个小时以内,有明显的认母行为。它追随第一次见到的活动物体,并把它当成"母亲",产生跟随现象。他把这种无须强化的,在一定时期容易形成的反应叫做"印刻"(imprinting)现象。"印刻"现象发生的时期叫做"发展关键期"。重要的是,这种"关键期"现象,不仅在小鹅的身上发生,许多研究还发现,几乎所有哺乳动物都有这种"关键期"现象,并且在人类身上也有类似的现象。

在洛伦兹之后,人们开始把主要精力放在人类各种行为(包括心理、技能、知识掌握等行为)的"关键期"的研究中,于是提出了人类心理发展关键期理论。所谓人类心理发展关键期理论是指:人类的某种行为和技能、知识的掌握,在某个特定的时期发展最快,最容易受环境影响。如果在这个时期施以正确的教育,可以收到事半功倍的效果;而一旦错过这一时期,就需要花费很多倍的努力才能弥补,甚至可能永远无法弥补。

目前人类大致承认在发展上存在如下几个重要的关键期:

1. 脑发育和智力的关键期:科学研究表明,胎儿及婴儿神经元发育的关键期是在妊娠第 10—26 周到出生后 6 个月,大脑发育的关键期在妊娠开始到出生后 3 岁,小脑的神经细胞在妊娠初期到出生后的 12 个月增值最高,神经胶质细胞发育的关键期在分娩前后到 4 岁。与此同时,在生命的前几年里,婴幼儿未成熟脑的可塑性也最强,对内外环境变化及刺激极为敏感,在结构和功能上有很强的适应性和重组能力。虽然有害因素会导致新生儿神经的生理性死亡增加,但脑的某些区域还具有再生新神经细胞的能力。如果过了中枢神经系统代偿的最佳时期,神经细胞就不能再复制或产生新的神经细胞,脑损伤也将是不可能恢复的了。因此,出生后的前三年是婴幼儿脑发育最为关键的时期,也是其智力提高最快的时期。在关键期里,需要有外界足够的听、视、触觉等感官刺激以及充足的营养物质,其神经细胞的各种功能才会渐渐发达,刺激越多,发展也越快。这为特殊儿童智力发展的早期干预提供了依据,也为残障儿童尤其是智力障碍儿童的智力开发提供了时间上的参考效标。

2. 言语发展的关键期:儿童的言语尤其是口语的发展速度是很快的,一般在5—6岁,儿童就已掌握了其母语的大部分内容。早在1岁前,儿童就能由牙牙学语转到说出第一个字;到2岁时,大多数儿童开始说简单的句子;到了3—5岁,儿童言语的发展变得非常复杂,不仅使用的句子增长了,词汇量扩大了,而且句式也开始具有成人语句的特点。因此,一般认为,4—5岁前是儿童言语获得的关键期。这就为特殊儿童的早期语言训练尤其是听力障碍儿童的听力语言训练、智力障碍儿童的语言训练提供了有力的时间指标。

3. 人格与社会性发展的关键期:精神分析学派的一系列理论和临床的许多案例研究均显示出早期环境对人格形成的决定作用。精神分析的著名理论家阿德勒曾将儿童在环境中应付困境的方法和策略而形成的特殊的行为方式称为"生活风格",他认为儿童的"生活风格"在4—5岁时已经形成。儿童童年时"生活风格"的适应不良往往导致成年后精神症状的产生,如强迫症、性变态、攻击行为等均与早期生活环境的不良影响有关。鲍尔比(Bowlby)和艾斯沃丝(Ainsworth)在研究婴儿依恋时,发现6个月到3岁是儿童依恋形成的关键期,安全型依恋不仅给儿童提供了情绪安全的基地,而且也为儿童今后自我的发展和社会交往的发展奠定了良好的基础。而不安全的亲子依恋会影响到儿童今后与人交往的质量及对自我的认识。因此,人格形成与依恋关键期理论的揭示,对于我们早期培养特殊儿童良好的人格、形成安全型依恋关系,对于特殊儿童的心理康复具有重要意义。

4. 感觉器官的敏感期——器官致畸的敏感期:"印刻"现象实际上提示的是视器官对可视对象的敏感期。就人类来讲,感觉不仅对外部信息有敏感期,而且对内部刺激也有敏感期。人体器官在胚胎期和出生后的某段时间内对某些影响因素尤为敏感,如婴幼儿听毛细胞对链霉素、庆大霉素的敏感反应,即药物的致聋现象,这实际上就是指器官致畸的关键期。这一现象的揭示对于有效地预防各种残障的发生将起到积极的作用。

关键期理论的提出,为特殊儿童的早期干预提供了坚实的理论基础。同时,根据上述各个关键期可以发现,这些时期都集中在学前阶段,因此学前期是特殊儿童早期干预的关键期,提供合适的干预策略和方法有助于残障儿童的身心发展。例如:有研究发现,在发展的早期给发育迟缓或发育不良的儿童增加营养和环境刺激,可以改善他们的发展状况。有研究表明[①],和不给任何干预的控制组相对照,

---

① 转引自:桑标.关键期:医教结合的重要纽带[J].上海教育科研,2008,(7):14—16.

增加营养和增加环境刺激都能使发展商数提高。将两者结合起来的效果更好,经过大约两年的干预,上述发育不良儿童的发展已经非常接近正常儿童的水平,这个成绩大大地超过了没有接受任何干预的儿童。

四、认知神经科学研究成果

虽然认知神经科学并没有提出系统的理论,但是其研究的成果却为一些理论设想提供了有力的科学依据。同时,它也为特殊儿童的早期干预提供了科学的数据支持。

在20世纪70年代后期,米勒(Miller)和加斯尼加(Gazzniga)首先提出了认知神经科学的学科概念,这一学科主要利用诸如功能性核磁共振(fMRI)、正电子发射断层扫描(PET)和事件相关电位(ERP)等心理物理学及脑成像技术对认知过程进行研究,通过揭示认知过程的大脑机制,来验证、修改和发展已有的理论和模型,并在此基础上提出新的理论。

例如:对于关键期的大脑机制,研究者已经开始使用计算模拟进行研究,特别是模拟神经网络。一项模拟研究探查语言学习的敏感期可能源于开始时的微小差异,尤其是,尚未发育的工作记忆能力可以通过将注意集中于语言输入的关键成分,强调语言的语法结构来推动语言学习。对这一假设的模拟测试表明工作记忆的限制事实上可以导致语言加工过程的优势。在这里,计算模拟被证明是研究开始时的微小差异是如何和何时与学习相联系的有效工具。另外,神经科学的最新研究表明,突触的变化过程正好是婴幼儿接受外界刺激的敏感期和形成某种能力的关键期。比如从出生到6个月,视觉皮质中经历着突触产出过剩和选择性消失的阶段,如果此时剥夺婴儿的正常视觉经验,那么造成的损害将是难以逆转的。也就是说,出生后的6个月是视觉形成的关键期。而且研究还进一步发现,突触产出过剩然后选择性消失的时间和历程因大脑的部位不同而异,有些区域这一过程可能在出生后几个月就完成,有些区域则可能延续至五六岁甚至更长时间才结束,这就很好地解释了各种能力的关键期之所以不同的神经生理原因。

同样的,认知神经科学也以其科学的研究方法进一步证实了盖塞尔的成熟理论,即神经系统按次序发育成熟的背后是细胞与细胞间突触的连接、形成、改变、消亡、分离、会聚、竞争、重排、精炼以及细胞发育环境中弥散性化学信号的调制。除此之外,还发现了早期经验刺激对神经系统的修整、重排、精炼的作用,其中婴幼儿时期早期生活经验刺激对其感觉系统、运动系统的影响最大。

认知神经科学研究不断发展深入,势必会为特殊儿童的早期干预提供更确凿有力的理论依据。

第二节　心理发展理论

特殊儿童的早期干预离不开对儿童心理的干预。在对这些儿童进行心理干预时,一些心理学家关于其心理发展的理论和观点起到了强有力的支持作用,例如:皮亚杰的心理发展理论、埃里克森的心理社会发展理论以及维果斯基的最近发展区的观点。

一、皮亚杰的儿童心理发展理论

皮亚杰(Piaget)是当代国际著名儿童心理学家。他在其儿童心理发展理论中,认为儿童在认知过程中,要么通过同化达到暂时的平衡,要么通过顺应达到认识上的暂时平衡。个体的心理发展就是低层次的平衡向高层次的平衡不断运动的过程。他还通过实验和观察,提出了儿童心理发展的四个阶段,即感知运动阶段(0—2岁)、前运算阶段(2—6、7)岁、具体运算阶段(6、7岁—11、12岁)和形式运算阶段(11、12岁—14、15岁)。其中,感知运动阶段被认为是智力的萌芽阶段。在这一阶段初期,婴儿通过动作和感知觉来区分自己与物体,知道动作与效果之间的关系,开始认识客体的永久性,动作之间开始协调并逐步发展为动作和感知觉之间的协调。到了这一阶段末期,婴儿逐渐将感知运动图式内化为具有象征性的表象图式。随着言语的出现,儿童可以用语言和表象来描述周围的事物以及与他人交往,这样,儿童就进入了第二个阶段——前运算阶段。在这一阶段里,儿童开始出现延迟模仿(即原型物消失后,儿童也可以模仿)、象征性游戏、自我中心化倾向等特点。在这一阶段,由于表象、语言的出现以及行走能力的发展,儿童与社会接触的空间和时间就变得越来越大、越来越多。

在早期干预中的特殊儿童,其心理发展恰恰处于感知运动和前运算这两个阶段,因此在对特殊儿童进行早期干预的过程中,对于处在感知运动阶段的幼儿来说,提供丰富多样的感官刺激和动作训练是最重要的内容,这不仅可以为父母早期发现儿童的残障提供依据,而且对已确诊的特殊儿童而言,可以帮助他们获得对外界事物的初步认识;对处于前运算阶段的儿童而言,最关键的就是语言的训练,尤其是针对听力和言语障碍的儿童和智力障碍的儿童。由此可见,皮亚杰关于儿童心理发展阶段的理论,为了解学龄前特殊儿童的心理发展特点提供了参照。一方面可以了解这些儿童与正常儿童相比,其心理发展的差距在哪里;另一方面,在干预时,可以根据不同儿童的不同特点,选择适合的干预策略和方案。

二、埃里克森的心理社会发展理论

埃里克森(Erikson)认为,一个从出生到死亡,人格的发展经历了相互连续的八个阶段。每一阶段都有一种确定的危机为其特征。一个阶段危机的积极解决会增大下一阶段危机解决的可能性,而如果危机不能解决就会产生心理—社会危机或情绪障碍。在这八个阶段里,其中前三个阶段正好是针对0—6岁的婴幼儿提出的,这三个阶段的内容对特殊婴幼儿的心理康复具有重要的启示作用。(1)信任对不信任(0—1.5岁):这一阶段的婴儿使用感官(如口、眼、耳、皮肤)接触社会。他们在同母亲或养育者的接触过程中形成了本阶段的发展危机:信任或不信任。如果母亲或养育者给予婴儿足够的爱抚和照料,婴儿将产生信任感;反之,如果母亲或养育者的爱抚和照料缺乏,或有缺陷、反复无常,婴儿将会产生不信任感。在这一阶段,婴儿既会产生信任感,也会产生不信任感。如果婴儿内心的信任感多于不信任感,那他/她就可以顺利渡过这一阶段的危机,同时也将形成一些积极的心理品质,如不怕挫折和失败、敢于冒险、能积极面对困难等。(2)自主性对羞怯和疑虑(1.5—3岁):这一阶段的儿童社会的范围扩大了,相应的,他们也在争取更多的自主性,如,反复用"我"、"不"等词表达自己的要求。但是父母往往不会让孩子为所欲为,而是按照社会规则来要求他们。因此,埃里克森把这一阶段的危机称为:自主性或羞怯和疑虑。如果儿童可以按照自己的意愿进行活动,那他/她就会对自己的控制能力和选择能力产生信心;如果父母训练过严或采用粗暴的方式,就会抑制孩子的自主性,这些孩子很容易形成羞怯、胆小或疑虑的特点。(3)主动性对内疚(3—6岁):埃里克森认为,顺利渡过前两个阶段的儿童开始对自己、对周围环境充满好奇,他们检验各种限制以便确定什么是允许的、什么是不允许的。如果父母能耐心地解答儿童的各种问题,鼓励他们的好奇心和想象力,那么儿童就会形成积极进取、具有创新精神的品质;反之,如果父母嘲笑、打击儿童的好奇心或对他们的疑问不给予正面的回答,他们就容易产生罪疚感、无价值感。

对于大多数特殊儿童来说,往往生理上的残疾会令其父母对他们的照顾和要求与正常儿童有所区别,要么是照顾过度,要么是厌恶、置之不理。这两种极端的态度都会影响特殊儿童心理的健康发展,很容易使他们形成一些消极的品质,如自卑、退缩、无价值感等。大量的研究也发现,困扰残障人士的不仅仅是其自身的生理残障,而且还有其内在消极的个性。因此,早期干预不仅仅是对残障儿童生理上的矫治训练,更重要的是帮助他们形成积极的个性品质,为他们融入社会提供精神上的力量。在这方面,埃里克森的心理社会发展理论恰好为特殊儿童心理干预提供了理论上的参考依据。

三、维果斯基的儿童发展观点

维果斯基(Vygotsgy)是苏联杰出的心理学家。在儿童心理教育方面,他的理论也独树一帜,对特殊儿童的早期干预也颇具指导意义。对于儿童的发展,维果斯基创造性地提出了"最近发展区"(ZPD, Zone of Proximal Development)的观点,即儿童发展有两个水平,一个是儿童独立表现出来的心理发展水平,即现有水平,另一个是儿童在有指导的情况下借成人的帮助所达到的解决问题的水平,这两个水平之间往往有一个距离或者差异,这就是"最近发展区"。成人设计或创造的教育内容必须符合儿童的最近发展区,如果内容要求过高,超过了最近发展区,不仅不会促进儿童的发展,而且还会挫伤儿童发展的积极性;如果内容要求过低,远远低于最近发展区,那对儿童发展往往就没有促进效果。所以,教育内容与要求必须走在儿童发展的前面,紧紧抓住儿童学习的最佳限度,这样,教育才能发挥最大的作用,促进儿童最大可能的发展。另外,维果斯基也强调学习的最佳年龄期(关键期)。他不仅提出了学习的最低期限,即必须达到某种成熟程度才能学习某些内容,而且还强调了学习的最晚期限,即超过了最晚期限,儿童的学习效果就会大打折扣。这两个期限之间的时间范围,被他认为是学习的最佳年龄期。在这一过程中,对儿童施以必要教育,可以达到促进其发展的目的。

虽然维果斯基的理论观点针对的是儿童的发展与教学,但是从广义角度来理解,其观点依然对特殊儿童的早期干预具有重要参考价值。首先,明确了早期干预中,干预内容的难易程度要符合特殊儿童的"最近发展区";其次,强调了早期干预的时机。家长或养育者要关注婴幼儿的身心发展状况,一旦发现问题,要及时进行干预矫治,以防错过最佳的矫治时间。

第三节　行为学习理论

行为主义理论又称刺激—反应理论,是当今学习理论的主要流派之一。代表理论有巴甫洛夫(Pavlov)的经典条件反射学说、斯金纳(Skinner)的操作性条件反射学说以及班杜拉(Bandura)的社会学习理论。这些学说与理论中的主要观点已经成为现代行为训练与矫正的理论基础,其中的一些方法和技术也被广泛运用在了特殊儿童早期干预之中。

一、经典条件反射学说与操作性条件反射学说

苏联著名生理学家巴甫洛夫首创了条件反射的研究。我们把他研究的条件反

射称为经典条件反射。经典的条件反射实验是巴甫洛夫关于狗的食物性条件反射的研究。在实验中,狗吃食物时会分泌唾液,在每次给狗喂食物前,先打铃。经过多次食物和铃声的结合之后,只打铃,而不出现食物,狗也会分泌唾液。这样,原本无意义的刺激(铃声)变成了能引起条件反射的刺激物(即条件刺激物),于是条件反射就形成了。无关刺激(铃声)与非条件刺激(食物)在时间上的结合称为强化,强化的次数越多,条件反射就越巩固。条件刺激并不限于听觉刺激,一切来自体内外的有效刺激(包括复合刺激、刺激物之间的关系及时间因素等)只要跟非条件刺激在时间上结合(即强化),都可以成为条件刺激,形成条件反射。一种条件反射巩固后,再用另一个新刺激与条件反射相结合,还可以形成第二级条件反射。同样,还可以形成第三级条件反射。在人类身上则可以建立多级的条件反射。巴甫洛夫还发现,当狗对铃声已经建立起了条件反射后,如果只给铃声,不用食物强化,多次以后,则铃声引起的唾液分泌量将逐渐减少,甚至完全不能引起分泌,出现条件反射的消退。他把这种现象称之为条件反射的消退抑制。实际上,条件反射是一种简单的学习形式,在动物和婴儿的学习中表现更为突出,因此,人们一致认为,有相当一部分行为,用巴甫洛夫条件反射的观点解释是很恰当的。例如,训练幼儿对信号和语言反应等等。但这一理论解释人的复杂学习行为就显得无能为力。

操作性条件反射学说是美国著名的行为主义心理学家斯金纳在其实验的基础上所提出的一套理论观点。他认为,操作性条件反射是通过动物自己的某些活动或操作而得到强化后所形成的条件反射。为了研究动物的操作性行为,他专门设计了实验装置,即斯金纳箱。在实验中,当研究者将禁食达 24 小时的白鼠放入斯金纳箱后,白鼠在几次偶然按压箱内杠杆而获得食物后,很快形成了操作性条件反射。斯金纳根据实验数据提出了 $R = f(S, A)$ 的公式,他认为在刺激(S)和反应(R)之间也存在着某些条件(A),这些条件纯粹是客观的,是可以被观察到的,而非内在的。斯金纳在其对行为直接而客观的研究的基础上,总结了一整套操作性条件反射规律,包括:(1)操作及其强化是操作性条件反射形成的关键。斯金纳认为,不仅动物可以形成操作性条件反射,人类也不例外。人类所形成的诸多生活技能,如走路、写字,甚至是人格、社会文化的延续等都是操作性条件反应的结果。(2)操作性条件反射可以形成,也可以消退。当一个已经形成的操作性条件反射不再给予强化后,反应发生的频率就会降低,逐渐趋于消失。反应消退过程的时间长短和习得该反应时所受到的强化数量和强化方式有关。一般而言,强化的次数越多,消退的时间也就越长;在次数相同的前提下,间隔强化比连续强化更能延长消退的过程。(3)操作性条件反射的分化。分化是指通过安排强化动物条件反应的某个特征,动物逐渐可以形成有选择性的反应。例如训练动物只对某种强度的声音作出反应。(4)强化在操作性条件反射中的作用。在斯金纳的理论中,他非常重视强化的作用。他曾经将强化物分为正强化物(提供某些刺激物,如食物等)和负强化物(消除某些刺激物,如噪音等)。无论是正强化物还是负强化物,其作用的目的都是提高反应的频率。另外,斯金纳还提出了强化作用的模式,如连续强化、间歇强化、固定时距强化、变异时距强化、固定比率强化和变异比率强化等。每种模式对行为的影响是不一样的,往往对人类行为的影响不是一种模式的作用结果,而是多种模式共同作用的结果。

虽然经典条件反射学说和操作性条件反射学说各有各的特点,但是二者本质上都是一样的,都同样依赖强化。条件反射学说的提出,对解释人类的心理与行为具有重要的意义。同时,对于训练和干预人类的行为也具有指导作用。在对特殊儿童进行早期干预中,许多方法和技术背后的理论依据都是建立在条件反射学说的基础之上的。例如:训练自闭症儿童指认图片,当指认正确时,及时给予物质上的奖励与口头上的表扬,这就是条件反射学说中的"正强化"。

二、社会学习理论

社会学习理论是 20 世纪 60 年代兴起的一种理论,其创始人是班杜拉。他在社会学习理论中认为,社会学习是个体为满足社会需要而掌握社会知识、经验和行为规范以及技能的过程,可分为观察学习和亲历学习两种形式。观察学习是指个体通过观察榜样的反应行为而获得类似行为的过程;亲历学习是个体直接对刺激作出反应并从反应结果中获取信息的过程。社会学习理论不同于以往的条件反射学说,它强调认知因素在学习过程中的作用。班杜拉对观察学习和亲历学习进行了比较系统的研究,积累了丰富的实证资料,在此基础上,形成了一套完整的社会学习理论。

班杜拉认为观察学习是一个信息加工过程,其中观察者将示范原型的行为结构和环境事件的信息转化成符号表征,这些符号表征成为了观察者今后表现这种行为的内部指导。他将这一信息加工过程分为四个子过程:注意过程、保持过程、生成过程和动机过程。注意过程是观察者将其心理资源贯注于示范事件的过程,它决定着观察者从大量的示范事件中选择什么作为观察的对象,并从中获得什么样的信息;保持过程是观察者将在观察过程中获得的有关示范行为的信息转换为符号表征并储存在记忆中以备后用的过程;生成过程是观察者将符号表征转化为相应的行为,即再现示范行为的过程;动机过程是观察者实现上述三个过程中所需的内在驱动力。这四个过程是紧密联系不可分割的。在任何特定的情境中,一个观察者不能重复一个示范原型的行为很可能是由于没有关注相关行为,或记忆中没有存储相关行为的表征,要么是没有能力去再现或对相关行为没有足够的动力。

例如:在训练特殊儿童某些技能时,如果他/她无法模仿或重复,可以从这四个子过程来分析问题出在哪里。另外,社会学习理论也十分强调榜样的示范作用,整个观察学习过程就是通过学习者观察榜样的不同示范而进行的。班杜拉把示范分成如下几类:行为示范、言语示范、象征示范、抽象示范、参照示范。这也对早期干预具有启示作用,干预人员(如康复师、父母等)在训练特殊儿童某些技能时,一定要选择恰当的示范样例。

与观察学习相比,亲历学习是指个体从亲身经历的行为后果或从亲身经历的成败教训中获得的学习。班杜拉认为亲历学习也是一个信息加工的过程,可以看作是观察学习的特例,即将对他人行为的观察转换为对自身行为结构和环境信息的观察。在亲历学习中,班杜拉非常重视反应结果的作用,认为反应结果对个体具有信息价值,个体从反应结果中可以得到有关行为的认识,反过来这个认识又会指导后继行为的反应,因此,亲历学习是一个持续不断的双向作用过程。

观察学习和亲历学习是社会中非常普遍的学习现象。班杜拉对这两种社会学习现象进行了大量的实验研究,揭示了其中的规律,这为特殊儿童早期干预提供了技术和理论上的支持。例如,他强调模仿学习以及榜样具有替代性强化的作用,这些内容在早期干预中就得以体现。很多干预都是通过教师的示范动作来让特殊儿童对相应行为进行模仿学习。另外,在社会学习理论中也强调个体的自我调节能力。虽然特殊儿童相对于正常儿童来说,其自我调节的能力要差一些,但是他们也有自主性,在很多的干预案例中,教师会发挥儿童自身的力量,促进干预效果的提高。这些方法和理念都离不开社会学习理论的支持。

第四节　相互作用理论

相互作用理论,一方面包括了遗传与环境的相互作用对儿童发展的影响;另一方面是指个体与环境的相互作用,即生态系统对儿童的影响。

一、遗传与环境相互作用理论

对于遗传与环境在儿童发展中所起的作用,不同的研究者提出了不同的见解。早期,一些研究者持有极端的观点,要么是遗传决定论,如高尔顿(Galton),要么是环境决定论,如华生(Watson)。后来,越来越多的研究者开始关注后天环境的影响。例如:对于智障,最初认为是"由于生命早期产生的大脑器质性损伤所致"[①],后来发现

---

① 汤盛钦.特殊教育概论[M].上海:上海教育出版社.1998:19.

不良的生活环境也是致残原因之一。对于儿童的发展,更多的人认为是儿童的先天能力和外在环境交互影响的结果,于是就形成了遗传与环境相互作用的理论。遗传因素是儿童发展的自然前提,在此基础上,环境因素对儿童的发展起决定作用。

许多心理学家都指出了早期环境所提供的早期经验,对儿童的发展起到重大的影响作用,尤其是对特殊儿童来说,外界刺激的获得可以防止致残器官及相关器官进一步恶化。例如美国罗得岛对全部新生儿进行耳声发射的听力筛查,发现新生儿耳聋后在其出生1个月左右时即验配助听器,在牙牙学语期即开始言语训练,从而使大多数聋儿做到聋而不哑。如果聋儿在7岁之后才配助听器,甚至不配助听器,由于在敏感期缺少听觉刺激和训练,结果会导致语言能力的落后。

二、生态系统理论

这一理论是由美国学者布朗芬布伦纳(Bronfenbrenner)创建的。他认为,儿童的发展不仅仅受到与其直接联系的环境的影响,如家庭、幼儿园,而且还会受到一些间接的生态环境的制约,如媒体、社会、文化等。这些生态环境包括了若干个相互镶嵌在一起的系统,这些系统表现为一系列的同心圆。儿童生活在这些同心圆之中,并受其影响,同时又反作用于这些系统。这一同心圆由内至外包括:(1)微观系统(Microsystem):主要指儿童生活的场所及其周边环境,是儿童直接接触的环境,如家庭、幼儿园、学校、邻居和社区。(2)中间系统(Mesosystem):它是处于微观系统中的两个环境(如幼儿园与家庭、幼儿园与社区、家庭与社区)之间的关系或联系,这种关系系统对儿童的发展有很大的影响。(3)外层系统(Exosystem):是指对儿童的发展只有间接而无直接的影响,比如,父母的工作场所、家庭生活阶层、各种视听媒体等。这些通过渗透在成人和儿童的相互作用中而对儿童产生影响。(4)宏观系统(Macrosystem):主要指儿童所处的社会文化背景,包括来自某种文化或亚文化的价值观念、信仰和信念、历史及其变化、政治和经济、社会机构等。例如,西方文化更强调个人主义,而东方文化则更强调集体主义。(5)时代系统(Chronosystem):是指儿童所生活的时代以及在这一时代中所发生的社会历史事件。布朗芬布伦纳进一步指出,这些系统中的每一个系统都对儿童的发展有着复杂的生态学意义;各个系统是相互联系、相互制约的,其中任何一个系统的变化都会波及到另外一个系统;儿童的发展过程是其不断地扩展对生态环境的认识的过程,从家庭到幼儿园再到社会;儿童的生态过渡(即生态环境的变化)对其发展具有举足轻重的作用。

布朗芬布伦纳的生态系统理论模型并不局限于对某个因素或系统的探究,而是将这些影响因素或系统整合在一起。因此,这一理论从整合的视角,为特殊儿童早期干预提供了理论支持,强调了早期干预中一些容易被忽视的重要因素的作用。例如:不仅提到了以往强调较多的微观系统,而且还提出了其他系统的间接影响作用;同时,加强了对各个系统之间互动关系以及对儿童个体主动性的强调。这些新颖的内容将会深化人们对特殊儿童早期干预的认识,提高早期干预的实施效果。

思考题

1. 什么是器官用进废退说和功能代偿说? 试举例说明。

2. 简述关键期理论及其对特殊儿童早期干预的意义。

3. 如何理解心理发展理论与特殊儿童早期干预之间的关系?

4. 举例说明经典条件反射学说和操作性条件反射学说在特殊儿童早期干预中的应用。

5. 什么是生态系统理论? 其对特殊儿童早期干预的意义是什么?

第三章 特殊儿童早期干预的政策法规

特殊教育立法是推动特殊教育发展的重要力量,虽然各国目前还没有制定专门针对特殊儿童早期干预的法律法规,但各国在有关残疾人、婴幼儿等的相关政策法规中,对特殊儿童早期干预的有关问题作出了规定。本章主要介绍美国、英国、日本、中国台湾地区及中国大陆有关特殊儿童早期干预的政策法规。

第一节 国外特殊儿童早期 干预的政策法规

一、美国特殊儿童早期干预的政策法规

美国的特殊儿童早期干预从萌芽到全面发展经历了四十多年的历史,早在20世纪60年代初,美国就制定了多种形式的特殊教育法规,代表有发展障碍婴幼儿利益的公共政策也不断出台。美国联邦政府通过一系列立法措施保证了特殊儿童早期干预工作持续有效地开展,提高了对有发展障碍人群的服务或援助的水平。最近的立法还特别强调家庭的支持和参与,并加强了对普通教育中特殊儿童和正常儿童融合教育的支持力度。

1. 残疾儿童早期教育援助法(Handicapped Children's Early Education Assistance Act,PL90 - 538)

美国于1968年颁布的《残疾儿童早期教育援助法》是第

一项针对年幼的特殊儿童以保护其权益的联邦法律,其出台的目的是为了提高对残障婴幼儿和高危儿童及其家庭提供的早期干预服务的质量和水平。该法案直接促成了第一个针对残疾婴幼儿的早期教育计划(The Handicapped Children's Early Education Program,简称 HCEEP)的制定。仅 1969 年至 1970 年,联邦政府共建立了 24 个 HCEEP 的示范性早期干预项目模式,并对特殊儿童示范性早期干预模式进行资助。1979 至 1980 年,接受政府资助的相关项目达 200 多个,检验并宣传了针对发展障碍婴幼儿的早期干预方法,也特别关注父母的参与和早期干预项目的效果评价。

2. **抢先起步项目修订案**(Head Start Amendments,PL94-424)

1965 年,美国《经济机会法案》(Economic Opportunity Act)规定由联邦政府和州政府合作开展"抢先起步项目(Head Start)"。1972 年《抢先起步项目修订案》(PL94—424)规定,对所有的儿童,无论其经济条件、发展状况如何,都应该纳入抢先起步项目。抢先起步项目是在社区基础上融合重度发展障碍儿童的最好项目。其修订后的新条例规定,有发展障碍儿童的比例要占抢先起步项目中注册儿童总数的 10%。1974 年又进一步明确抢先起步项目要为更多重度障碍的儿童提供服务,包括智力障碍儿童、聋或严重听力障碍儿童、严重言语障碍儿童、严重视觉障碍儿童、肢体障碍儿童、慢性病儿童和学习障碍儿童。1996 年,美国再次修订了抢先起步项目的执行标准,新的执行标准将服务项目集中在早期儿童发展与健康服务、家庭与社区的参与性服务、项目的设计与管理三个方面。最新的抢先起步项目的法规还强调应该鼓励地方性的社区项目和地方性机构,如公立学校、大学等合作,共同为有发展障碍的婴幼儿提供合适的融合教育。抢先起步项目自 1965 年实施以来,越来越受到政府的重视,仅 2002 年和 2003 年,布什政府就为该项目设立每年超过 6 亿美元的财政预算。目前,抢先起步项目继续成为包含障碍儿童的首要项目,在整个项目中,被诊断为有发展障碍的儿童比例已经超过 13%。

3. **康复法案**(Rehabilitation Act,PL93-112)

美国 1973 年通过的《康复法案》(PL93—112)第 504 条专门针对消除对障碍者的歧视问题进行了规定,明确每一个障碍者都应该得到相应的教育和工作机会,规定州政府必须在给正常儿童提供学前教育服务的同时,应该为有发展障碍的儿童提供相应的学前教育服务,还要求学校为那些有发展障碍的儿童在教育教学上作必要的调整,如延长完成作业的时间、安排特殊的座位等。

4. **全体残疾儿童教育法**(Education for All Handicapped Children Act,PL94-142)

《全体残疾儿童教育法》(PL94—142)是美国关于残疾儿童教育最完整、最重要的立法,也是美国保障身心障碍儿童能接受免费而且适当的公立教育的开始,是特殊儿童教育的重大改革。该法案规定特殊教育的服务对象为3—21岁的特殊儿童和青少年,类别涉及到智力落后、重听、全聋、口语或语言障碍、视障、全盲、盲—聋、多重障碍、严重情绪困扰、肢体障碍、身体病弱或有学习障碍的儿童。该法案在美国历史上第一次真正保证了所有的发展障碍儿童和青少年都可以获得免费而且适当的公立教育。该法案还规定给予5岁以下儿童的早期干预项目特别的支持,即通过"激励特殊教育基金"鼓励各州和地方政府支持有早期干预服务需要的学前儿童服务。在这一专项基金的支持下,产生了专门发现和鉴定有特殊需要儿童的"发现儿童(Child Find)"项目。

5. 残疾人教育法修订案(Education of the Handicapped Act Amendments,PL99 - 457)

美国1986年颁布的《残疾人教育法修订案》(PL99—457)是对《全体残疾儿童教育法》的修正,其涉及特殊儿童早期干预的主要内容有:(1)将服务对象向下延伸至0岁。尽管法律并不强制各州都为0—2岁的婴幼儿提供服务,但要求任何一个对正常儿童提供服务的州应该相应对有发展障碍的儿童也提供服务。(2)提供经费补助鼓励各州对0—2岁和3—5岁的残障婴幼儿进行早期干预,要求接收补助的每个州在五年之内完成早期干预及学前特殊教育的"零拒绝",并提供合适的服务给所有的残障婴幼儿。在这期间,美国政府提供给学前特殊教育及早期干预的经费补助,从1986年的2.8亿增加到1987年18.0亿,1988年的20.1亿,再到1989年的24.7亿美元。(3)在0—3岁儿童早期干预的计划中,要为障碍幼儿家庭拟订个别化家庭服务计划(Individualized Family Service Plan,IFSP)。该计划主要包括:儿童在认知、社会、语言、自理能力等方面的发展水平;能促进儿童发展的家庭的优势与需求;对儿童与家庭的期望;评价进步的标准、程序与时间;儿童与家庭特定的早期干预服务的方法、次数与频率;服务计划的起止时间;个案管理员的姓名;从早期介入到学前教育方案的衔接。个别化家庭服务计划将由不同专业人士组成的小组来执行,包括特殊教育专家、言语语言病理学家、听力学家、康复与理疗专家、社会工作者、营养师及其他相关专业人士。

《全体残疾儿童教育法》和《残疾人教育法修订案》实现了早期干预工作者长期以来一直呼吁的目标,以法律的形式肯定了特殊儿童早期鉴别和早期干预的重要性,以及对发展障碍儿童及其家庭提供早期干预服务是提高儿童生活质量的必由之路。

6. 其他相关政策法规

美国除了上述与特殊儿童早期干预直接有关的法案,一些相关的法律法规也对特殊儿童早期干预产生了深远的影响。《2000 年目标:美国教育法》的第一项目标——所有美国儿童都要有良好的学前准备,直接促进了学前教育机构为残疾幼儿提供较高质量的早期干预或教育;1990 年通过的《美国障碍者法案》(Americans with Disabilities Act)(PL101 - 336)关于早期干预方面的内容规定所有儿童享有获得儿童照料和参与社区休闲娱乐项目的权力;此外,美国 1996 年全美教育幼儿协会(NAEYC)颁布的针对 0—8 岁儿童的《适宜发展教育实践方案》(Developmental Appropriate Practice,DAP)、1993 年的《美国学校促进法》(Improving America's School Act of 1993)、1999 年的《1999 年儿童问题》、2002 年的《不让一个孩子掉队法案》(No Child Left Behind Act)(PL105 - 17)、2004 年的《残疾人教育促进法》(Individuals with Disabilities Education Improvement Act of 2004)等都或多或少地对特殊儿童早期干预的问题进行了相应规定,有效推动了美国特殊儿童早期干预的发展。

二、英国特殊儿童早期干预的政策法规

英国特殊儿童早期干预经历了从被忽视到逐渐被重视的过程。20 世纪 70 年代以来,其政策法规直接推动了特殊儿童早期干预的发展。目前的早期干预机构和模式呈现出多样性的特点,是许多国家所无法比拟的。

1. 政府报告(The Court Report)

英国 1976 年制定的《政府报告》是英国最早针对特殊儿童早期干预提出的法案之一。该报告就如何针对学前特殊儿童早期健康和发展进行鉴别和筛选作出了明确的规定,其目的在于指导有关人员对特殊儿童进行早期发现,同时强调父母及专业人员参与的重要性。

2. 沃诺克报告(Warnock Report)

1978 年颁布的《沃诺克报告》是英国第一次全面性地审视特殊教育相关问题的报告,英国近二十年来的特殊教育政策也深受其影响。《沃诺克报告》接受了一体化的思想,认为绝大多数特殊儿童可以而且应该在普通学校就读,融合教育由此成为英国特殊教育的核心政策。该报告建议:特殊教育向学前教育和高等教育延伸;改变传统固定的安置方式,让特殊儿童在某些特定时间内接受所需要的特殊教育;采用融合的教育安置方式,同时也可以设立特殊教育学校,某些学生可能需要在特殊学校接受教育,普通学校设立资源中心;由专门人员负责特殊儿童的评估,以确保特殊儿童能够获得足够且适当的服务等。该报告将学前融合教育的模式划分为由低到高的不同层次:一是地区融合(Local Integration),即在普通托幼机构为学前特殊儿童提供特殊服务,但学前特殊儿童不属于普通班成员;二是社会融合

(Social Integration),即将学前特殊儿童安置在特殊班,但美术、音乐、体育等课程在普通班上;三是功能融合(Functional Integration),即将学前特殊儿童安置在普通班,教师对他们给予针对性的教育。著名的《沃诺克报告》发挥了极为重要的作用,不仅开启了英国学前融合教育政策的大门,还直接影响了此后的教育立法。

3. 特殊教育绿皮书(The Green Report)

1997 年的《特殊教育绿皮书》被视为英国继《沃诺克报告》后最重要的政策文件,该报告书提出了八大主题,并期望在 2002 年以前达到 31 个目标。主要目标有卓越的政策、家长合作、实践支持、增进融合、服务计划、技能的发展、共同合作、情绪与行为困难的实践原则。在特殊儿童早期干预方面,该报告要求所有儿童均在普通托幼机构注册,建议把年幼或有感官障碍、肢体障碍和中度学习困难的儿童优先列为学前融合教育对象,直接推动了特殊儿童早期干预的发展。

4. 稳妥起步(Sure Start)指南

1999 年英国政府制定的《稳妥起步指南》是政府政策的一部分,该指南试图通过为特殊儿童提供更好的学前教育、游戏活动和健康服务为特殊儿童提供发展支持,同时也为其家长提供更多的支持,全面提高学前特殊儿童的生活质量。该指南直接惠及 4 岁以下有特殊教育需要的婴幼儿及其父母,通过与父母和儿童的合作,有效帮助了学前特殊儿童克服生理、智力、社会和情绪发展过程中的困难,确保其作好入学准备。

5. 特殊教育需要鉴定与评估实施章程(SEN Code of Practice)

根据 1993 年《教育法案》,英国 1994 年制定了《特殊教育需要鉴定与评估实施章程》,并于 2002 年对该章程进行了修订。章程规定,在学前教育环境中必须对学前儿童进行诊断、评估,并提供有针对性的服务,满足有特殊教育需要的学前儿童的需求。章程还规定,一旦儿童被鉴别出有特殊教育需要,应及时对其采取早期干预行动,并创设相应的教育环境。如果早期干预未能使学前特殊儿童取得有效的进步,特殊教育需要协调员应该为其寻求支持。

三、日本特殊儿童早期干预的政策法规

日本的特殊儿童早期干预工作经历了从困难期到普及期的发展历程。"二战"结束到 20 世纪 60 年代初,学前特殊儿童没有受到应有的关注。此后,随着来自欧美的教育理念的普及和深化,民众让有发展障碍的学前儿童进入普通托幼机构接受集体保教的要求也日趋强烈。日本政府开始制定相关的政策法规以保证特殊儿童早期教育的有效实施。1963 年,日本中央儿童福利审议会报告提出,学前特殊儿童的保育不可能完全由家庭承担,应该在构建专门的指导体系的同时,完善专门

机构、儿童专科医院以及特殊保育所等体系。1964年其再一次提出为学前特殊儿童建立可以进行治疗指导的特别保育所。此后，1971年日本立川市学前特殊儿童保育实施纲要具体说明了让有发展障碍的幼儿接受"混合保育"，以促进他们的治疗和自立，在与普通幼儿共同参与的集体活动中，使其人格得到健全发展。1973年的中央儿童福利审议会《关于目前应实施的儿童福利对策》批复中更具体指出，要将在情绪和社会性方面有很好发展可能的特殊幼儿首先收入保育所，并将相应的保教工作具体化，日本特殊儿童早期干预工作开始进入普及阶段。

1. 关于扩大和完善今后托幼机构教育的基本实施办法

1971年，日本中央教育审议会根据文部省特殊教育研究调查协会的建议，制定了《关于扩大和完善今后托幼机构教育的基本实施办法》，其中，把学前融合教育作为"特殊教育扩大计划"的重要环节，规定了在特殊教育机构中设立学前部，使特殊儿童早期干预工作得以推广。

2. 学前融合教育工作实施纲要

1974年，日本厚生省颁布了《学前融合教育工作实施纲要》，明确在全国所有的托幼机构中实施学前融合教育。该纲要规定，凡4岁以上处于保育缺失状态，并且有智力低下、身体障碍的儿童，如果障碍程度较低、有集体教育可能的，原则上可以每天入园。同时，纲要还提出"指定保育所制度"，保育所拥有90名以上儿童，且其中学前特殊儿童的比例达到10%，就可以补助2名保育员并增加1/3的经费。

1978年以后，根据厚生省儿童家庭局颁布的《关于保育所招收学前特殊儿童》（通知）规定，废除"指定保育所制度"，采取"人头累计法"进行补助，即保育所中只要有1个特殊儿童，并与普通儿童一起接受融合教育的，就补助该儿童所需费用。中等程度障碍的学前特殊儿童也被列入补助对象。

3. 私立托幼机构补助振兴法

1975年，日本政府颁布《私立托幼机构补助振兴法》，它是专门为接收有身心障碍的学前特殊儿童的私立幼儿园提供补助的法案。该法案规定，各督道府县都要向招收特殊儿童的幼儿园支付包括专职教师薪资在内的教育必要费用的补助金，还具体规定了招收3人以上特殊儿童的幼儿园，可经申请获得相应于学生障碍种类和程度的补助。

4. 学校教育法

日本1947年颁布的《学校教育法》，几经修订，2007年最后一次修订案规定，特殊教育学校的目的是对盲人、聋人、智障者、肢体不便者或病弱者（含身体虚弱者）实施相当于学前、小学、中学、高中标准的教育，使学生掌握克服身体缺陷所带来的学习和生活上的困难所需的知识和技能。还应根据普通幼儿园、小学、中学、高中或中等教育学校的要求,在对智力障碍、肢体障碍、身体病弱、视力障碍、听力障碍、有其他方面残疾且适合在特殊教育班进行教育的幼儿、儿童或学生的教育方面,尽可能地提供必要的建议和帮助。

正是基于《学校教育法》等的相关规定,日本建立了多种障碍儿童早期干预机构,包括盲、聋、养护学校幼儿部,通园(精神薄弱儿通园、智残儿通园、身心障碍儿通园),幼儿园,托儿所等。婴幼儿出生 3 个月、18 个月和 3 岁的时候,每个城市、城镇或乡村的健康和福利部门都要对其进行健康评估和普查。医院、医疗中心和儿童咨询部门等早期干预相关人员将随时对有需要的婴幼儿提供早期咨询。父母可以利用学前特殊儿童日托中心、干预和治疗中心或托儿所对孩子进行干预。特殊学校幼儿部也可以在健康、福利、医疗、卫生等部门的密切配合下为儿童提供言语、语言、听力等方面的早期干预服务。

第二节　我国台湾地区特殊儿童早期干预的政策法规

20 世纪 60 年代,我国台湾地区特殊教育尚处于初始发展阶段,特殊教育立法尚未提上议事日程。70 年代,逐步以行政法规规范与推动特殊教育发展。80 年代,颁布单行法及一系列配套法。90 年代以来,特殊教育立法力度加大,相关规范日趋健全。在我国台湾地区特殊教育的发展过程中,也不乏关于特殊儿童早期干预的政策法规。

一、特殊教育法

1984 年,台湾地区颁布了《特殊教育法》,经过多次修订,2004 年的《特殊教育法修订案》对台湾地区特殊教育的相关问题(包括早期干预)进行了详细的规定:(1)特殊教育的对象为身心障碍及资赋优异者;(2)特殊教育的实施分学前教育阶段、国民教育阶段和国民教育阶段完成之后的教育三个阶段。学前教育阶段,在医院、家庭、幼儿园、托儿所、特殊幼儿园(班)、特殊教育学校幼稚部或其他适当场所实施;(3)各阶段之特殊教育,除由政府办理外,鼓励或委托民间办理。主管教育行政机关对民间办理特殊教育应予以奖助;(4)进一步强调学前特殊教育,规定身心障碍幼儿的教育在六年内向下延伸至 3 岁;(5)为提供身心障碍儿童及早接受疗育之机会,各级政府应由医疗主管机关召集,结合医疗、教育、社政主管机关,共同规划及办理早期疗育工作。对于就读幼儿教育机构者,得发给教育补助费;(6)特殊教育学校(班)之设立,应力求普及,以小班、小校为原则,并朝社区化方向发展。为普及身心障碍儿童及青少年之学前教育、早期疗育及职业教育,还对规划加强推动师资培训及在职训练进行了详细的规定。

依据《特殊教育法》的相关规定,各县市纷纷出台了特殊儿童早期干预补助规定,如台北市政府出台《补助私立幼儿园招收身心障碍幼儿人事费》、《发展迟缓儿童疗育补助》规定,桃园县政府也出台了《私立托儿所收托发展迟缓儿童补助》规定等。

二、身心障碍教育报告书

1995 年,台湾地区教育行政部门主持召开的第一次身心障碍教育会议发表的《身心障碍教育报告书》明确提出今后特殊教育的努力目标:建立特殊婴幼儿通报系统,并试办学前特殊幼儿评估中心和转介系统;试办 3—5 岁早期疗育(干预)中心;两年内办理普及、免费化的 5 岁学前特殊幼儿教育,并考虑延伸至 3 岁;在公立机构全面实施免费的身心障碍幼儿教育,并在私立机构或偏远地区以教育代金方式补助 5 岁学前特殊幼儿。该报告书对特殊儿童早期干预的年龄范围、实施模式和经费等进行了明确的规定,有力推动了学前特殊幼儿早期干预的发展。

三、地方规章

2002 年,台北县颁布《台北县身心障碍及发展迟缓幼生优先就读公立幼儿园及学前特教班实施要点》,规定公立幼儿园的招生对象是凡领有身心障碍手册或持有卫生署指定的合格身心障碍鉴定医院所开具的发展迟缓证明(限六个月内开立者),且设籍台北县或居留本县之外籍、华裔(护照、居留证)年满四足岁(依学龄计)至入国民小学前之身心障碍及发展迟缓幼儿。学前特教班的招生对象满足相同条件,年满三足岁(依学龄计)至入国民小学前之身心障碍及发展迟缓幼儿。还对班级规模进行了具体规定,公立幼儿园招收各类身心障碍幼儿,每班以三人为原则(普通班每班至多安置重度身心障碍或多重障碍学生一名,其他身心障碍学生则以三名为限)。普通班每安置身心障碍及发展迟缓幼儿可酌减该班人数 1—3 人。学前特教班学生人数每班以十人为原则。当招生人数不足时,得招收普通生,普通生与特殊生之比例至少为 3∶1(一位特殊幼生搭配三位普通幼生,每班总人数以不超过 20 人为原则)。

2003 年,桃园县政府为协助身心障碍幼儿在适宜性学习环境接受教学与辅导,以培养良好适应能力,落实早期疗育服务,特制订《桃园县学前身心障碍幼儿特殊教育实施要点》,规定设籍该县年满三足岁至未满六足岁的身心障碍幼儿(含发展迟缓幼儿），并领有身心障碍手册或本县早疗指定评估医院开具的发展迟缓诊断证明书的幼儿应该接受特殊教育。其实施方式有：(1)设置学前特教班，妥善安置学前幼儿。自足式特教班(启智、启聪班)，服务对象为年满三岁以上障碍程度较重之身心障碍幼儿，每班以服务十名为原则；巡回资源班，服务对象为就读本县公立幼儿园普通班且未接受特教班服务之身心障碍幼儿，每班以服务十至三十名为原则。(2)开设学前融合教育。各公私立学前教育单位(公私立幼儿园)接纳学前身心障碍幼儿接受幼儿教育。公立幼儿园招收年满三岁以上领有本县鉴辅会评估适合安置普通班证明之身心障碍幼儿，每园以普通班班级数计算，每班以招收二名为原则，且每招收一名身心障碍幼儿，该班普通幼儿招收人数减少一名。私立幼儿园招收年满三岁以上身心障碍幼儿，名额由各园自行决定(每招收一名幼儿，依规定补助教育经费)。政府需不定期访视或评鉴，以评估执行成效。对办理成效卓著之公私立幼儿园相关人员，政府视绩效给予奖励。

2004年，台中市颁布《台中市发展迟缓儿童早期疗育推动委员会设置要点》，规定台中市政府为发展迟缓儿童早期疗育服务，特设置台中市发展迟缓儿童早期疗育推动委员会。其任务如下：发展迟缓儿童早期疗育政策咨询及服务系统规划的审议；发展迟缓儿童早期疗育整合性专业团队制度的审议；发展迟缓儿童早期疗育服务资源整合的审议；其他与发展迟缓儿童早期疗育服务有关之倡导及协调事项的审议。该规定规范和推动了当地的特殊儿童早期干预工作。

2004年，云林县颁布《云林县学前特殊教育巡回辅导暂行实施计划》，规定巡回辅导教师对就读本县公私立幼儿园普通班之特殊教育需求幼儿及其教师与家长提供相应辅导，具体包括：协助建立幼儿数据；协助建立幼儿个别化家庭服务方案；提供幼儿教育评估；提供教学辅导策略；提供幼儿家长亲职教育；提供教师及家长特殊教育相关信息及咨询服务；协助幼儿转衔服务及幼小衔接相关工作；有关幼儿就医、就养、就学及其他社会支持服务。

纵观我国台湾地区特殊儿童早期干预的政策法规，其突出特点是，根据《特殊教育法》的相关规定，各地都制定了详细的实施细则或配套法规，对特殊儿童早期干预的经费、人员、形式和内容等进行了细致而系统的规定，具有可操作性。

第三节　我国大陆特殊儿童早期干预的政策法规

尽管我国大陆的特殊教育历史已逾百年，但特殊教育法律法规的建设却相对滞后。迄今为止，我国大陆还没有专门的特殊教育法。但随着特殊教育的发展，特殊教育立法的呼声日趋强烈。我国大陆特殊教育立法工作可以分为两个阶段，即初建与缓慢发展阶段(1949—1978)和快速发展阶段(1978年至今)。在前一个阶段，与特殊教育相关的法规很少，主要由一些规范性的文件指导特殊教育的发展，内容涉及特殊教育的方针、培养目标、学制、管理等方面。这些特殊教育规范性文件对新中国成立初期特殊教育的发展起到了积极的推动作用①。从1978年开始特别是1987年之后，为推进特殊教育的快速发展，国家先后颁布了一系列与特殊教育相关的法律法规，其中不乏有涉及到特殊儿童早期干预的条款。

一、中华人民共和国残疾人保障法

1990年颁布、2008年修订的《中华人民共和国残疾人保障法》第三章"教育"第22条规定："残疾人教育，实行普及与提高相结合、以普及为重点的方针，保障义务教育，着重发展职业教育，积极开展学前教育，逐步发展高级中等以上教育。"第25条规定："……普通幼儿教育机构应当接收能适应其生活的残疾幼儿。"第26条规定："残疾幼儿教育机构、普通幼儿教育机构附设的残疾儿童班、特殊教育机构的学前班、残疾儿童福利机构、残疾儿童家庭，对残疾儿童实施学前教育。……"

各省市制定了《实施〈中华人民共和国残疾人保障法〉办法》，如1993年《上海市实施〈中华人民共和国残疾人保障法〉办法》，1999年《关于修改〈上海市实施"中华人民共和国残疾人保障法"办法〉的决定》。该实施办法中的第四章"教育"第19条规定："各级人民政府应当积极发展残疾人教育事业，鼓励社会力量办学、捐资助学，逐步完善特殊教育体系，使残疾人教育事业与残疾人入学需求相适应。"第20条规定："教育部门应当逐步建立盲、聋、弱智儿童学前班，对残疾儿童进行学龄前教育。幼儿教育单位应当接收能适应其生活的残疾幼儿入园。"对残疾儿童学龄前教育作出了明确规定。

二、中华人民共和国母婴保健法

1994年颁布的《中华人民共和国母婴保健法》第三章"孕产期保健"第14条规定："医疗保健机构应当为育龄妇女和孕产妇提供孕产期保健服务。孕产期保健服务包括下列内容：(1)母婴保健指导：对孕育健康后代以及严重遗传性疾病和碘缺乏病等地方病的发病原因、治疗和预防方法；(2)孕妇、产妇保健：为孕妇、产妇提供卫生、营养、心理等方面的咨询和指导以及产前定期检查等医疗保健服务；(3)胎儿

---

① 方俊明.特殊教育学[M].北京：人民教育出版社，2005.

保健:为胎儿生长发育进行监护,并提供咨询和医学指导;(4)新生儿保健:为新生儿生长发育、哺乳和护理提供医疗保健服务。"第15条规定:"对患严重疾病或者接触到致畸物质,妊娠可能危及孕妇生命安全或者可能严重影响孕妇健康和胎儿正常发育的,医疗保健机构应当予以医学指导。"

三、残疾人教育条例

1994年国务院颁布的《残疾人教育条例》第一章"总则"第7条规定:"幼儿教育机构、各级各类学校及其他教育机构应当依照国家有关法律、法规的规定,实施残疾人教育。"第二章"学前教育"第10条规定:"残疾幼儿的学前教育,通过下列机构实施:(1)残疾幼儿教育机构;(2)普通幼儿教育机构;(3)残疾儿童福利机构;(4)残疾儿童康复机构;(5)普通小学的学前班和残疾儿童、少年特殊教育学校的学前班。残疾儿童家庭应当对残疾儿童实施学前教育。"第11条规定:"残疾幼儿的教育应当与保育、康复结合实施。"第12条规定:"卫生保健机构、残疾幼儿的学前教育机构和家庭,应当注重对残疾幼儿的早期发现、早期康复和早期教育。卫生保健机构、残疾幼儿的学前教育机构应当就残疾幼儿的早期发现、早期康复和早期教育提供咨询、指导。"

四、关于"十五"期间进一步推进特殊教育改革和发展的意见

2001年国务院办公厅颁布的《关于"十五"期间进一步推进特殊教育改革和发展的意见》第一条"大力普及残疾儿童少年义务教育,进一步完善特殊教育体系,努力满足残疾人的教育需求。"提出"积极发展残疾儿童学前教育。大中城市和经济发达地区,要积极发展残疾儿童康复、教育事业,使残疾儿童学前教育水平有较大幅度提高;积极支持幼儿教育、特殊教育机构以及社区、家庭开展3岁以下残疾儿童早期康复、教育活动。其他已经普及九年义务教育的农村地区,要进一步发展残疾儿童学前康复、教育事业。"

五、中国残疾人事业"十一五"计划纲要

《中国残疾人事业"十一五"计划纲要(2006年—2010年)》明确了"十一五"期间残疾人教育发展的总目标:基本普及残疾儿童少年义务教育,积极开展残疾儿童学前教育,发展残疾人高级中等教育、高等教育和职业教育,切实保障残疾人接受教育的权利。为了保证总目标的实现,该纲要规定的任务指标之一是"基本普及残疾儿童少年义务教育,使接受普通教育的残疾儿童少年入学率达到与当地健全儿

童少年同等水平,接受特殊教育的视力、听力、语言和智力残疾儿童少年义务教育入学率达到国家要求,大力发展残疾儿童学前教育"。

六、全国特殊教育"十一五"发展规划

《全国特殊教育"十一五"发展规划》明确"十一五"期间中国特殊教育发展的主要目标之一是"努力发展残疾儿童学前教育。大中城市和经济发达地区适龄残疾儿童基本能接受学前3年教育,重视0—3岁残疾儿童的发现和康复治疗。农村残疾儿童学前1年受教育率有较大提高"。规定"各地要建设一批专门的特殊儿童学前教育康复机构。要在城乡依托当地幼儿园、康复机构,以及特殊教育学校增设学前教育班等形式,接收3—6岁残疾儿童接受学前教育。有条件的地区要启动3岁以前残疾儿童的早期教育训练。各级残联要积极兴办残疾儿童早期干预和早期康复机构,鼓励社会力量兴办特殊教育学前教育机构"。以此作为推进特殊儿童早期干预的保障措施。

七、地方性法规、条例与规章

2003年,《上海市特殊教育事业"十五"规划》对"十五"期间上海市特殊教育事业发展的指导思想、目标任务和具体措施进行了规定。其指导思想之一是"形成特殊教育从学前教育到高等教育的完整体系。要采用多种办学形式,满足各年龄段有特殊教育需要学生的入学要求,使残障学生在获得知识和技能、身心缺陷得到补偿的同时,潜能得到发展"。其中学前阶段特殊教育的目标是"学前听力、视力障碍儿童3年制入园率达80%,学前智力障碍儿童的入园率达65%"。

2006年,《江苏省特殊教育"十一五"发展规划》提出特殊教育的主要目标之一是"大力发展残疾儿童学前教育。全省城区残疾儿童学前三年入园率达70%,学前一年入园率达85%,农村残疾儿童学前一年入园率达60%";"学前教育是特殊教育十分重要的起始阶段,各地要建设一批学前特殊教育机构。特殊教育学校必须举办学前班。幼儿园要认真贯彻《幼儿园教育指导纲要》,不得拒绝残疾儿童入园。在有条件的地区要启动0—3岁残疾儿童的早期干预与训练。鼓励社会团体及个人兴办残疾儿童早期教育机构"。

2005年,苏州市《关于进一步加快特殊教育改革与发展的决定》提出:"积极创造有利条件,提高特殊教育质量","创设早期诊断和早期教育的机制。成立早期发现、早期干预协调小组,提供与建立一套对0—6周岁特殊婴幼儿完整的网络筛查体系,并建立相应的教育咨询、指导等援助机构。积极发展特殊儿童的学前康复教

育。聋校、盲校开设学前教育班,保证障碍儿童顺利完成高质量的九年义务教育。""特殊教育学校的学前教育阶段(3—6周岁)和高中教育阶段皆纳入特殊教育学校的免费教育范畴。财政部门根据各校在册学生名单发放专项拨款,保障特殊儿童接受九年义务教育的权利。"

2008年,苏州市残疾人联合会、苏州市教育局和苏州市财政局《关于加快发展残疾学生学前教育和高中阶段及以上教育的意见》提出:"到2010年,苏州市特殊儿童接受3年学前教育的比例达到80%"。提出"大力发展残疾儿童学前教育:1.各地要加强残疾儿童学前教育,满足残疾儿童的特殊需要,对学前教育和康复机构进行合理规划布局,积极支持其发展;2.各市、区残联负责收集、汇总每年的0—6周岁残疾儿童数据,建立残疾儿童动态共享信息库,并配合教育部门指导特殊儿童早期干预工作,共同做好对家长的家庭教育工作指导和特殊儿童应选择何种教育形式的指导;3.建立苏州市残疾儿童早期教育咨询指导中心,各市、区建立残疾儿童早期教育咨询指导站,积极发展特殊儿童的学前教育;并且依托社区、延伸到残疾儿童家庭,采取多种形式开展残疾儿童早期干预、早期教育康复工作,为残疾儿童和家庭提供有效的教育服务和养育指导;4.残疾幼儿的早期教育应与保育康复结合实施。各类幼儿园、普通学校学前班、康复机构应接收残疾儿童进行学前教育和康复训练……残疾儿童福利机构和各类社会康复机构以及残疾幼儿园,应在教育部门的指导下对0—6周岁的残疾儿童实施早期教育,并由教育部门对其教学质量进行评估确认。"

《成都市特殊教育2006—2010年发展规划》提出,市残联负责建立和完善以残疾儿童学前教育和残疾人职业技能培训为主的非学历教育和培训体系。成立"成都市残疾儿童学前教育康复中心",承担0—6周岁残疾儿童的学前教育康复工作。负责全市残疾儿童学前教育的规划、指导、管理、评估和督查,负责残疾儿童学前教育后的义务教育入学衔接。

2009年,上海市根据《国家中长期教育改革和发展规划纲要(2010—2020年)》,制定《上海市中长期教育改革和发展规划纲要(2010—2020年)》就学前教育发展的重点任务方面指出"建立医教结合的家庭教养指导和预防性干预系统。建立区域内医教专业人员共同参与的早期发现、早期诊断、早期干预体系……加强对高危新生儿家庭跟踪服务,为家长提供科学育儿、早期发现、康复训练等方面指导"。同时,就特殊教育发展的重点任务方面指出"推进医教结合,加强残障儿童早期诊断,完善筛查—检测—建档—转介—安置—综合干预的运行机制,建立医教结合的信息资源共享平台"。

从上述地方性规章或条例可以看出,各地积极响应党和国家的号召,因地制宜地颁布了相应的地方政策法规,完善特殊教育体系,积极推进特殊儿童早期干预相关工作的开展,特殊儿童学前教育的理念开始深入人心。

思考题

1. 美国有关特殊儿童早期干预的政策法规有什么特点? 对我国特殊教育立法有何启示?

2. 我国台湾地区有关特殊儿童早期干预的立法进程有何特点? 对大陆的特殊教育法制建设有什么启示?

3. 试比较英美特殊儿童早期干预政策法规的异同。

4. 试分析我国大陆特殊教育立法存在的问题与不足。

第四章 特殊儿童早期干预的内容、模式和效果评价

特殊儿童早期干预是一项专业性服务,在内容上不同于一般儿童的早期教育。本章主要介绍特殊儿童早期干预的基本内容、特殊儿童早期干预的常用模式以及特殊儿童早期干预的效果评价,以期能从整体上呈现特殊儿童早期干预的概况。

第一节 特殊儿童早期干预的内容

特殊儿童早期干预是一种有组织、有目的的教育训练活动及相关服务,其基本内容包括以下几方面:一是特殊儿童早期预防、早期发现与早期诊断;二是针对特殊儿童缺陷的矫正与补偿,采取补救性措施;三是特殊儿童早期智力开发与人格培养;四是特殊儿童家长指导。

一、特殊儿童早期预防、发现与诊断

早期预防、早期发现与早期诊断是特殊儿童早期干预的重要内容之一,是在对特殊儿童实施具体治疗矫治与教育训练之前的主要工作内容。

1. 早期预防

早期预防主要是指控制可能产生残障的各种因素,防止残障的出现或残障的进一步发展,使残障儿童的发生或其残

障的发展降到最低限度。从医学的角度看,预防可分为三级:一级预防主要是防止残疾的发生或者预防致残性伤害和疾病的发生;二级预防主要是指伤病发生后通过早期发现、早期诊断、早期治疗防止出现残疾;三级预防是指残疾出现后防止早期残疾发展成严重残疾或尽可能防止残疾发展成障碍。

2. 早期发现

早期发现是早期诊断的前提条件,指及时发现个体在胎儿期,以及出生后身心发展过程中的诸多不利因素或高危因素,以便于特殊儿童的早期诊断乃至早期治疗。

3. 早期诊断

早期诊断主要涉及一般性检查诊断(体格检查等)和特殊的检查诊断(智力测验等),包括医学、心理学、教育学、社会学等方面的多学科多方位的全面诊断。它可以促进特殊儿童早期干预的尽早实施,并为制定出合理的早期干预计划提供重要依据。

关于特殊儿童早期预防、发现与诊断的内容我们将在第五章详细介绍,此处不再赘述。

二、特殊儿童早期缺陷矫正与补偿

特殊儿童普遍存在第一性缺陷和第二性缺陷。第一性缺陷是指身体器官或组织的损伤或功能缺失,如听觉系统的损伤或功能丧失、视觉系统的损伤或功能丧失、大脑器质性或功能性损伤等;第二性缺陷则是与第一性缺陷有某种联系或者是由第一性缺陷所导致的缺陷,如听觉损伤导致的言语缺陷,大脑损伤导致的认知缺陷等[1]。特殊儿童早期干预的重要内容是缺陷的矫正或补偿。通过缺陷的矫正或补偿,不仅可以使特殊儿童第一性缺陷的消极影响降到最低,更重要的是可以预防或减少第二性缺陷的发生。

1. 早期治疗与矫治

对特殊儿童的缺陷或障碍应该进行早期治疗与矫治,重视医学干预的作用。例如,对苯丙酮尿症儿童的早期食物治疗、对听力障碍儿童听觉系统的早期手术治疗(人工耳蜗植入等)、对视力障碍儿童的早期手术治疗(白内障复明手术等)、对言语语言障碍儿童的早期手术治疗(腭裂修复手术等)、对多动症儿童的早期药物(利他林等)治疗等[2]。在特殊儿童缺陷或障碍的早期治疗与矫治方面,医学居于主导地位。

---

① 刘全礼. 残障儿童的早期干预概论[M]. 天津:天津教育出版社,2007:16.
② 同上,19.

2. 早期缺陷补偿与功能训练

早期缺陷补偿与功能训练是医学干预和教育干预有机结合的整体,充分体现了特殊儿童早期干预中的"医教结合"的思想,其主要目的是通过早期针对性的缺陷补偿与干预训练恢复或重建特殊儿童的某些重要功能。例如,听力障碍儿童助听器材的配备及听力语言训练、视力障碍儿童助视器材的配备及定向行走训练、肢体残疾儿童辅助器具的配备及移动训练等。早期功能训练主要是矫正或消退特殊儿童适应不良的行为,强化其适应良好的行为。大多数特殊儿童的早期功能训练涉及感知运动、生活自理、认知与学习、语言沟通、社会交往等领域。

三、特殊儿童早期智力开发与人格培养

特殊儿童早期干预不仅仅局限于儿童本身的缺陷或障碍,与一般儿童的早期教育一样,也应该注重早期智力开发与早期人格培养。

1. 早期智力开发

早期智力开发不仅是针对智力障碍儿童缺陷的直接矫正和补偿措施,而且也是其他障碍儿童早期干预的重要内容,主要通过早期向特殊儿童提供丰富的刺激信息及各种学习活动,使其智力得到健康发展。在实施特殊儿童早期干预的过程中需要强调文化知识的学习,通过各种形式的学习活动、如数数、识字、背诗、弹琴、唱歌、绘画、参观、访问、集会、游园活动等,开发特殊儿童的智力技能,促进其认知发展。

2. 早期人格培养

早期人格培养主要是训练特殊儿童具备社会认可的行为,矫正或消退其不良行为,为特殊儿童形成健全的人格奠定基础。早期人格培养涉及正确的情感、态度和价值观的形成,是特殊儿童早期干预成功与否的重要环节,将使特殊儿童终身受益。内容包括用社会规范和标准对特殊儿童进行品德教育、自信心和勇敢精神的培养等。对特殊儿童来说,在早期干预过程中帮助其形成正确的自我概念,形成自尊、自立、自强的人格特征显得尤其重要。

四、特殊儿童家长指导

特殊儿童的治疗矫治和教育训练离不开家长的参与,因此对特殊儿童的家长进行训练与指导是特殊儿童早期干预的重要内容。通过指导特殊儿童的家长在家庭范围内对学龄前有发展障碍或有发展障碍可能的儿童进行教育、康复训练、营养保健等一系列活动,创造各种条件促进特殊儿童尽可能全面健康地发展,不仅可以巩固医疗机构或干预中心早期干预计划的效果,其本身也是一种极其有效的早期

干预途径。家庭干预由于具有便捷、持续时间长等优势，可以有效促进特殊儿童身体、心理和社会适应等的全面发展。在一定程度上，特殊儿童家长指导的情况会直接影响到特殊儿童早期干预的效果。

综上所述，特殊儿童早期干预应该贯彻综合康复的思想，通过多种途径促进特殊儿童全面健康地发展，包括体能的全面发展、智能的全面发展、良好人格的全面发展和良好适应能力的全面发展等。因此，特殊儿童早期干预必须坚持多学科合作，除了学前教育和特殊教育专业人员之外，还应该包括言语治疗、听力学、职业治疗、物理治疗、护理、医疗、营养、心理学和社会工作等领域的专业人员积极参与。

第二节　特殊儿童早期干预的模式

发达国家对特殊儿童早期干预的研究已有几十年的历史，形成了几种不同的早期干预模式。从干预的对象和范围来看，早期干预可以分为预防性的干预、以特殊儿童为中心的干预、特殊儿童与家庭并重的干预三种模式；从干预实施的场所来看，早期干预又可以分为中心式、家庭式、中心家庭兼用式三种模式；从干预的理论模式来看，早期干预可以分为身心发展模式、认知发展模式、行为分析模式和生态学模式。美国的特殊教育发展一直处于世界前列，始终把早期干预作为其特殊教育事业发展的关键，取得了明显的成效，建立了以医疗服务为中心、以家庭为依托和以康复中心为基础的特殊儿童早期干预模式。

一、以医疗服务为中心的早期干预模式

以医疗服务为中心的特殊儿童早期干预模式强调在医疗层面上开展的治疗矫治与康复训练活动，通过医护人员与学前特殊教育专业人员互助合作，将医疗和教育相结合，为特殊儿童提供早期干预。

依据早期干预的对象不同，美国以医疗服务为中心的特殊儿童早期干预模式分为三类[①]：第一种是医疗性养护式，收养在家庭内无法提供所必需的卫生服务的有特殊需要的儿童；第二种是寄宿性医疗式，主要是对那些在家庭生活中适应不良或是无法适应，而且需要专门或特殊的医疗保健和护理的特殊儿童进行早期干预；第三种是医院式，它主要面向的是障碍或缺陷较严重，必须长期依靠药物或医疗监护的儿童。特殊儿童在这三种干预模式中的安置，并不是固定不变的，倘若经过一

---

① Hyatt K J. The new IDEA: Changes, concerns, and questions [J]. Intervention in School and Clinic, 2007, (3):131-136.

段时间的干预训练后,缺陷得到补偿,或是障碍程度减轻,可以由专业人员进行再评估,之后再转介到其他限制条件较少的干预模式中去。

以医疗服务为中心的早期干预模式可以在第一时间内最大限度地为特殊儿童提供专业的干预服务,使其障碍程度降到最低。但不足之处是教师无法系统地掌握课程进度,使教育和康复难以做到衔接一致。

二、以家庭为依托的早期干预模式

以家庭为依托的特殊儿童早期干预模式旨在通过家庭巡回教师(又称家访教师或家庭顾问)的指导协助特殊儿童家长或其监护人在家庭范围内对特殊儿童进行早期干预。对特殊儿童的大规模的早期干预应该从家庭早期教育开始,这种以家庭为基础的服务计划(Home-based Programs)主旨在于促进父母亲对自己的障碍孩子承担教养责任,通过父母的合作,训练父母在平常的居家环境中有效地善待其障碍子女。除了父母之外,家庭顾问(Home Advisor)或家访教师(Home Visitor)是这种干预模式的核心人物,每周需定期访视家庭若干次,对家长进行指导。

此模式目前存在三种类型[①]:第一种是家庭支持式,通过为特殊儿童家庭提供尽可能多的资源支持来促进家庭范围内的早期干预,包括发放早期干预专业性指导材料、传递最新干预信息、提供情感沟通策略等;第二种是家庭访视式,家庭巡回教师通过定期或不定期地访视家长与特殊儿童的互动情况,对家长进行专业指导培训,或者直接对特殊儿童进行干预训练;第三种是家庭托幼机构式,由于家长文化水平、时间、精力及其他条件限制,部分特殊儿童不能由其家长直接实施早期干预,而被委托给托幼机构,由被委托人直接充当干预者,专业人员则为干预者提供相关知识和技能的指导与培训,而后由他们对特殊儿童实施干预训练。

以家庭为依托的早期干预模式体现了个别化教育的原理,家长最了解儿童的优缺点,家访教师教给特殊儿童父母的干预方法也都着眼于其孩子的独特的需要,具有针对性;同时,家庭干预重视家庭生态系统的作用,特殊儿童在家庭这一自然环境中学习,气氛轻松自然、可以促进特殊儿童学会适应自己所处的独特环境;有效发挥了家长的能动性,家长一旦掌握了必要的早期干预方法,其干预具有持久、稳定的特征。但采用以家庭为依托的早期干预模式,特殊儿童交际范围相对狭小、缺乏同伴交流,社会性发展受到一定影响。特殊儿童的家长也缺乏相互交流与分享的机会,且干预效果受到家长育儿态度的影响。

---

① Patricia Mhearn Blasco U. S.. Early Intervention Services for Infants [J]. Toddlers and the Families, 2005.

关于特殊儿童家庭早期干预的内容我们在第六章中还将作详细介绍。

三、以康复中心为基础的早期干预模式

康复中心是由政府、福利机构、民间团体或组织以及私人出资兴建的,设有专门的场地、教学设备、训练器材,配备各种专业教师、技师,对特殊儿童实施有组织、有目的、有计划的早期干预的地方。

以康复中心为基础的特殊儿童早期干预模式也有三种形式[①]:

第一种是家长—儿童式,主要通过两种途径实施:一是通过各种类型的群体活动,其中包括讲座、宣传册、特殊儿童家长交流会等,为特殊儿童家长或监护人提供早期教育知识的咨询和技能培训;二是直接对特殊儿童实施早期康复训练。

第二种是儿童康复发育中心式,即将特殊儿童安置在有普通儿童活动的,同时可以提供特殊儿童发展所必需的资源,或者是可以专门安排适合特殊儿童发育需求活动的社区幼儿园或社区服务中心儿童部。

第三种是特殊儿童早期干预中心,即针对特殊儿童的发展需要由相关学科专家专门参与设计的,有各种专门器材和设备的特殊服务或教育中心。

以康复中心为基础的早期干预模式是一种多方合作、共同参与的模式,集中了有经验的教师及各种训练师,训练人员专业化,设备齐全,训练材料具有科学性和连续性,干预效果明显;而且中心采用集体式干预,营造了集体的学习气氛,为特殊儿童提供了可供模仿的榜样,有利于促进特殊儿童的学习和社会性发展;同时,家长可以充分利用到干预中心接送孩子的机会互相交流,分享经验。但康复中心的建立需要人力、财力和物力的大量投入,不适用于贫困地区,也不适用于居住分散的农村及交通不便的偏远山区。

此外,社区干预是特殊儿童早期干预的一个新趋势,主要指依托社区,充分利用社区资源为特殊儿童及其家庭提供教育、保健、医疗、康复、营养、心理咨询、社会服务等综合性服务。社区对特殊儿童的干预应该由社区统一协调组织,把若干有障碍婴幼儿的家庭召集到某个早期干预站(障碍婴幼儿托育中心或地段医院),而不是由家访教师到每一个家庭去服务,所以这种干预途径称之为基于社区的服务计划(Community-based Programs)。如美国各州根据《残疾人教育法修订案》(PL99－457)的规定,鼓励州内各地采取跨区域合作的原则组建的区域性的跨机构合作单位,共同致力于早期干预工作的早期干预中心。

社区早期干预途径内容丰富、形式多样,其功能涵盖了特殊儿童测量、鉴别、咨

---

① 余强. 美国中小学阶段特殊教育安置的趋势分析[J]. 中国特殊教育,2007,(4):41.

询、矫治等各个方面,具有综合功能。国内针对特殊儿童的社区干预工作刚刚起步,基本上处于离散状态,未形成有组织、有计划、有系统的社区早期干预项目,医院、学校、家庭、社区还缺乏有机的统一与联系,包括信息的相互通报,干预训练的相互衔接等都还不理想,这都将是今后努力的方向。

第三节　特殊儿童早期干预的效果评价

特殊儿童早期干预计划是否达到了预定目的,早期干预的效果如何,是家长和干预人员都十分关心的问题,它直接决定了是继续维持原有的干预计划还是对原有的干预计划适时作出调整,以便促进特殊儿童更好地发展。

一、早期干预效果评价的基本概念

当干预者使用某个干预计划对特殊儿童进行早期干预时,经常需要对该干预计划的理论基础、训练内容、费用情况以及儿童的进步情况、父母的满意度等进行了解和评价,最终确定该早期干预计划的效果,即是早期干预的效果评价。

关于特殊儿童早期干预效果评价的目的有不同的理论观点。泰特维(Tytev,1973)指出,早期干预的效果评价主要是通过对各项干预目标的达成情况进行评价,进而确定早期干预的效果;斯克瑞温(Scriven, 1973)指出,特殊儿童早期干预的效果评价主要是设法确定早期干预的实际效果,而不管这些效果是事先预想要得到的,还是在干预实施过程中无意得到的;斯塔夫勒宾(Stufflebean, 1971)则指出,特殊儿童早期干预的效果评价是整个干预的有机组成部分,主要为干预的进一步实施提供指导性的反馈信息。不管效果评价的具体目的是什么,都离不开对早期干预所产生的特殊儿童在身心各方面,如感知运动、认知、语言、情绪、社交等的进步的评价。

二、早期干预效果评价的资料收集方法

对早期干预的效果进行评价,需要多方面的资料,如儿童的健康状况、发育水平、患病情况、家庭情况、学习动机以及在认知、语言、社会性发展等方面的进步情况等。不同的资料收集的方法也有所不同。资料收集的常用方法有观察、访谈、问卷调查、测验、活动产品分析等。

1. 观察

观察可以说是获取早期干预效果评价资料最常用的一种方法。在早期干预的效果评价中,可以用观察法来收集特殊儿童及其家庭的具体信息以及特殊儿童在

干预大纲的预定目标上的进展情况,包括身体的生长发育情况,生活自理、粗大动作、精细动作、语言、社会交往等方面的行为改变,以及在日常生活中的记忆力、注意力、观察力、情绪等的表现。

观察的记录可以采用描述记录法或观察表记录法。描述记录法即现场记录,是指记录特殊儿童在自然状态下所发生的行为和所处的情境,然后对所收集的原始资料进行归类,并加以分析的方法。

观察表记录法是指事先设计好观察记录表,根据特殊儿童的具体表现,在记录表上进行检核。检核的内容包括行为发生的次数、持续时间、行为的指向性等。这种观察记录法可以减少记录时书写文字的时间,便于操作。如张文新等人(2003)所编制的儿童攻击性行为观察记录表(参见表4-1)。

表 4-1　儿童攻击性行为观察记录表[①]

攻击类型	行为表现	发生次数	行为指向对象		行为双方的关系		攻击行为的起因		行为目的	
			男	女	强欺负弱	弱欺负强	主动攻击	被动攻击	工具性攻击	敌意性攻击
身体攻击	打									
	拧									
	砸									
	踢									
	推搡									
言语攻击	说脏话									
	骂人									
	取笑									
	叫取外号									
间接攻击	散布坏话造谣									
	唆使打人									
	游戏活动排斥									

观察的优点是自然、灵活、互动性强,便于全方位、全过程、深层次了解早期干预的对象。但观察法需花费大量时间,观察结果容易受主观预期的影响,而且难以

---

① 张文新.3—4 岁儿童攻击行为发展的追踪研究[J].心理科学,2003,26(1).

探究特殊儿童行为背后的原因。

2. 访谈

收集有关早期干预效果的资料时，访谈也是一种常用的方法。访谈不同于日常谈话，是有着明确目的和规则的交谈。访谈通常由评价者引导，搜集特殊儿童及其家长等的语言资料，以了解他们对有关事物的反应、理解和看法。最常见的访谈形式是向特殊儿童或其父母提出一些问题，然后记录他们的回答。

一般将访谈分为封闭式、开放式和半开放式三种：封闭式访谈是指完全按照事先拟定的，具有固定结构的统一问题进行的访谈；开放式访谈是指没有固定访谈问题，请受访者就某一问题自由发表看法的访谈；半开放式访谈是指有事先拟定的访谈提纲，但提纲只是作为一种提示，可以根据访谈的实际情况灵活调整的访谈。

与观察相比，访谈可以了解特殊儿童早期干预相关人员的所思所想和情绪反映、日常生活中曾发生的事情以及某些行为所隐含的意义。而观察只能察知特殊儿童的外显行为，很难探究其内心世界或深层次的原因。

3. 问卷调查

问卷调查是人们最熟悉的一种效果评价资料收集方法，在各种研究与实践活动中都被广泛运用。在早期干预的效果评价中使用问卷调查，可以了解干预人员对干预大纲的意见、家长对干预结果的满意程度等，从而获取干预是否有效的证据。

问题与选项是问卷的主要组成部分，编写的问题必须简单具体、清晰易懂、操作性强。问题有开放式和封闭式之分，开放式问题只提供问题不提供答案，由调查对象自由回答；封闭式问题不仅提出问题，还提供问题的答案选项，选项的设计应尽可能契合调查对象的认知水平等情况。此外，为了获得有效的调查结果，问卷的容量不宜太大，以免引起调查对象疲劳与厌烦。

4. 测验

测验既是对特殊儿童进行筛查与诊断的主要方法，也是特殊儿童早期干预效果评价最有效的方法之一。运用测验，能够获得儿童进步或干预效果的数量化的证据，因而深受评价者的喜爱。根据测量的属性不同，常用的测验可以分为智力测验、能力倾向测验、人格测验和教育测验。根据测验分数解释的参照标准不同，测验可以分为常模参照测验和标准参照测验。对特殊儿童来说，测验对象与测验的标准化样本是否属同一种类型是经常需要考虑的问题。

同时，对特殊儿童的心理或行为进行测验所获得的结果是个体处在这一心理或行为连续体的特定位置。我们所测得的一个人智力的高低、兴趣的大小、能力的强弱等都是与其所在团体的大多数人的行为或某种人为确定的标准比较而言的。

因此,为了保证测试结果的可比性,标准化测验对测验环境和测验的实施都有严格的要求,要注意以下几方面的测验误差:

首先,测验本身带来的误差:(1)测题本身的代表性。测验项目取样不当,缺乏代表性,测验分数容易受随机因素的影响,进而影响测验结果的一致性。(2)测题的数量。测题太少,则评估对象的反应受机遇影响的可能性较大,测题太多容易引起评估对象的疲劳,进而使测验结果失真。(3)测题的种类。测题以是非题或二选一的选择题的形式呈现容易引起猜测,增加测验误差。

其次,测验实施过程的误差:(1)测验情境。测验场地空间的大小、座位安排、现场的温度、通风、光线和噪音等物理环境都可能影响被试作答,干扰其潜力的正常发挥。(2)主试的影响。主试测验材料的准备妥当与否、主试与被试的关系、指导语的准确性,以及主试的穿着、言谈举止、表情等都会不同程度地影响被试的测试状态乃至测验分数。(3)意外干扰。测试过程中一些偶然事件的发生,如突发的噪音干扰、测验用品的偶然故障等都会干扰被试的反应。

再次,被试不良状态带来的误差:(1)生理状况:被试在持续失眠、饥饿、生病、疲劳的状态下进行测验,容易引起测验误差。(2)情绪状况:被试在面对测验时的紧张焦虑水平对被试的兴奋状态、反应速度和注意力等都有影响,过度的紧张和焦虑会产生负面影响。

了解这些误差来源有利于在早期干预效果评价过程中有效地避免它们对评价结果的影响。测验的具体要求是:选择合理的测验工具;主试经过严格的训练,熟悉指导语,熟悉操作方法和每一道测题的评分细则,熟练使用测验工具;测验环境的准备合理,测验的实施过程尽量做到标准化;被试有充分的生理和心理准备;对测验结果的解释也需考虑特殊儿童测验前后的行为是否一致、测验表现是否代表其在校或在家的典型行为以及在测验时的合作态度等。

5. 活动产品分析

这种资料收集方法就是有目的地收集特殊儿童的活动产品,它们可以体现特殊儿童在某一个或某几个领域内所付出的努力和取得的进步。活动产品包括所有与干预大纲有关的文字、图片、影像、物品等,如作息时间表、作业本、教科书、成绩单、课堂笔记、日记、照片、录像、录音等。

对特殊儿童进行活动产品分析具有以下几个优点:一是可以直观地显示出干预对象的进步情况。通过录音、录像以及学生的作业等,可以看出学生口头表达、绘画以及书写等方面的发展水平。对特殊儿童来说,产品所提供的信息远比单一的学业分数多。二是可以促进早期干预人员与家长的沟通。早期干预人员在与特殊儿童的家长进行交流时,不能仅仅提供测验成绩,因为这些单一的分数不能给家长提供充分的信息。但是通过活动产品，家长就可以很直观地了解特殊儿童的表现，为切实参与早期干预计划提供良好的知识基础。三是可以拓宽评价者的思考范围，扩展分析评价的视角。活动产品比评价对象的语言更具说服力，可以表达一些语言无法表达的思想和情感。

三、早期干预效果评价应注意的问题

对特殊儿童进步的评价，是早期干预效果评价中最关键的部分。评价特殊儿童进步的方法主要有前测和后测分数的比较、与同龄正常儿童发展速度的比较、与干预前发展速度的比较等。由于引起特殊儿童发展与变化的因素是多方面的，在特殊儿童早期干预效果评价时，要确定干预的效果如何，就必须尽可能地排除其他可能引起特殊儿童及其家庭发生改变的因素，用实验研究的术语来讲，就是尽可能控制无关变量的干扰，提高干预的内部效度。在早期干预效果评价过程中，除了要控制前文提到的测验误差外，概括而言，还需要注意以下几方面因素的干扰：

1. 自然成熟

儿童在干预过程中认知、动作、语言等各方面的自然成熟是干扰效果评价的常见因素。早期干预的对象通常都是年龄很小的特殊需要儿童，他们在重要的发展指标上可以在较短的时间内因自然生长与成熟而发生较大的变化。对于时间跨度较长的早期干预计划的效果评价尤其容易受到这种因素的影响。在效果评价时，必须明确干预后的结果不仅是由自然成熟因素造成的，而且干预也起了作用。为了达到该目的，通常采用选取对照组的方法，通过比较干预组与对照组两者进步的速度来评价早期干预的效果。

2. 前测影响

前测的影响包括两个方面：一是练习效应，即干预对象由于接受测验后，对测验操作过程、评价项目等的熟悉以及对回答策略的把握都可能会对干预后在类似测验项目上的得分产生积极影响，在后测中因而表现得更好。二是测验情境的改变。在干预前/后测验中，尽管应用的是同一种测验工具，但施测情境和施测人员都可能发生变化，这时干预前后测验分数的变化，不能排除施测情境或施测人员的影响。

3. 抽样偏差

抽样偏差是指在分配干预组与对照组的儿童时，没有贯彻完全随机的原则，干预组与对照组基线水平不同。因此，在效果评价时，尽管干预组儿童在干预之后的表现比对照组儿童好，也并不能藉此肯定干预是有效的。为了克服抽样偏差的干扰，常用的方法就是匹配和随机化。前者是指将特殊儿童按某一个或几个与干预

效果有关的特征水平相同或相似的原则加以配对,然后再把每一对中的两个儿童随机分配到干预组和对照组;后者就是把特殊儿童随机地分配到干预组与对照组,其前提是干预组与对照组在接受干预之前是"相等的",即使有差异也是在统计允许的限度以内的随机误差。

4. 统计回归

统计回归是指前一次测验中得分较高或较低的个体,在第二次测验中的得分有向平均数靠近的倾向。这个因素对于特殊儿童早期干预的效果评价具有特别的影响,因为几乎所有特殊儿童在发展的诸多方面的测验得分都远远低于同龄儿童的总体平均数。因此,接受早期干预的特殊儿童在干预后的测验得分比干预前的测验得分有所增加,可能仅仅是一种向总体平均数回归的统计效应,而不一定是早期干预有效性的证明。

5. 实验效应

实验效应是指实施干预而发生的,但与干预计划本身无关的事件所带来的影响。如对儿童的早期干预可能使家庭的参与程度或从社区获得资源与支持增加了。当我们把某些特殊儿童作为干预组的儿童后,可能"参加干预组"这件事本身,就会使某些儿童或家庭训练的动机和信心增强,从而会对该儿童各方面的发展产生积极作用。因此,我们在效果评价时,很难确定特殊儿童的变化是由干预造成的,还是由儿童的动机增强或家庭参与的增加等造成的。

实际上,除了上述因素之外,特殊儿童早期干预的效果评价还需要注意干预的时间、干预的内容领域、干预的模式,儿童障碍的程度、障碍的成因、干预前的发展水平等。这些因素与上述各方面一起构成了特殊儿童早期干预效果评价的基础,在效果评价时应予以全面的考虑,这样才能使评价尽可能科学而准确。

思考题

1. 特殊儿童早期干预的内容主要有哪些?
2. 特殊儿童早期干预的模式主要有哪些? 其特点如何?
3. 特殊儿童早期干预效果评价的资料收集方法有哪些? 其各自有何特点?
4. 特殊儿童测验误差主要有哪些来源?
5. 影响特殊儿童早期干预效果评价的因素有哪些? 如何克服?

第五章 特殊儿童的早期预防、早期发现和早期诊断

早期预防、早期发现和早期诊断是特殊儿童早期干预的重要内容之一,本章主要介绍不同时间阶段对特殊儿童的早期预防、早期发现以及早期诊断的具体内容、方法和途径。

第一节 特殊儿童的早期预防

早期预防就是控制可能产生残障儿童的各种因素,使残障儿童的发生率降到最低限度,使残障的程度降到最低水平。按个体发生的顺序,可以把早期预防分为三个阶段,即个体出生前的预防、出生过程中的预防和出生后的预防。

一、个体出生前的预防

个体出生(受精卵形成)前的预防是有效杜绝残障儿童的重要方面。一些研究结果证明,许多残障儿童的产生就是因为没有对个体出生前的有关可能致残因素给予足够的重视。

出生前的预防主要指以下几个方面:

1. 禁止近亲结婚

《中华人民共和国婚姻法》第六条规定:直系血亲和三代以内的旁系血亲禁止结婚。为什么要禁止近亲结婚呢?这是因为近亲结婚和某些遗传疾病的发生及延续有着密切的关系。从发生学的角度讲,近亲结婚的夫妇携带相同基因的

可能性非常高,而许多遗传病是只有夫妇双方携带相同基因时才发生。在一般婚姻关系中,夫妇双方同时携带相同基因的情况比较少,而近亲结婚的夫妇同时携带相同基因的可能性则大大增加。正是从这种角度说,近亲结婚是某些遗传病发生和延续的土壤。以智力落后的一种常见类型——苯丙酮尿症为例,该病致病基因的发生率在一般人群中为1%,两个致病基因相遇的可能性就是 $1/100 \times 1/100 = 1/10000$,如果是表兄妹之间婚配,他们之间有 1/8 的基因是相同的,所以他们的子女任何一人得病的概率为 $1/4 \times 1/8 = 1/32$,苯丙酮尿症在一般人群中基因概率为 1/100,所以患者近亲结婚时子女得病概率为 $1/100 \times 1/32 = 1/3200$,约比非近亲结婚的得病机会大 3 倍。近亲婚配还会造成其他残疾,如青光眼、兔唇、颚裂等,以及造成先天盲和先天聋。另外,近亲婚配所生新生儿死亡率和畸形率也比非近亲结婚的要高出 3 倍多。

2. 选择最佳的生育年龄,避免高龄生育

妇女生育年龄过大或过小,对胎儿和孕妇本身都是不利的,生育各种先天畸形儿的机会也会增加。生育年龄过小(通常指 16 岁以下),可能会出现早产、低体重儿等现象,神经系统缺陷可能性增加,死婴率增高。生育年龄过大,尤其是在 35 岁以上生育头一胎的孕妇,易出现分娩困难,胎儿易得遗传性畸形,胎儿得唐氏综合症的比例明显增高,死胎增多。

一般认为,30 岁妇女生育唐氏综合征患儿的可能性是 1/895,35 岁为 1/365,40 岁为 1/110,45 岁则高达 1/32[1]。研究发现,大约 20% 左右的唐氏综合征是源于母亲的年龄。所以,母亲育龄应避免在 16 岁以下和 35 岁以上,以防出生残疾儿;作为参考育龄母亲的生育年龄应在 24—29 岁之间。

3. 防止 X 光射线的影响

母亲在孕期中受到放射线的照射也会对胎儿造成不利影响,特别是在胎儿发育的敏感期中,X 光射线的辐射对胎儿影响尤为严重。此时如果孕妇接受了 X 光照射,就可能会引起儿童智力发育迟滞、骨骼畸形、脑性瘫痪、失明等。20 世纪 20 年代的一项研究发现,74 名曾在各种条件下接受过 X 光射线的辐射的孕妇,其生产的儿童中有 23 名产生严重发育迟缓,15 名呈体格过小或失明等现象[2]。可以认为,一定量的放射线可使基因发生变化。据统计,有不少失明的畸形病变,是由于辐射效应引起的。因此,假如有的孕妇由于患有某种疾病,必须接受 X 光照射或作放射治疗,应该在专门医生的指导下进行。

---

① 方俊明. 特殊教育学[M]. 北京:人民教育出版社,2005:206.
② 刘金花. 儿童发展心理学[M]. 上海:华东师范大学出版社,1997:51.

4. 预防疾病感染

孕妇的身体健康十分重要,其对孕妇自身和胎儿都会造成很大影响。尤其是怀孕后头三个月,母亲害病对胎儿的影响极大,怀孕的母亲如果感染了德国风疹、梅毒等,有可能将病毒传给胎儿,造成其智力落后、视听障碍、心脏缺陷、发展迟缓等。因此,做好对传播性疾病的预防亦可降低残障儿童的发生率。

二、出生过程中不利因素的预防

在母亲分娩过程中,很多不利因素如胎位不正、脐带绕颈、打结、大脑出血、滥用药物等情况,都会对婴儿产生不利影响,可能会引起婴儿致残。

出生过程中的预防主要指:

1. 避免以药物引导的无痛分娩

有的产妇为避免生产时的剧烈阵痛,选择在医院以安眠药、麻醉药或止痛药进行所谓的无痛分娩。这些药品除了会将产妇的大脑皮质麻醉,使她无法感觉或减少阵痛之外,也会使产妇的血压稍微降低,心脏跳动减缓,以至影响胎儿从母体获得血液,造成婴儿大脑细胞的缺氧现象。所以产妇应尽可能避免麻醉引导无痛分娩,如为必需,也应在设备完善的医院,由熟练的产科医师操作,不断地测量母体的血压、血流、胎儿的心跳、阵痛的强弱的情况下才能实施。

2. 减少难产

难产大部分由于胎位不正,胎儿过大或骨盆过小,母亲因疾病或年龄过高而子宫的收缩力不够所引起,也有的是因为孕妇平时不锻炼,缺乏运动,形成滞产。难产时,胎儿嵌在狭小的产道里,头部受压迫的时间过长,导致大脑组织的血液循环受阻,因此发生大脑细胞的缺氧现象。有时由于缺氧会使胎儿脑血管的抵抗力降低,同时由于直接受产道压迫的物理影响,发生胎儿脑部出血的可能性也随之增高。这些都足以导致婴儿大脑受损,造成智力低下、运动障碍、感觉器官受损或癫痫等。

3. 防止滥用催产素

为了帮助产妇顺利生产可以适当使用一些催产素,但是滥用催产素会促进子宫肌肉收缩,血管同时收缩,供给胎儿的血流量减少,使得胎儿因脑缺氧而窒息,所以产妇要慎用催产素。

4. 降低早产、低体重儿

胎龄不满 37 周的新生儿称早产儿。刚出生的新生儿体重不足 2500 克不论其胎龄多少统称为低出生体重儿;如果体重低于 1500 克,称极低出生体重儿。不少病例表明早产或低体重儿往往是由于孕妇营养不良、先兆流产、患病服药及情绪不佳等造成的。由于早产儿在母亲子宫内的发育尚未最后完成,因此,出生后,他们在呼吸、进食以及维持生活的其他机能上就会有问题。一般早产儿由于先天不足、体重低、生命力差,很容易得病,护理不当容易中途夭折,另外发生智力低下、视力缺陷或其他障碍的可能性也大。

三、对出生后诸多不利因素的预防

为了孩子的健康成长,要重视儿童早期的卫生与保健,采用积极的预防措施,以避免或减少孩子发生残障现象。

1. 防止神经系统方面的疾病

出生后神经系统方面的疾病包括高烧、抽搐、中枢神经系统发炎、脑炎、脑膜炎、缺氧昏迷等。如果这些疾病医治不及时,就会留下一系列后遗症,常见的有智力落后、运动障碍、听力缺陷、视觉受损等。婴儿出生后应防止其神经系统方面的疾病,以确保儿童健康发展。

2. 预防脑外伤

出生后的脑外伤主要指意外事故造成的脑部损伤,如车祸、溺水、高处坠落、煤气或废气中毒等引起的脑外伤。脑外伤容易造成儿童智力低下、听觉障碍、视觉障碍、肢体残疾等。家长要养护好自己的婴幼儿,以防止因意外事故造成的残疾。

3. 慎用药物

当儿童患病后要慎用药物,尤其是抗生素。据报道,由于滥用抗生素而致听觉障碍的病人占听觉障碍患者的很大比例,约有 1/3 到 1/2。过量用氧会造成氧气中毒,造成晶体后纤维增生,可能致盲,这在早产婴儿中时有发生。

4. 增加丰富的营养

儿童的日常饮食中若长期缺乏某种营养成分,可引起生长发育不良和各种神经系统功能的障碍,例如长期缺乏蛋白质,将出现营养不良,生长发育停滞,以致阻碍脑的发育,容易引起智力落后或其他疾病。所以出生后头几年的营养不良也是引起婴幼儿发展迟缓的原因之一。父母要注意孩子合理的营养搭配,并尽量防止孩子偏食、挑食,以免造成营养不良。同时根据孩子成长发展的需要,不断添补辅助食物,以保证孩子健康成长,预防或减少疾病的发生。

5. 改善生活环境

家庭、社会和文化因素对儿童发展起了很重要的作用。有的孩子没有明显的脑损伤症状,身体发育正常,但他们的智力却低于一般正常孩子,表现出学习十分困难。这主要是由于不良环境影响所致,如父母忙于自己的事,疏忽对孩子充分的情感支持和言语训练,也不能提供孩子智力活动所需的物质刺激和场所。有的因为人为的环境剥夺，缺乏认知学习和与人交往的机会，有的则因家庭经济、文化条件差，母亲在怀孕生子的过程中产生种种问题，例如婴儿营养不良、感染疾病等。这些不良的家庭、社会和文化因素会影响儿童的正常发展。所以作为父母应意识到为了孩子健康成长必须注意改善孩子的家庭、社会和文化环境。

事实证明，出生前、出生过程中和出生后的种种致病因素是真正阻碍孩子大脑和神经系统的发育并导致各种残疾和障碍的根源。我们若能认识到并重视导致残障的因素，就可以尽量设法预防，减少或避免这些致病因素，采取积极的预防措施，使每一个孩子都能健康成长。

第二节　特殊儿童的早期发现

儿童若有问题，当然是越早发现越好，这有利于早期治疗和早期康复训练。特别是儿童在发展的早期，一旦错过了发育的关键期，治疗和康复训练的效果就会大打折扣，所以早期发现特殊儿童有着非常重要的意义。

在早期发现特殊儿童过程中，家长、保健机构的医务人员和早教机构的工作人员都有各自的职责。

一、家长在早期发现特殊儿童中的职责

一对夫妇从结婚开始，便为自己的家庭做了美好的规划，自然包括生一个健康聪明的孩子，这也是每个中国家庭的心愿。然而，由于各种复杂原因，总有一些残障儿童会降临到有些家庭，给家庭带来了沉重的负担和压力。

家庭是任何一个儿童最初成长和经常生活的环境。特别是在早期父母与孩子接触的时间最长，对他们的了解也最多，也是最早发现孩子问题的人员之一。家长在儿童成长的早期可以通过哪些方法和途径发现儿童异常情况呢？通常可通过观察、检核表对照、简易的测量等方法发现孩子的问题。

1. 通过观察发现儿童异常问题

通常在孩子三岁之前便发现其存在发展异常，这些儿童大多有明显的或特殊的身体特征。例如唐氏综合征患儿，他们生下来就有特殊的面容，有宽大的脸庞、眼距大、扁平的鼻梁、杏仁状的眼睛、耳小而位低、粗糙的皮肤、舌常伸出、表情痴呆等，他们这些身体上的特征在出生时就可以明显地看到。又如小头症、大头症和水脑症，也是一眼就能发现。小头症或头围太小与智力障碍发生率的增加有关；大头症或头围太大，可能是脑积水造成的，而脑积水引起的大头症伴随有较高认知缺陷发生率，尤其是学习困难。另外，那些异常身材的儿童也容易被家长所发现。身材

比平均值大或小的个体虽然不一定有问题，但也要特别关注，因为这两个群体都可能有较高的发展障碍流行率。

对上述这些明显的异常状况，家长只要稍作观察便能发现发育迟缓的儿童，一旦发现儿童有问题，应尽早送到有关机构作进一步诊断。

2. 通过对照检核表发现发育迟缓儿童

为了增加发育迟缓儿童的早期发现率，家长可通过各种相关的简易发展检核表为家中的婴幼儿作初步的筛检，以期做到早期发现。目前，我国在生理发展方面有儿童身高、体重、头围、胸围、肌肉生长情况等平均数，父母可将自己孩子发育指标与平均数对照，就可得知孩子发育的一般情况。在心理发展方面，有适应行为、运动行为、语言、思维、人格及社会行为等方面的指标，家长可以此作为参考，如发现问题尽快到相关机构作进一步检查。

3. 通过使用简易筛查法发现有障碍儿童

家长常用的简易筛查表从儿童的动作能、言语能、应物能、应人能等方面对婴幼儿进行测查。简易筛查表测查内容少，时间短，工具简单，家长容易掌握。对怀疑听觉有障碍的儿童，家长要有意识地关注孩子的听力情况，采用的检查方法有多种，如敲击声、铃声、哨声、有声响的玩具以及说话声等，通过初步检查也可及时发现孩子听力方面的问题。对怀疑视觉有障碍的儿童，家长采用的简易检查方法有用手电筒查看，可以用蒙红布的手电筒吸引婴儿的注意，手电筒要时远时近，时左时右，从多个角度观察儿童有否异样表现。如果是晚上，则可以用"开灯""关灯"交替进行，观察其对光线的反应情况。用玩具吸引儿童视觉注意，观察婴儿眼睛转动的情况及能否注视运动着的物体。

二、保健机构的医务人员在特殊儿童早期发现中的职责

保健机构的医务人员与婴幼儿接触机会较多，比大医院的儿科医生更能早期发现孩子发展方面的问题，他们在特殊儿童早期发现中主要的职责是：

1. 通过早期检查及时发现发育迟缓儿童

在新生儿满月前，保健机构的医务人员会去家中访视两三次，他们除了了解新生儿出生时的情况外，要做的最重要的一项工作便是测量并记录儿童的身高、体重、头围、胸围等，并细心观察儿童的精神状况、呼吸情况、吸吮能力等，同时检查眼、口腔等部位，通过这些检查可以及早发现发育有问题的儿童。

2. 为异常儿童建立专案管理卡

对早产儿、营养不良儿、先天畸形儿和高危儿童等发育迟缓儿童，保健机构的医务人员会建立专案管理卡，指导母亲在护理方面应特别注意的地方，而且他们还

会花较多的时间来关注这些异常儿童的成长。

3. 对婴幼儿健康全面负责

保健机构把这方面工作重点放在三岁以前,主要包括:

(1) 定期进行体格检查,尽早发现发育迟缓儿童。一般是1岁以内的儿童每三个月检查一次,1—3岁儿童每半年检查一次,4—7岁儿童每年检查一次。具体项目包括:①对体重、身长、头围、胸围测量,进行生长发育检测;对头颅、五官、胸腹、四肢等进行系统检查。②在3个月、6个月、9个月、12个月、18个月、24个月、36个月各进行一次DDST儿童智力发育检测。③选择6个月、1岁、2岁、3岁各进行一次血常规检查。④酌情选择性地进行微量元素、血铅、骨碱性磷酸酶测定以及膳食评价等。通过检查了解小儿身体发育情况,发现问题及早采取措施进行干预。

(2) 防止常见病,及时对体弱儿童加强管理。佝偻病、营养不良、沙眼、龋齿等是儿童最常见的疾病,保健机构的医务人员一方面要向家长传授预防知识,另一方面,在检查中一旦发现儿童患有上述疾病,就应为患儿制定治疗方案,给予及时治疗,以保证每个儿童健康成长。

(3) 适时地进行免疫接种,预防和控制致残性传染疾病的发生。通过预防接种,可预防某些致残型传染疾病的发生,如急性脊髓灰质炎、麻疹、风疹、乙型脑炎等。如果一旦发现儿童得了某些传染性疾病,医务人员会尽最大的努力把传染疾病的危险控制在最小范围。

三、学前教育机构工作人员在特殊儿童早期干预中的职责

学前教育机构的工作人员也是早期发现发育迟缓儿童的重要人物之一。教师可以通过幼儿体格检查发现有发展问题的儿童。现在不少地区已把听力测查、视力检测等列入幼儿体格检查项目之中,以便能尽早发现听力、视力等障碍儿童,及时采取措施进行早期干预。教师还可通过在各种活动中对儿童的观察,发现儿童发育方面的问题,及时向上级有关部门和家长通报,建议幼儿到专业机构作进一步检查和诊断。总之,学前教育机构的工作人员只要有相当的专业知识也可以很快发现可疑的个案。

第三节 特殊儿童的早期诊断

在《大百科全书(现代医学卷)》中将诊断(Diagnosis)定义为"由医学角度对人们的精神和体质状态作出的判断"。诊断原本是医学中的一个重要概念和术语,它

指在医疗活动中专业技术人员通过详尽的检查及调查等方法，对所收集到的信息、资料经过"去粗取精、去伪存真、由表及里、由此及彼"等信息加工过程后对病人病情的基本认识和判断。只有基于这样的认识和判断，医务人员才有可能制定下一步的治疗或干预方案，完成救治任务。毫无疑问，如果诊断出现了差错，则治疗不可能有效，甚至贻害无穷。诊断的过程是一个收集资料和各种信息，寻找"证据"，探寻因果关系的过程。对特殊儿童的早期诊断也不例外，只有综合运用医学、心理学、社会学、教育学等各学科的知识，全面了解儿童在生理、心理及行为等方面的表现，才能对儿童进行正确诊断，为评估其程度和干预提供依据。对特殊儿童的早期诊断主要包括医学诊断、心理诊断和教育诊断等三个方面。

一、医学诊断

医学诊断也叫疾病诊断，是通过患者的体征或症状来判别疾病的部位、性质和程度的诊断。医学诊断以医学理论为指导，遵循医学模式，其诊断的依据主要是患者的症状和体征。一般对特殊儿童的医学诊断包括一般性的健康检查、病史询问和针对性的特殊检查。

1. 一般性的健康检查

（1）体重

体重为人体各器官、系统、体液的总重量，其中骨骼、肌肉、内脏、体脂、体液构成了体重的主要成分。体重易于准确测量，是最易获得的反映儿童生长与营养状况的指标，但由于体脂与体液变化较大，体重在体格生长各指标中最易波动。测量体重一般使用体重秤，精度为 0.1 千克。测量时，受试者自然站在体重秤中央，站稳后，读取数据。记录以千克为单位，保留小数点后一位。（注意事项：测试时，受试者尽量减少着装；上、下体重秤时，动作要轻缓。）

（2）身高

身高指头部、脊柱与下肢长度的总和。多数 3 岁以下儿童立位测量较难测准，应采用仰卧位测量，称为身长。立位与仰卧位测量值相差 1—2 厘米。一般测量身高使用身高计，精度为 0.1 厘米。测量时，受试者赤脚、呈立正姿势站在身高计的底板上（躯干挺直，上肢自然下垂，脚跟并拢，脚尖分开约 60°），脚跟、骶骨部与身高计的立柱接触，头部正直，两眼平视前方。记录以厘米为单位，保留小数点后一位。

（3）呼吸功能指标

以肺功能为代表，包括通气功能、换气功能、呼吸调节功能及肺循环功能等。肺活量是测试人体呼吸的最大通气能力，它的大小反映了肺的容积和肺的扩张能力，是评价人体呼吸系统功能和体质状况的一项常用机能指标。一般使用肺活量测试仪测试肺活量以评定儿童的肺通气功能。测试时,受试者面对仪器站立,将吹嘴装在吹气管进口上,做深吸气后屏住气,然后迅速对准吹嘴压实做一次尽力的深呼气,直到不能呼气为止。测试两次,仪器自动记录最大值。

（4）脉搏（或心率）

脉搏能反映心血管系统多方面的状态,如心跳的频率和节律、心脏的收缩力、血管充盈度、动脉管壁的弹性等等。它是了解人体心血管系统功能的简易可行的指标,对早期发现人体心血管疾病具有一定的现实意义,同时还是监控运动强度的简易指标之一。脉搏的次数一般随年龄的增长而减慢,婴儿每分钟可达 130—150 次,儿童 110—120 次。

（5）血压

体循环动脉血压简称血压。血压是血液在血管内流动时,作用于血管壁的压力,它是推动血液在血管内流动的动力。通常所说的血压包括收缩压和舒张压。目前常用台式水银柱血压计配合听诊器测量血压,测量时应注意满足以下条件:情绪应稳定,应在安静的室内休息 10—15 分钟以消除疲劳、紧张等对血压的影响,检查前 5 分钟内不要做体位变动;室内温度应以 20℃左右为宜,太冷、太热对血压高低都有影响;检查血压前半小时内,应避免进食,不吸烟、不饮酒,排空膀胱（解小便 1 次）。

（6）感觉

包括对儿童的视觉、听觉、触觉、嗅觉、味觉等感觉系统功能的检查。

（7）神经系统

主要包括一般视诊、头颅检查、颅神经检查。其中一般视诊包括生长状况、面容、意识状态、反应情况、动作与步态、肌肉张力和运动协调等;头颅检查包括头的大小、外形、头围和头的活动状况等;颅神经检查主要是对 12 对脑神经功能的检查。

2. 针对性的特殊检查

（1）血液检查

可以早期筛查克汀病,并有助于诊断先天性风疹、巨细胞包涵体病、弓形体病等。

（2）尿液检查

特殊的尿味有助于诊断先天性代谢异常疾病,通过尿液检查可以检查出苯丙酮尿症、枫糖尿症、蛋氨酸吸收不良症及异戊酸血症。

（3）染色体分析

有助于对唐氏综合征、猫叫综合征等染色体异常疾病作出诊断。

（4）X 线检查

有助于诊断伴有骨骼变化的智力障碍。

（5）CT 检查

可以发现某些颅内病变,如脑积水、脑畸形、先天性脑发育异常、进行性脑白质营养不良以及结节性硬化等。

（6）脑脊液检查

进行脑脊液穿刺检查的目的在于检查是否有颅内出血、脑膜是否有刺激性症状以及有没有神经系统症状等。

3. 病史询问

（1）父母的亲缘关系与家族史

主要了解是否有遗传、家族性疾病,是否为近亲结婚等。

（2）母亲的妊娠史

主要了解母亲的生育年龄,怀孕期间的得病及服药情况,是否遇到意外事故,是否出现明显的不良情绪等。

（3）儿童的出生史

主要关注儿童是否为早产,是否窒息或抢救(抢救程度),是否有产伤、感染、低血糖等现象。

（4）儿童的生长发育史

主要包括一般健康状况,如身高、体重、身体发育情况、疾病及服药情况等;心理特征,如智商、动作、语言、注意力等水平;早期环境,如早期亲子关系、早期生活环境、早期干预情况、受过何种伤害、是否出现过意外事故等。

二、心理诊断

心理诊断也可称为问题诊断,是一种用以测量人的心理能力,包括智力水平以及个性心理特征等方面个别差异的方法。具体地说,心理诊断是心理工作者在生物—心理—社会医学模式的指导下,运用访谈、观察、各种检查及测量等心理学方法对儿童的智能状况、人格特征和心理健康状况等心理素质及行为作出正常与否及其病因、生理心理社会功能损伤程度的判断。按照所测量的心理特质的不同,可以分为智力测验、能力倾向测验和人格测验三大类。

1. 智力测验

测量儿童一般能力的高低,测量结果一般用智商(IQ)来表示。常用的婴幼儿发育筛查和诊断工具有:丹佛发育筛查法(Denver Developmental Screening Test, DDST)、皮勃迪图片词汇测验(Peabody Picture Vocabulary Test, PPVT)、韦克斯勒学前和学龄初期儿童智力量表(Wechslcr Preschool and Primary Scale of Intelligence，WPPSI)、格赛尔发育量表(Gessel Development Scale，GDS)、麦卡锡幼儿智能量表(McCarthy Scale of Children，MSC)、中国—比内智力测验量表(Stanford-Binet Intelligence Scale，SBIS)等。相关量表的具体介绍详见第七章第二节内容，此处不再赘述。

2. 适应能力评定

常用的婴幼儿发育筛查和诊断工具有：AAMR适应行为量表(Adaptive Behavior Scale，ABS)；文兰社会成熟量表(Vineland Adaptive Behavior Scale，VABS)、儿童适应行为评定量表、婴儿——初中生社会生活能力量表等。相关量表的具体介绍详见第七章第二节内容，此处不再赘述。

3. 人格测验

主要用来测验个人在诸如兴趣、态度、动机、气质、性格、价值观、品德等方面的个性心理特征。常见的人格测验有：

(1) NYLS3—7岁儿童气质问卷。由美国儿童心理学家及精神病学家Thomas和Chess领导的研究小组——NYLS(New York Longitudinal Study，简称NYLS)于1977年设计了家长评定的3—7岁儿童气质问卷(Parent Temperament Questionnaire，PTQ)。该问卷选定了九个维度，即活动水平、节律性、趋避性、适应性、反应强度、情绪本质、坚持度、注意分散度、反应阈，共包括能够清楚、独立地代表儿童日常生活一般表现的72个条目。该问卷为其他儿童气质测查量表的发展奠定了基础，目前仍是测查3—7岁儿童气质的常用工具。

(2) Carey儿童气质量表系列，是由Carey和McDevitt等人依据Thomas和Chess的儿童气质理论陆续发展出1—4个月，4—11个月，1—3岁、3—7岁、8—12岁共五套问卷，其中包括：幼婴气质问卷、婴儿气质问卷-修订版、幼儿气质评估表、3—7岁儿童气质问卷、8—12岁儿童气质问卷。

(3) 幼儿人格评定量表，由我国著名精神卫生专家陈学诗教授编制，把4个主要因素作为评定幼儿人格发展的标准，即探索主动性、合群和适应性、情绪稳定性和自我控制、独立性，检测项目共45个。检测方法是由幼儿家长根据孩子实际表现来回答问题，最后得出反映孩子人格特征的分数。3—4岁幼儿的家长都可以对照评定量表对自己的孩子进行人格评定，以便及早发现问题，及时矫正。

三、教育诊断

教育诊断是一项深度的诊查工作，专业工作者综合运用生理学、心理学、教育学等相关知识，采用各种评量方法细致、全面、深入的了解学前特殊儿童目前的能力水平、学习特点、学习困难程度以及在教育上的特殊需要。教育诊断的结果可为特殊儿童早期干预计划的制定提供依据和参考。

学前特殊儿童教育诊断常用的方法有三种：测验法、观察法和访谈法。

1. 测验法，分为正式测验和非正式测验。通过标准化的正式测验，便可收集到儿童当前的学习能力、行为表现特点及存在缺陷。非正式测验是教师自制的一种测验形式，教师可根据实际情况测查特殊儿童某部分知识或某方面的能力。

2. 观察法，观察记录是特殊儿童教育诊断的一项重要技术。由于特殊儿童的语言、思维、社会性等方面都很不成熟，进行标准化测验时常会发生困难。观察法大都在自然情境中进行，获取的资料真实可靠；而且观察时所获取的资料是观察者亲自经历的，可使观察者全面把握情况；这种方法简单易行，可以从中获得许多有关学前特殊儿童发展的宝贵资料。

3. 访谈法，是特殊儿童教育诊断中获取信息的又一重要方法。当我们无法观察学前特殊儿童的亲子关系、同伴关系、学习习惯、兴趣爱好等时，访谈便是一种很有效的方法。通过访谈，可以收集到许多有关学前特殊儿童发展的真实资料，这对于儿童的诊断和制定个别教育计划都十分有用。

通常，上述三方面的诊断工作均由受过训练取得合格证书的专业人员承担。诊断结果应有书面结论，包括特殊儿童的类型、性质、程度、诊断时间、地点，测查人员签名和测查单位盖章。诊断小组综合医学、心理和教育三方面的诊断结果，结合儿童的现实表现提出早期干预的建议。

思考题

1. 儿童出生前、后如何预防残障情况的出现？
2. 家长如何发现有残障的婴幼儿？
3. 保健机构的工作人员在残障儿童早期发现中有何作用？
4. 早期诊断包括哪些内容？

第六章　特殊儿童家庭早期干预

　　对特殊儿童进行早期干预离不开家庭的参与。家庭早期干预是指在家庭范围内,对学龄前有发展障碍或可能有发展障碍的儿童进行教育、康复训练、营养保健等的一系列活动。干预的目的是促进儿童身体、心理和社会适应等方面的发展,为其今后进入普通教育机构以及融入社会创造条件。在一定程度上,家庭早期干预实施的情况会直接影响到特殊儿童的成长。因此,本章将着重介绍家庭早期干预的意义、内容、原则以及国外几种比较成熟的家庭早期干预计划。

第一节　特殊儿童家庭早期
干预的意义及条件

　　家庭是人出生的地方,是人来到世界所接触的第一个社会环境。在人一生的成长中,家庭处于举足轻重的地位。一个正常儿童需要家庭的关爱与呵护,一个特殊儿童更需要家庭的帮助与支持。因此,家庭对特殊儿童早期干预有着重要的意义。

一、特殊儿童家庭早期干预的意义

1. 对特殊儿童的成长起着重要的作用

（1）家庭早期干预可以对特殊儿童的缺陷进行早期补偿和矫正

在家庭中,父母是接触儿童最早,也是最多的人。他们对儿童各方面的了解也更全面。一旦发现儿童生理上的缺陷或发育迟滞,家庭可以采取措施,尽早对孩子的缺陷进行补偿和矫正,防止残疾程度进一步加深以及引起其他功能障碍。

(2) 家庭早期干预可以帮助特殊儿童形成积极的心理品质

根据有关理论,婴幼儿期是儿童情感依恋和心理品质形成的重要阶段,如安全依恋、信任、主动性等。这些品质的形成离不开家庭的影响,尤其是儿童和父母之间的关系以及父母对儿童的教育方式。有研究发现,在对孩子的教养过程中,父母在心理情感方面给予孩子的关爱行为越多,孩子的自信水平越高,对自我的评价也越为积极。对特殊儿童来说,积极的心理品质对其面对由残障带来的困难显得尤为重要。因此,在家庭早期干预中,父母不要因为孩子的残障而过度保护他们或忽视他们,应该和孩子一起积极地面对残障,鼓励孩子克服困难,帮助孩子在困难中磨炼他们的意志以及形成积极乐观的性格特点。

(3) 家庭早期干预可以训练儿童掌握必要的社会技能和习惯,为其将来融入社会做好准备

家庭早期干预的目的是为儿童将来能顺利地进入普通学校学习,以及融入主流社会奠定基础。在这个过程中,家庭早期干预的任务之一就是帮助儿童形成良好的生活习惯,如作息习惯、卫生习惯等,以及掌握必要的社会技能。这些内容是特殊儿童将来适应社会所必需的。

2. 对社会和家庭具有重要的意义

对社会来讲,早期干预能够有效减少特殊儿童对社会的依赖,降低康复机构的设置和运作经费。如果大量的儿童到机构接受早期干预,往往需要较多的师资和场所;而这些儿童如果在家庭里接受早期干预与教育,就可以节省人员的配备和场所的设置。因此,从这些角度来看,家庭早期干预可以为社会减轻负担。

对家庭来讲,如果将孩子送往治疗康复机构接受早期干预,不仅需要家庭支付昂贵的经济费用,而且需要家长付出大量的时间。如果让孩子在家庭接受早期干预与教育,一方面可以节约培训的费用和花费在接送路途中的时间,另一方面,家庭这样一个孩子熟悉的自然环境,更利于亲子之间情感联系和孩子健康成长。

二、特殊儿童家庭早期干预的必要条件

1. 父母对特殊儿童和早期干预的正确认识

父母如何看待有残障的儿童以及对早期干预持有什么样的态度会直接影响到家庭早期干预的实施和效果。如果父母始终不愿面对孩子的残障,很可能会使孩子错过早期干预的最佳时期,甚至会造成继发性残障;如果父母因为孩子的残障就

认为其是没有能力的,对他们过度保护,很可能会抑制孩子其他方面正常发展。在对特殊儿童进行早期干预训练时,如果家长认为这是康复机构的职责而不愿抽时间和精力在家里继续训练,那孩子康复训练的效果就会大打折扣。因此,家长对特殊儿童和早期干预的正确认识是有效实施家庭早期干预的首要条件。

2. 家庭成员的相互支持与积极参与

有效的家庭早期干预需要家庭成员的相互支持和积极配合。对父母而言,孩子是自己的希望。孩子在生理上出现缺陷或发育迟滞,会对父母造成沉重的打击,因此,家庭成员彼此之间的相互支持就显得格外重要。家庭成员越早接受现实,越早进行家庭早期干预,对孩子的发展越好。在家庭早期干预中,还需要家庭成员的积极参与和相互合作,例如家庭成员的合理分工等。另外,全面掌握早期干预的知识和技能、形成正确的教育态度和方法也是家庭成员所必须的。

3. 专业人员的指导与支持

家庭早期干预是以家长作为问题解决的专家,但并不能说就不需要专业人员。在整个干预过程中,专业人员起到指导、辅助、评估反馈以及支持的作用。专业人员不仅要帮助家长掌握正确的干预技术,在干预实施过程中进行辅助指导,遇到问题时及时和家长沟通调整策略,而且还要给予家长一定心理上的鼓励和支持,让家长看到干预的效果,从而坚定干预的持续进行。因此,专业人员与家长相互合作,才能最有效地促进特殊儿童的健康成长。

第二节 特殊儿童家庭早期干预的内容

虽然家庭早期干预为特殊儿童接受学校教育提供了准备状态,同时也是学校教育和机构康复的必要补充,但是家庭早期干预要有自己的特点,而不是简单的复制学校教育或机构的干预内容。其干预内容应该结合家庭生活的特点来确定。具体来说,家庭早期干预应包括以下几个方面的内容。

一、促进特殊儿童身体机能的康复与运动能力的发展

婴幼儿期是儿童身体发育最快的一个时期。这一时期儿童身体的正常发育为他们其他各方面的发展提供了基础。但是对于身体有残障或发育迟滞的特殊儿童来说,在这一时期不仅像其他正常儿童一样需要基本的营养与锻炼,还需要一些特殊的对待,例如积极进行缺陷器官或残疾肢体的机能康复训练以及运动能力的提高。为此,特殊儿童的家长应该从以下几方面着手:

1. **提供丰富的营养食物**

婴幼儿期是身体发育的重要时期。家长不仅要重视孩子的营养摄取,还要懂得营养调配的知识和各种食物中所含的营养成分,否则容易引起孩子营养过剩或营养不良。据《中国青年报》报道,一项全国营养调查显示,因为营养摄入不足,在我国贫困农村,5 岁以下儿童生长迟缓率高达 29.3%。由此可见,营养摄取的不当或不足是造成儿童发育迟滞的重要原因。那么,父母应该根据孩子的特点,为孩子准备营养食物。父母在选择食物时应该注意:

(1) 选择新鲜、天然、品质优良且经济实惠的食物。

(2) 婴幼儿对色彩十分敏感,多利用食物颜色的搭配,以促进食欲。

(3) 食物的形状经常多加变化,以提高儿童进食的兴趣。

(4) 婴幼儿的味觉很灵敏,避免口味过浓、过重、过于刺激的食品。

(5) 食谱多变化,注意儿童的食欲变化或食物偏好。对于儿童不喜欢的食物或烹调方式,在量及次数方面减少再慢慢地让孩子接受,不可强迫其进食,更不可过于迎合其需求,不然易造成偏食。

(6) 点心的供给最好安排在饭前两小时,量以不影响正餐食欲为原则。

2. **加强特殊儿童的身体锻炼**

一般来说,儿童的残疾程度会影响到他们的身体状况,残疾程度越严重,其身体状况就越差,甚至还会出现严重的生理问题。这就要求父母有意识地创造锻炼的条件,带领孩子进行体育锻炼,并教给他们锻炼的技巧,这不仅能增强他们的体质,而且还能对其残疾起到康复治疗的作用。体育锻炼是促使特殊儿童体质由弱变强的一种有效手段。体育锻炼可以增强儿童对事物反应的灵敏性,使其掌握运动技能,对其大脑功能和智力的发育将起到促进作用。所以体育锻炼对正处于生长发育阶段的特殊儿童来说具有重要的意义。

特殊儿童体育锻炼的内容,应重点训练走、跑、跳、投掷、攀登等基本动作和运动的练习,还要注意培养孩子正确的姿势和身体平衡功能。可以利用公园和儿童娱乐场所的体育锻炼器材开展体育活动,也可以结合家务劳动来进行锻炼。

3. **有针对性的进行生理康复训练**

特殊儿童由于生理上的残障,一般会接受专业康复机构有针对性的训练。但是这些机构为孩子提供的训练无论从时间长度还是内容的广度来说,都无法满足孩子成长的需要,而且很多机构也强调孩子在家庭里还要继续练习相应的训练内容。因此,家长一方面应该配合专业康复机构的训练,多掌握有关的训练方法和技巧,在家庭里对孩子进行辅导训练,另一方面,还可以借助日常生活中的各种活动来帮助孩子进行康复训练。

二、促进特殊儿童生活自理和独立技能的发展

生活自理能力是特殊儿童家庭早期干预中的重要内容之一。生活自理技能是指儿童在不依赖他人的帮助下,每天必须进行的最基本的动作,主要包括穿衣、进食、个人清洁和入厕等自理能力。由于学龄前期儿童身心发育最为旺盛,可塑性和模仿性极强,所以这个时期是培养孩子良好生活习惯和自理技能的关键期。对于特殊儿童而言,生活自理技能的训练是其今后顺利生活的基础,也是他们融入社会、被他人接纳的必要保证。因此,家长可以有计划地让特殊孩子熟悉日常生活的要求,教给他们生活自理与独立的技能,帮他们养成良好的生活习惯。

1. 进食训练

对特殊儿童进食训练包括对他们进食习惯的培养和进食技能的训练。前者包括按时按量吃饭、饭前洗手、不偏食、不过多吃零食等习惯,后者包括学会使用勺子和筷子吃饭、清理和清洗餐具以及对重度残障儿童进行的咬、吞、咽、喝、吸等动作的训练。这些内容可以糅合在日常生活的相关活动中进行。

例如:训练孩子使用勺子吃饭。每次训练时,进食前应让孩子先洗手,使其逐步养成饭前洗手的好习惯。开始训练时,先手把手教孩子抓积木等体积较大的物品,以此锻炼其手眼协调能力。当孩子学会大把抓后,换成小的物品,锻炼准确性。手指灵活了,开始让孩子使用大勺盛砂土、米粒或捞水盆中的物品。学会用大勺后,进一步让孩子使用小勺,练习给娃娃喂饭。在训练中要注意,当孩子开始自己吃饭时,常常会把饭菜弄撒,这时不要轻易责备,而是要鼓励孩子,让他始终保持愉快的心情进食。

2. 衣着技能训练

穿脱衣服与鞋袜是孩子日常起居中必备的生活技能。父母可以通过示范训练,逐步指导孩子掌握衣着技能。首先,应教会孩子认识上衣、裤子、鞋子和袜子及各组成部分的名称。其次,教孩子学会扣纽扣,拉拉锁。纽扣要选择大一些的,最好是颜色鲜艳、有动物或花草形象的,使孩子在趣味中学习。可让孩子先学会在模型(如玩具娃娃)上扣纽扣后,再让他/她在自己身上练习扣纽扣。第三,训练孩子穿脱套头衫时,用"套藤圈"的方法,先把整个动作分解好,学会一个步骤后,再进行下一个步骤。先练大动作,一只手先伸进大圈,再伸另一只手。学会上述步骤后,再进行双手握住大圈练习:举起——放下——举起。家长逐渐减少口头帮助,使孩子自己穿脱套头衫。第四,穿脱裤子训练,也是用一个大圈练习,蹲下——站起,反复进行。孩子的裤带最好选用松紧带,便于孩子穿脱,以免妨碍排便。第五,穿脱袜子也最好利用圆圈往脚上套的方法。学会套大圈后,改用布圈套。孩子学会了套布圈套,穿袜子就容易了。第六,训练穿鞋时,家长帮助他套在脚上,让他自己穿

进去。训练时用的鞋要大一些,鞋口采用松紧带或尼龙搭扣。

3. 个人卫生习惯的养成

家长帮助孩子养成良好的个人卫生习惯和技能,不仅有助于孩子身体健康成长,增强学习技能的自信心,而且有助于他们将来独立或半独立生活。个人卫生习惯与技能主要包括了梳头、刷牙、洗手、洗脸、洗澡、洗脚和剪指甲等行为。家长既可以借助每天的生活起居让孩子练习这些行为,也可以专门进行有针对性的训练。例如:教孩子洗脸,首先教孩子将毛巾打湿;然后用毛巾清水擦洗面部、眼部、耳后的污垢;最后教孩子拧干毛巾,擦干面部。

4. 便溺训练

婴儿一出生就具有感知大小便的能力,大小便训练越早开始,对其身心健康越有好处。因此,家长可以根据不同年龄孩子生理和心理特点,采用有针对性的方式进行训练。在训练过程中,首先,家长切忌操之过急,尤其对于残障程度较重的儿童,更要耐心,不要表现出厌恶的情绪。否则会给孩子带来过多压力,造成心理上的紧张,也会延迟完成训练的时间。其次,家长要细心观察孩子有便意时的表现,如忽然站定不动、睁大眼、合紧嘴,当遇到这些讯号时,应该尽快帮助孩子解脱裤子。第三,家长可以在孩子大小便时用"嘘嘘"和"嗯嗯"的声音作为排便信号,帮助他们形成条件反射,当孩子能配合家长作出反应时,要给予表扬。当孩子会坐之后,还可以训练他们坐盆。最后,随着孩子年龄增长和能力提高,应进一步训练孩子认识大小便的场所以及卫生纸的使用。

5. 作息规律的养成

有规律的作息安排有助于特殊儿童身体健康的发展,也为孩子将来进入幼托机构和学校、适应其中的生活奠定了基础。为此,家长在帮助孩子养成良好的作息规律时,应该注意:

(1) 制定科学、可操作的生活作息时间表。家长可以根据孩子的特点和家庭的实际情况,为孩子制定一个切实可行的生活作息时间表。平时生活作息,尽可能按时间表进行。如果有意外事件破坏了孩子的作息规律,家长也应该尽快帮助孩子恢复原来的作息时间。

(2) 入睡前不要做剧烈的运动,也不要吃太多的东西或喝过多的水。

(3) 入睡时,应制造安静的气氛,在孩子没有睡着前,尽可能陪伴在其身边,让他有足够的安全感。

6. 安全防范

特殊儿童由于身心方面存在缺陷,在安全方面遇到的问题比正常儿童要多很多。因此,安全防范也是家庭早期干预的重要内容之一。在这方面,家长要注意:

（1）为避免或减少意外事故的发生，尽量不让孩子进入厨房，防止火灾、烫伤、割伤等。

（2）家中锋利的器具和其他可能造成危险的物品，如剪刀、打火机、缝衣针等要放在孩子拿不到的地方。

（3）家中的小药箱、杀虫剂、洗涤剂的放置，应远离孩子的活动范围，以免孩子误食或意外泄漏。

（4）家中的电源插座、插头、电扇等电器，要有防护措施。避免因孩子的好奇心而引起事故。

（5）在户外玩耍时，有意识地训练孩子远离河畔、井边等有危险的地方。

（6）带孩子上街时，要遵守交通规则，让孩子学会躲避车辆。

三、促进特殊儿童社会适应性的发展

社会适应性是个体适应社会所需要的心理素质。这些素质并不是一朝一夕形成的，而是在日常生活中，通过家庭、学校、社会等各方力量的努力，逐渐形成的。对学龄前期特殊儿童来说，在促进其社会适应性发展的过程中，家庭与父母承担着主要的职责，同时这也是家庭早期干预的重要内容之一。因此，家长应该着重培养和训练孩子良好个性品质、语言能力与社会交往能力，使他们具备将来适应社会生活所必需的心理素质。

1. 良好个性品质的培养

良好个性品质是个体适应社会生活的心理基础。很多研究都发现，与正常儿童相比较，听障儿童更多表现出自卑、情绪不稳定等个性特点。在现实生活中，也经常会发现特殊儿童由于某些不良的个性品质，影响到了他们与周围人的接触以及对社会生活的适应。心理学研究表明，幼儿期是个性品质形成的关键期。在这一时期，家庭影响对幼儿个性品质的形成起着决定性的作用。因此，父母培养特殊儿童良好的个性品质对其社会适应起到重要的作用。

在特殊儿童良好个性品质的培养过程中，家长应该注意以下几个方面：

首先，提高自身素质，为孩子树立榜样。对学龄前期儿童来说，由于其知识经验有限，他们学习的主要方式就是模仿，所以父母的言行是他们判断好坏的标准，也是他们学习的榜样。对于特殊儿童来说，与正常儿童相比，他们的社交接触面更为狭窄，所以其父母自身的言行举止对他们的影响就更为突出。因此，特殊儿童的家长应该提高自身的素质，注意自己的言行举止、兴趣爱好以及生活态度等，为孩子作出好的榜样，当然这些方面都会对孩子个性品质的形成产生潜移默化的影响作用。

其次,家长应该注意自己的教育方式,这也是影响特殊儿童个性品质的重要因素。不论是溺爱型的家庭教育方式,还是放任型或粗暴型的家庭教育方式,都不利于儿童心理健康的发展和良好个性品质的形成。对于特殊儿童来说,由于身心上的障碍,往往更需要家长正面的教育方式和乐观的态度,这对孩子勇敢面对自己的残障以及树立与困难做斗争的勇气和信心等积极的个性品质起到重要的作用。

第三,家长应根据孩子的特点,因势利导,帮助其形成良好的个性品质。由于遗传素质以及生活环境的影响,每个孩子都具有不同的心理特点,例如有的孩子天生对外界比较敏感、胆小、内向,有的孩子却胆大、冲动、精力充沛,还有的孩子比较冷漠、对周围环境缺乏关注等。家长在和孩子朝夕相处的过程中,应该熟知孩子的这些特性。因此,在培养孩子个性品质时,还应该根据孩子的这些特点,因势利导,选择合适的方法,采取有效的措施。

2. 语言能力的训练

语言是儿童开展思维活动、进行交流的重要工具,也是他们进入社会、融入社会发展的必备工具。语言能力分为语言理解能力和语言表达能力两方面。前者是指儿童能听懂他人语言意思的能力;后者是指儿童说出与情境有关、有交往意义的话语。对于正常儿童来说,只要有适当的语言环境(一般儿童几乎都会得到这种条件),其语言能力就可以正常得以发展,但是对于某些类型的特殊儿童来说,必须要进行专门的语言训练,否则其言语能力的发展就会出现很大的困难。虽然语言康复机构有专业人员可以为这类孩子提供语言训练,但是家庭中的生活环境却是语言训练的重要场所,父母在培训孩子语言能力过程中的作用也是不可替代的。因此,父母不仅应该给孩子创造一个和谐、温暖、健康的家庭生活环境,而且还要掌握提高孩子语言能力的训练方法和技巧。

首先,家长应掌握不同年龄阶段婴幼儿语言发展的特点。对照正常儿童语言发展的特点,家长可以了解自己孩子语言的不足与差距,而且还可以及时发现孩子的某些障碍。

其次,家长在训练孩子语言能力时,应该顺应儿童的兴趣和需要。例如:幼儿都很喜欢玩水和沙子,这时可以因势利导的教孩子发"水"和"沙子"的音。也可以借助游戏进行训练。

第三,要多给孩子说话的机会,不要处处代劳。要鼓励孩子大胆地说,当说错的时候或说不清楚时,家长切忌指责或不耐烦,这种态度会打击孩子学习说话的积极性和自信心。

3. 社会交往能力的培养

父母不能因为孩子的缺陷或发育迟滞而将他们限制在家里,也不能害怕周围人会嘲笑孩子而拒绝孩子和他人交往。而是要多将孩子带到户外,让他们有机会接触周围的人、事、物,促进他们的认知能力和交往能力的发展,为其今后顺利的开展学校生活奠定基础。

家长不仅要创造环境让孩子多和外界接触,而且还要教给孩子必要的交往规则和方法,同时还要在孩子遇到交往挫折和困难时,给予理解和鼓励。

四、促进特殊儿童前学业学习和认知能力的发展

对学龄前特殊儿童来讲,前学业学习主要是培养他们良好的阅读习惯,而认知能力主要是培养儿童感知和认识事物的能力。

1. 阅读习惯的培养

早期阅读的目的不是让孩子认多少字,获取多少知识,而是培养他的阅读习惯,使其能够享受到阅读带来的快乐。虽然特殊儿童会由于残障的限制,影响到他们的阅读情况,但不能因此而放弃对特殊儿童阅读习惯的培养。

在培养特殊儿童阅读习惯的时候,家长应注意以下几个问题:

(1)阅读内容应符合孩子的兴趣,图书内容要简洁。符合儿童兴趣的东西才会吸引他的注意力,因此,家长平时应该留心观察孩子的兴趣点是什么,为其提供符合他们兴趣的图书。对于特殊儿童来说,可以根据他们的特点选取适当的图书,例如为盲童提供有声图书等。当然,图书的内容可以根据儿童的年龄和残障类型来安排,一般来说应该是简单明了的。例如对年龄较小的残障儿童以及那些智力发展迟缓的儿童,图书尽可能提供一个简单的实物,像一个大红苹果之类的图片。

(2)给孩子提供的书应该是不易被撕破的,可以清洁卫生的。一般阅读中,提供给孩子的书应该是不易被扯破的,比如塑料制成的或者是布制的。另外,有些孩子喜欢用嘴撕咬图书,因此这类图书最好能够经常清洁卫生。

(3)让孩子以自己的方式阅读,不要勉强而为之。撕、咬、乱翻、摆弄,都是孩子读书的方式。通过这些方式,孩子对书有了一定的了解。在这期间,家长切忌用成人的方式代替或粗暴地矫正孩子的这些行为。由于幼儿注意力保持的时间很短,有的特殊儿童就更短了,因此当孩子注意力转移或对图书的关注时间很短时,不要强迫其继续阅读。

2. 认知能力的训练

婴儿在出生时已具备最初的认知能力,之后的几年里,是儿童认知能力发展的关键期。家长不能因为关注儿童的残障而忽视了对其认知能力的培养和促进。在日常生活中,父母可以根据孩子的发展特点和残障程度,为他们提供良好的刺激环境,激发幼儿探索周围环境的积极性,从外界获取更多的信息。例如:通过感统训

练,不仅可以提早发现和治疗孩子感觉信息输入和整合方面的失调,而且还可以促进他们整个神经系统的成熟。家长还可以利用家里的摆设来培养孩子的观察力和思考能力,例如通过摆放几盆花,让孩子学会观察花开花落的现象,掌握花的颜色和形状等基本特征,还可以思考为什么花会凋谢等问题。

第三节　特殊儿童家庭早期干预原则和注意事项

所谓家庭早期干预的原则,是指家长在早期干预过程中必须遵循的基本要求,是家庭早期干预顺利进行并取得预期效果的重要保证。它是根据干预的预期目的以及儿童的身心发展特征提出的,反映了家庭早期干预的共同规律。

一、干预原则

对特殊儿童进行家庭早期干预必须遵循以下原则:

1. 循序渐进、持之以恒原则

这一原则是指家长在对特殊儿童进行家庭干预时,必须根据孩子的身心发展水平以及残障类型与程度,遵循由易到难、逐步提高的顺序促进其发展;同时还需要做好长期教育与干预的思想准备。在贯彻这一原则时,应注意以下几点:

(1)全面了解孩子的发展水平和实际残障程度,做到量力而行

特殊儿童的身心发展和正常儿童一样具有相同的顺序,但是由于这样或那样的障碍,可能会影响到这些儿童身心发展的速度以及可达到的程度。因此,家长应该根据孩子的实际情况,按照"最近发展区"的原理,给孩子提供可接受的干预内容,使他们通过努力可以得到一定的提高。

(2)对特殊儿童进行早期干预时,要有持之以恒的精神

特殊儿童的每一点进步都离不开家长的辛勤付出。正常儿童也许几次就能掌握的内容,在特殊儿童身上却需要成千上万次,因此,家长在辅导孩子的时候,既需要极强的耐心,也需要滴水穿石的毅力。

2. 爱而有度、教而有方原则

这一原则是指家长对特殊儿童要有理智而适度的关爱,在干预训练中要讲究方式方法,贯彻这一原则,家长应注意以下几点:

(1)家长要理性地关心爱护有残障的孩子,适度满足其合理的需求

现实生活中,许多家长因为孩子的残障而心存内疚,对孩子百依百顺、有求必应,一切事务都包办代替,对孩子的不良行为不批评、不教育,这种过度的爱很容易

让孩子形成不良的性格特征和行为习惯。因此,残障儿童的家长应该有理性的关爱孩子,既让他感受到家庭的温暖,同时也让他体谅父母的艰辛;对于孩子的要求,应以是否有利于孩子发展为依据来判别其合理性,如果是合理的需求,应该尽可能予以满足,如果是不合理的,应该坚定而温和地予以拒绝。

(2) 家长要采用科学合理的方法帮助儿童实现训练目标

家长不应该以"孩子有残障"为借口而放松对孩子的要求,也不应该采用过于严厉的方式对待孩子的不足。尤其是在干预训练时,有的家长急功近利,当孩子达不到应有的目标时,轻则训斥,重则体罚,这不仅使孩子对干预训练产生了畏惧心理,而且也使孩子对家长敬而远之,无法有效实现家庭早期干预的目标。同时,这种方式也容易使特殊儿童形成自卑、怯懦、悲观的个性特点。因此,家长在训练有残障的孩子时,既要给他们设置合理的规则和目标,采用科学的方法帮助其实现这些目标,同时也要了解孩子的实际情况,随时调整干预的目标和方法。

3. 科学指导与生活实践相结合原则

这一原则是指对特殊儿童进行家庭早期干预时,既需要专业人员的科学指导和帮助,同时也需要家长能结合家庭生活,将干预训练融入日常生活。遵循这一原则,家长需要注意以下几点:

(1) 积极寻求专业人员帮助,认真掌握科学的干预方法

当发现并确诊了孩子的残障问题之后,家长就要尽快寻求专业机构或专业人员的指导和帮助,使孩子能得到及时的康复训练,降低障碍的严重程度。当寻找到合适的专业人员之后,家长也不应该将孩子康复的希望全部寄托在这些人员或机构身上,还需要主动向专业人员求教,学习和掌握科学的干预方法和技术。

(2) 特殊儿童早期干预应和家庭生活相结合

家庭是特殊儿童生活成长的环境,也有他们最熟悉的人、事、物和活动。因此,干预的内容应该和家庭生活紧密结合起来,干预的方法也应该和家庭活动联系起来。例如:孩子吃饭、穿衣、如厕等生活自理技能完全可以和家庭的一日三餐、日常起居结合起来,和孩子平时的玩耍游戏结合起来。这不仅避免了训练形式单一枯燥,而且还可以激发孩子的学习兴趣,达到较佳的训练效果。

二、注意事项

1. 家长应及时调整心态,正确对待孩子的残障

当父母发现孩子身有残疾或发育迟滞后,一般会经历震惊、拒绝、绝望、内疚和接受等几个阶段。但是整个过程的时间长短因人而异,有的父母能尽快度过这几个阶段,正视孩子的缺陷和障碍,寻求专业人士的帮助,开始对孩子进行必要的家

庭早期干预;也有的父母始终无法面对子女的缺陷,即便接受了,也是对干预康复持消极态度,不愿花费时间和精力对孩子进行康复训练;还有的父母认为孩子有残疾,丧失了信心,对孩子不闻不问,养而不教,甚至将生活中遇到的不顺心都归咎于孩子。不同的态度,对孩子的影响也有很大差异。因此,家长要尽快从悲痛、内疚、自卑等不良情绪中解脱出来,调整心态,正确看待孩子的残障,既不要认为残障是自己或孩子的过错,也不要认为孩子有了残障就一无是处,看不到他们的优势和闪光点。同时家长也要及时实施康复训练,最大限度地弥补孩子的缺陷,促进他们健康的成长。

2. 家长应言传身教,成为孩子模仿的好榜样

在家庭生活中,父母的一言一行、一举一动都是孩子学习和模仿的榜样。尤其是在干预训练过程中,家长的耐心细致、对干预过程的坚持也会潜移默化的影响着特殊儿童,无形当中也会增强他们对干预的信心和决心。

3. 家长应采用科学的干预训练,实现最佳效果

科学的干预训练是取得干预效果的必要条件。家长在对特殊儿童进行早期干预和训练时,应注意以下几点:

(1) 干预内容要有针对性

干预应该根据儿童的残障类型和程度、儿童的发展水平以及家庭的实际情况,选择适合的主题内容。

(2) 语言清晰易懂,指令简单明了

特殊儿童由于年龄较小,理解水平有限以及某些缺陷的限制,无法理解复杂抽象的语言,因此,家长在干预训练时,语言应该清晰易于理解,所下指令也应该简单明了,一次指令只涉及一个事物。

(3) 善于发现孩子的进步,多鼓励、多表扬

特殊儿童的进步往往不是很明显的,需要家长细心观察。当发现其进步时,哪怕是很微不足道的进步,家长也应该及时给予表扬,以此激发孩子积极的情绪,使其对干预训练能保持关注。当孩子在训练中遇到困难或挫折时,或毫无进展时,家长应该给予孩子情感上的支持,多鼓励他们,让他们有信心战胜困难。

4. 积极整合各方干预力量

对特殊儿童的家庭干预并不是某一个人就可以完成的,它需要各方力量的通力合作,形成方向一致的干预力量。在这里,方向一致的干预力量主要包括:

(1) 父母的言行要一致,对孩子的要求要前后一致;

(2) 家庭不同成员之间的干预训练要一致;

(3) 家园密切联系,训练目标保持一致。

第四节　家庭早期干预计划介绍

家庭是对特殊儿童进行早期干预的主要途径之一。许多国家都非常重视特殊儿童的家庭早期干预,提出了一些比较系统、有效的家庭早期干预计划,其中最为常用的是个别化家庭服务计划和波特奇计划。

一、个别化家庭服务计划(IFSP)

1. 什么是 IFSP

个别化家庭服务计划(Individualized Family Service Plan)是为了配合特殊儿童及其家庭的需求而制定的服务计划。它是从个别化教育计划(IEP)发展出来的。二者既有相似之处,又有不同之处。相似之处是二者都采用记录图式的形式,都是由全体参与评估人员共同设计而成的。不同之处是在于:(1)IFSP 的目标是以家庭为主,因为只有家庭功能在儿童的生活中是持续存在的,而 IEP 则是针对幼儿进入日托机构或到学校就读时,机构或学校在课程活动的基础上来培养儿童能力的目标设计;(2)IFSP 是根据家庭对儿童和家庭的需求而制定的,IEP 是根据儿童的问题来制定的;(3)IFSP 的场所主要是自然环境,例如家庭、公园等社区场所,在每天的日常活动中创造机会让儿童接受早期训练,而 IEP 则是在正规的、人为的环境中接受干预。

制定 IFSP 主要原因是幼儿年龄较小,特别是在三岁之前,活动的主要场所是在家庭,相处时间最久的也是家人,所以如果已经发现幼儿有发展上的障碍或迟缓现象,那么家庭早期干预是最适合的方式,也是对幼儿发展最有力的方式。

2. IFSP 特点

台湾社会工作者张馨云总结了 IFSP 的六大特点,如下:

(1) 服务的对象是整个家庭;

(2) 家庭成员和专业人员间的通力合作;

(3) 服务内容是家庭的选择而非专业人员的选择;

(4) 服务的着眼点是家庭的长处而非家庭的缺点;

(5) 个别化的服务而非统一性的服务;

(6) 专业人员的角色是重要信息的分享而非权威的指导教育。

从上述这些特点来看,IFSP 强调的是把家庭视为自己问题的专家,因此问题的界定、计划的拟定、执行方式的选择等,都是以每一个家庭的不同特性以及家庭本身的意愿作为计划的出发点。专业人员只起到协助作用,即以提供专业意见为主,并在尊重家庭决定的前提下提供家庭所需要的帮助。

3. IFSP 的制定步骤

IFSP 的内容是由负责评估的人员通过 IFSP 会议来制定的。会议的参加人员包括所有参与评估的专业人员、儿童家长,如果有需要也可以让安置人员加入。会议重点在于将 IFSP 的内容作一个完整的规划,协调各方面的工作,并决定最适宜提供服务的场所。开会时内容应包括:提出转介的原因;解释评估工具的选择和评估过程以及资料的获得;讨论儿童的优缺点;将每天行为与测验项目连贯起来;理清各方面不同意见进而达成共识。

通过会议讨论,评估人员可以制定一套完整的 IFSP,主要包括以下几部分:

(1)基本情况:包括孩子的姓名、出生年月日、家庭成员、家庭状况等。

(2)参与人员:根据儿童的需要与问题,参与的人员可能会包括物理治疗师、职能治疗师、语言治疗师、心理治疗师、特教老师、社工等等。

(3)现况分析:包括两部分,A.幼儿部分——包括儿童的长处、兴趣(喜欢的活动)、需求等;B.家庭部分——包括家庭的需要、长处、劣势、兴趣及家庭对孩子的期待等。

(4)长短期目标:可根据孩子发展分为 6—7 个领域,包括感官知觉、精细动作、粗大动作、生活自理、认知能力、语言沟通、人际社会等等。每个领域可细分出短期目标和长期目标。

IFSP 并不强调特别的训练时间,而是强调在日常生活里,在儿童感兴趣的日常活动中进行训练。

4. IFSP 实施与评估

IFSP 制定之后就要开始实施。在这个过程中,专业人员的主要任务是:(1)与家长共同设计适合孩子学习的环境,并鼓励孩子主动探索;(2)为家长示范技巧,并且经由讨论与引导,培养家长举一反三的能力;(3)做定期的追踪及访视,以了解家长对此计划的实行是否有困难,同时观察孩子与家长间的互动情况,并将观察后的意见回馈给家长参考。值得注意的是计划的执行应由孩子来掌握,大人以指引的方式提供孩子探索的机会。因此,在计划中,应尽可能提供给孩子感兴趣的活动;若孩子对活动没有兴趣,家长也不必强迫孩子完成。

实施中的评估包括了进行中的评估和阶段性评估。进行中的评估要求持续而系统的记录儿童的进步,并且要评定儿童朝既定目标进步的程度和频率、选择的干预策略是否合适以及是否需要改变干预计划等;阶段性评估是每隔半年(或根据家庭的要求)对儿童的进步进行回顾并修订干预计划。实施中的评估为家庭和儿童意识到其自身力量和资源提供了支持。

二、波特奇计划

1. 产生背景

20世纪60年代,人们对机构康复训练模式产生了质疑,其原因有:一是这些0—6岁的特殊儿童尤其是那些多重障碍的特殊幼儿,其父母把他们送到不同机构接受训练,所花费的时间和精力往往不是一般外人所能体会到的,而且还要承受巨大的经济负担;二是在这些机构中学习到的训练方法,并非在家里都派上用场;三是孩子的发展及学习是终身性的,专业人员再怎么尽力,充其量也只是陪伴在其人生的某个阶段,其他阶段的协助者也未必那么懂孩子,而选择适合孩子学习特点的内容、方法、方案需要具备一定程度的专业判断能力;四是专业人员在短期内无法完全熟悉孩子的情况,再加上不同机构间的转介,会浪费时间进而影响孩子的发展,错过最佳的康复期。

正是基于上述原因,"波特奇"计划在美国威斯康星州的一个叫Portage的小镇上被提出了。波特奇计划是一种家庭教育教学计划,是美国进行家庭现行教育的一种具体方法。主要通过训练家庭教师,让其教家长如何在家庭里对孩子进行综合性的教育。波特奇计划不在课堂里实施,而是在孩子的家里由家长执行。家庭教师每周抽出一定的时间到孩子的家里,其任务就是评估孩子的现状,制定干预计划,并帮助家长成为能有效地训练儿童的教师,同时也训练那些需要帮助的儿童。

2. 波特奇计划的基本特点

波特奇计划的基本特点是所有的活动都是在孩子熟悉的环境——家庭里来完成。这一方式具有机构干预训练无法比拟的优势。(1)经济省时。家长不需要往返接送孩子到机构接受培训。(2)在自然环境中学以致用,容易适应。干预活动是在儿童熟悉的环境中进行的,易于和儿童的日常生活相结合,使其掌握的行为技能更容易运用在生活中。(3)有更多的家庭成员参与其中。(4)有更多机会培养亲情。(5)可以矫正某些特定的行为。特殊儿童有些行为只有在家里才产生,家庭早期教育计划有利于对这些行为的矫正。(6)有针对性地制定个别教学目标。在波特奇计划中,家庭是儿童与家庭成员共同活动的最有效的环境,父母是孩子最有力的教育者。波特奇训练的效果不取决于家庭的经济水平、家长接受教育的程度以及家长本身的智力水平,而是取决于家长对孩子的态度。

3. 波特奇计划的内容

《波特奇早期教育指导手册》主要由三大部分组成:检核表、活动卡以及使用说明。适用于智力年龄0—6岁的正常儿童和残障儿童。

(1)检核表:波特奇计划的内容包括了六个领域,共有580条行为目标。每个领域包含了不同数量的行为目标,并用一种颜色标识。这六个领域分别是:①浅蓝——婴儿刺激活动,通过这些积极而有意义的强化刺激,引发婴儿的各种反射,促进其神经系统、感知觉及运动功能的发展;②深蓝——社会行为,这一领域是指通过模仿、参加集体活动和在与他人交往的过程中,学会与他人共同生活、进行交流时的适当行为和技能;③绿色——语言,这一领域培养儿童对语言的理解和表达能力;④黄色——生活自理,这一领域包括独立生活的各种技能的习得;⑤红色——认知能力,这一领域是指对事物观察、理解,分析比较及记忆思维等方面的能力培养;⑥橙色——动作技能,这一领域是指儿童粗大动作和精细动作的发展和协调能力。

检核表不是精确的发展评定量表,而是为了实施课程而设计的,是用来记录儿童的发展过程、评价儿童的能力,协助教师了解儿童情况的工具。

(2)活动卡片:把每一项行为目标都制成了卡片,记载指导场合的设置,教材、教具的准备,具体的指导方法等等。活动卡片的颜色与检核表的颜色一一对应。

(3)使用说明:包括了教学计划的制订、行为目标的确定、具体方法的指导、教学方法的使用等内容。

4. 波特奇计划的工作模式

波特奇计划的工作模式包括:(1)在儿童家里进行教学,每周由家庭教师做一次家访。每个有障碍儿童的家庭都有一个指定的家庭教师,他们是受过专业训练,或者是经过培训的半专业人员。每周他们花一到一个半小时去他所负责的孩子家里工作。(2)在适合的情况下,使用阿伯恩-伯发展剖面图和《波特奇早期教育指导》对儿童目前的语言、自理、运动、社会技能等方面进行评估。(3)执行精确的教学模式。(4)制定课程计划时,设想儿童在一周之内能够达到预期目标。(5)工作人员每周开一次会,目的是解决问题和调整课程计划。

每次家庭教师进行家访,主要进行三个方面的活动:(1)规定活动(25—35分钟),这段时间教师进行常规的训练,测试儿童水平,提出新的活动,测定儿童基线水平,为家长作示范教学,纠正家长的错误;(2)非正规的活动(25—35分钟),即与家庭成员一起参加活动,活动种类不限,如音乐、艺术、游戏等;(3)家长与家庭活动(20—30分钟),讨论家长在训练过程中所遇到的问题,计划下一周的活动安排以及应用的教学方法。

波特奇计划是一种投资少,又能使儿童得到早期干预,降低残疾程度的有效措施。我国在20世纪90年代已修订出版了《波特奇早期教育方法》,并举办了教师和家长培训班。波特奇计划在我国的推广与发展,不仅为国内特殊儿童家庭早期干预提供了新模式和新方法,而且也对我国特殊教育事业的发展将起到促进作用。

三、其他早期干预大纲

柯克(Kirk)的早期干预大纲的对象是学前的智力障碍儿童(4—6岁,IQ<40)。他通过实验,证实了对于在学前阶段智障儿童的干预的确能够加速智力和社交行为的发展。同龄的智障儿童如果不给予干预,智力和社交行为的发展速率就会减慢。

海勃尔(Heber)早期干预大纲是在20世纪70年代美国最有影响的大纲之一,包括对感知、语言、阅读、算术等方面的训练。研究发现美国的IQ在70到75之间的智障儿童中,有4/5出生于贫困或少数民族家庭。这些智障儿童被称为文化落后型的智障儿童。造成这种情况是由这些儿童的生活环境所决定的。因此,要通过改变环境使儿童得到发展。结果表明,对环境不佳的儿童在婴儿期就进行干预是非常必要的。

高顿(Gordon)的早期干预大纲主要针对3个月—3岁儿童的训练,包括各种感知运动技能、思维的获得。研究结果表明,在其计划中儿童训练时间越长越好(学龄前),而什么时候开始训练并不太重要;训练效果最为明显的是2—3岁的儿童;家长尤其是母亲通过培训完全可以胜任家庭早期干预的工作。

思考题

1. 简述特殊儿童家庭早期干预的意义和条件。
2. 特殊儿童家庭早期干预的内容包括哪些方面?试举例说明。
3. 简述特殊儿童家庭早期干预的原则。
4. 家长参与早期干预要注意哪些事项?
5. 什么是个别化家庭服务计划?如何制订和实施个别化家庭服务计划?
6. 波特奇计划的内容有哪些?

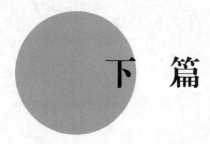

下 篇

第七章　智力障碍儿童早期干预

　　智力障碍儿童是智能明显低于平均发展水平、并伴有社会适应行为障碍的儿童。通过早期干预，可以促进他们的身心健康发展，提高其智力水平及适应能力，从而为他们以后进入高一级学校学习生活打下基础。本章首先从智力障碍的概念出发，论述了智力障碍儿童的特征、成因及评估内容、方法及其工具，然后根据其障碍表现，从运动、认知、语言、社会行为及生活自理五个方面介绍早期干预的内容和方法，最后通过一个典型案例来说明如何对此类儿童进行早期干预。

第一节　智力障碍儿童概述

一、概念界定

　　"智力障碍"是一个伸缩性的描述性概念。与其相同的称谓有"智力落后"、"弱智"、"智力残疾"、"智能不足"、"智力缺陷"、"智力低下"、"智力迟缓"、"精神发育迟滞"等。

1. 智力障碍的定义

　　自泰瑞考德（Tredgold，1809）提出"智力障碍"定义以来，人们对"智力障碍"这一概念的认识经历了一个发展的过程。

　　美国智力障碍协会（American Association on Mental Retardation，AAMR）1921 年第一次明确提出智力障碍的

诊断和分类系统,随后进行了 9 次修订,主要涉及对智力障碍的判断标准及其具体内容等。其中,2002 年(第十版)的"智力障碍"定义是指在智力功能和适应性行为方面存在显著限制而表现出来的一种障碍,其适应性行为表现在概念(Conceptual)、社会(Social)和实践性(Practical)三方面的技能上。障碍发生于 18 岁以前。智力功能上的显著限制,可使用适当的智力测验工具进行评估,其智商(IQ)低于均数(M)两个标准差(SD)以上;而适应性行为方面的显著限制,可通过标准化测验对概念、社会和实践性技能进行评定,其得分(三方面技能之一的得分或总分)低于均数(M)两个标准差(SD)以上[①]。

该定义应用具有五个重要前提:

(1) 个体目前功能的限制必须考虑其同龄伙伴所处的正常的社区环境背景和文化。

(2) 有效的评估应当考虑其文化和语言的多元性以及在沟通、感知、运动和行为方面的个别差异。

(3) 对于个体,其目前的局限性往往与优势并存。

(4) 对限制进行描述的主要目的是建立个体所需的支持方案。

(5) 通过一个阶段的适当和有针对性的支持,其生活功能通常会有所改善。

目前我国使用的是 2006 年《第二次全国残疾人抽样调查残疾标准》中的智力障碍定义。智力残疾,是指智力显著低于一般人水平,并伴有适应行为的障碍。此类残疾是由于神经系统结构、功能障碍,使个体活动和参与受到限制,需要环境提供全面、广泛、有限和间歇的支持。

智力残疾包括:在智力发育期间(18 岁之前),由于各种有害因素导致的精神发育不全或智力迟滞;或者智力发育成熟以后,由于各种有害因素导致的智力损害或智力明显衰退。

2. 分类

智力障碍的分类系统有多种。世界卫生组织(WHO)1993 年出版的《国际疾病分类手册》第十版(ICD - 10),是医学模式分类系统;美国精神病学会(APA)2001 年出版的《美国精神疾病诊断与统计手册》第四版修订版(DSM - IV - TR),是精神发育的分类系统:这两者从临床的视角来看待智力障碍,关注于疾病诊断。至于美国智力障碍协会(AAMR)2002 年(第十版)的智力障碍分类是一个以确认接受服务资格的操作性工具,强调障碍者需要帮助的领域——支持程度,大多是为

---

① American Association of Mental Retardation. Mental Retardation: definition, classification, and systems of supports (10th ed.) [M]. Washington, D C: The Author, 2002:21.

成年智障者服务的提供者所使用①。此外，根据儿童教育可能性进行的分类，是智力水平分类的另一种形式；有的为了达到行为的有效训练而采用适应性行为进行分类。这里主要介绍美国和我国的分类。

美国智力障碍协会按智力水平把智力障碍分为四类（见表 7-1）。

表 7-1　AAMR(2002) 按智力水平分类②

类型	标准差范围	智　商	
		比纳-西蒙量表	韦氏量表
轻度智力障碍	−3.00—−2.01	65—52	69—55
中度智力障碍	−4.00—−3.01	51—36	54—40
重度智力障碍	−5.00—−4.01	35—20	39—25
极重度智力障碍	<−5.00	<19	<25

我国现行的《第二次全国残疾人抽样调查残疾标准》是参考世界卫生组织（WTO）和美国智力障碍协会（AAMR）的智力障碍的分级标准，按其智力商数（IQ）及社会适应行为来划分智力残疾的等级（见表 7-2）。

表 7-2　智力障碍分级标准③

级别	分级标准			
	发展商(DQ)0—6岁	智商(IQ)7岁以上	适应性(AB)	WHO - DAS 分值*
一级	≤25	<20	极重度	≥116分
二级	26—39	20—34	重度	106—115分
三级	40—54	35—49	中度	96—105分
四级	55—75	50—69	轻度	52—95分

* 注：表中 WHO - DAS Ⅱ 只用于残疾人活动与参与评定，不作为智力障碍分级的依据。

二、流行率

世界卫生组织估计，智力障碍的出现率为 1%—3%。由于智力障碍概念的界

---

① McDermott S., Durkin M. S. & Schupf N. et al. Epidemiology and Etiology of Mental Retardation [M]. Springer US, 2007:4.

② American Association of Mental Retardation. Mental Retardation: definition, classification, and systems of supports (10th ed) [M]. Washington, D C: The Author, 2002:21.

③ 第二次全国残疾人抽样调查智力残疾标准组. 第二次全国残疾人抽样调查残疾标准[J]. 中国残疾人, 2006,(5):9.

定、鉴定以及评估方法的多样性,各国对 0—6 岁智力障碍儿童出现率的报道不太一致。据美国教育部统计,2003 年 3—5 岁智力障碍儿童的出现率为 0.19%[①]。

2006 年第二次全国残疾人抽样调查结果显示:0—5 岁的残疾人口为 141 万人,经推算其中智力障碍儿童大约为 63 万人,占 44.68%;6—14 岁的残疾人口为 246 万人,其中智力障碍儿童大约为 76 万人,占 30.89%。调查结果还表明,0—5 岁组的流行率最高,轻度智力障碍(0—4 岁组为 66.05%)约占 2/3,男孩高于女孩,城乡无明显差异。但有些地方稍有不同,如海南省的流行率却相反,女孩高于男孩,且 4 岁组最高,而内蒙古自治区农村的流行率却明显高于城市。

三、临床特征

智力障碍儿童尽管在身心发展上也遵循着正常儿童发展的阶段性和连续性规律,但发展的起点迟、速度慢,最终达到的水平也低,表现在婴幼儿各个领域发展的关键年龄上;而且不同成因、不同障碍程度的智力障碍儿童,身心发育差异很大,障碍程度越重,各个领域的发展水平越低。下面从运动、认知、语言和社会交往等方面来分析智力障碍儿童的临床特征。

1. 运动发展

运动发展是指大肌肉运动和小肌肉运动的发展。大肌肉运动包括人的基本姿势、平衡协调运动和技巧;小肌肉运动包括手和手指的活动以及手眼协调等,即精细运动的发展。运动是个体的基本功能,受大脑控制,脑功能的正常与否直接影响着个体的运动能力,而运动能力渗透在人类行为的各个方面。因此,运动能力是个体整体发展的基础。

智力障碍儿童具有明显的发育迟缓,如视觉、触觉及其动觉的滞后使得其运动能力的习得存在一定的困难,实际运动水平低。特别是肌力发育滞后或不良,导致关节活动受限,不能灵活转动身体,控制、协调、平衡能力差,缺少运动的敏捷性。表现在大运动上:抬头、翻身、爬行、坐、站、行走、跑和跳等动作获得的年龄迟,甚至要花更多的时间,体力和反应速度也差。如唐氏综合征儿童表现坐姿、走路姿势异常,上肢是双侧、对称运动,很少利用躯体转动去够物,难以调整身体重心,动作异常[②]。障碍程度严重者更为明显,也有的可能终身躺在床上。

至于精细运动,由于智力障碍儿童大脑皮层功能区发育迟缓影响了其无条件

---

① 转引自:刘春玲,江琴娣. 特殊教育概论[M].上海:华东师范大学出版社,2008:86.

② Stephen R. Hooper, Warren Umansky. Young children with special needs (4th, ed) [M]. Upper Saddle River, New Jersey: Pearson Education, 2004:253.

反射活动的消退,导致新技能无法形成。其手持物姿态异常,持物不稳,或手指不能自如开合;双手协调能力差,难以掌握双手协调的技巧,即使学会也不能自如应用;手部本体感觉较差,运动时需要视觉辅助,影响了其手眼协调能力。如唐氏综合征儿童用手掌抓取物体,手及手指难以到位。

轻度智力障碍儿童在年幼时差异可能不太明显。尽管个别的儿童可能表现出较好的运动技能,但由于其视、听觉神经方面存在许多问题,总体上其运动能力仍偏低。

2. 认知发展

认知是人对客观世界的认识活动,包括感知觉、注意、记忆、思维和想象等心理活动。儿童的认知能力依赖于其原有的认知功能水平,随年龄和经验的增长而得到发展。

（1）感知觉

感知觉是人们认识客观世界的第一步,没有感知觉,其他一切心理过程都无从产生。智力障碍儿童的触、视、听、嗅和味觉等都有不同程度的障碍,而感受性低、感知觉速度缓慢和范围狭窄是其典型特征,具体表现在如下几个方面。

感知觉的信息少 对于同一强度的刺激,往往不能引起他们的感觉;或者在相同时间内,感知的信息容量少,获得的外界信息少;只能感知客观事物的部分或事物部分属性,而且不准确。如有形状和颜色的物体,他们只感知到其中一种——形状或颜色,或只感知到物体的部分而不是全部。

感知觉不精确 不能区别客体的细微差别。如视觉敏锐度下降,对物体形状、大小与颜色的精细辨认能力降低;听觉迟钝,声音辨别能力差,因而准确掌握语音很困难;皮肤不敏感,触觉阈限高,常常分辨不出光滑和粗糙,也不能分辨大小不同的物体;嗅觉、味觉方面分辨能力也差,一部分重度智力障碍儿童的嗅觉和味觉可能完全丧失;动觉、平衡觉与内脏感觉较迟钝,对轻重辨别能力差,肌体协调有困难,至于饥、饱、渴以及躯体舒适与否,难以诉说其真实感觉。

知觉的恒常性差 对于某物体,只能识别某一种状态,或只认识某一情境、某一种形式的这个物体,改变物体形状、大小、颜色等,则不能识别。

（2）注意力

注意是指个体对外界事物的指向和集中,是一种心理定向能力,这是脑和神经系统的一种基本功能,伴随着心理过程。根据注意产生和维持是否需要意志的努力分为无意注意和有意注意。智力障碍儿童的注意特点表现在:

注意力难以集中和维持 无意注意占优势,有意注意发展晚,不能控制自己的意志,而且集中注意的时间很短。

注意范围狭窄,可接受的信息量少 很难在同一个时间内注意多个对象。如当他们看到事物时,只能一个一个去注意。

注意的转移、分配能力差 在从事两个或多个注意任务时,他们难以同时指向两个任务,更不易于把注意从一个任务转移到另一个任务中。

智力障碍儿童在选择性注意方面可能存在先天性的缺陷 因为选择性注意需要定位(意识刺激)和刺激与其他信息的比较联系这两个成分。如障碍程度严重的儿童,他们可能没有注意意识;环境不利所导致的智力障碍儿童可能由于过量的、模糊的丰富刺激,不能定位刺激。因而他们难以形成选择性注意①。

(3) 记忆

记忆是一种复杂的心理过程,是人脑对有关信息进行编码、储存和提取的认知加工过程。研究表明,智力障碍儿童脑结构上的差异可能导致记忆缺陷②。

有限缓冲理论认为,他们储存信息的容量小。而瓶颈理论解释为,记忆损伤是因为他们不能提取信息,这从智力障碍儿童的再认优于回忆得到了支持。有研究者从不同信息通道来考察其记忆问题,发现唐氏综合征儿童听力信息的储存和提取是有限的,在视觉信息储存上有严重缺陷③。也有人提出,这些儿童的记忆问题是由于缺少练习策略和不能储存信息,但有争议,即获取信息困难造成记忆问题,而不是储存信息,这涉及到注意。对于他们的记忆困难,研究者发现有三个主要影响因素,即对相关刺激的注意、无效的练习策略和迁移能力④。

总之,障碍程度越严重,智力障碍儿童记忆能力越差。表现为:识记速度缓慢、记忆容量小;保持时间短,再认困难,再现内容不精确、不完整;短时记忆能力差;多为机械记忆。

(4) 思维

思维是人脑对客观现实的概括、间接的反映,是在环境、教育的影响下,随着个体的成熟和语言的掌握而逐渐发展起来的。因此,智力障碍儿童感知觉、注意、记忆上的缺陷,语言发展迟缓,导致了他们思维发展上的局限性。

思维刻板,缺乏灵活性 固守特定的事物或情境,难以把自己所获得的知识运用到新的或不同的情境中。即使所获得的技能很熟练,面对新的或者不同的线索、

---

① Stephen R. Hooper, Warren Umansky. Young children with special needs (4th, ed) [M]. Upper Saddle River, New Jersey: Pearson Education, 2004:356.

② 同上,355.

③ 同上.

④ Richard M. Gargiulo. Special Education in Contemporary Society (2th, ed) [M]. Thomson Wadsworth, 2006:173.

人、环境，仍然不能使用这些技能①。

思维具体，概括能力差　智力障碍儿童思维直观、具体，依赖于外部而不是实体。对各种事物只有与其具体情景联系在一起时，才能理解其意义。任何需要一定抽象概括能力的活动，都会使他们感到很大困难。

易受暗示，思维独立性差　在家庭生活当中，智障儿童对于家庭成员的意见往往不会加以比较筛选，较少表现出自主性；在学校生活当中，智障儿童也多"人云亦云"，对于同伴的建议或者老师的批评等，较少加以分辨，更不会对其合理性加以分析。

3. 语言发展

儿童的语言发展主要是指其理解和接受言语的能力，以及言语表达能力的发展。听觉系统、发音器官以及大脑神经中枢的发展与成熟是个体语言发生和发展的重要生理基础，语言发展可以说是脑发育成熟阶段的产品，与心理发展密切相关，受经验的影响极大。

智力障碍儿童由于大脑功能发育受阻，其听力差、听觉分化功能很弱，加上社会、家庭等不良环境的影响，言语能力的发展受到很大的限制，语言发展非常缓慢。研究表明，绝大多数智力障碍儿童都有不同程度的语言缺陷，但其语言发展的顺序、阶段特点等却与正常儿童基本一致。

（1）发音问题

大多数智力障碍儿童存在构音、声音和语流方面的障碍。

构音困难表现为说话发音不准、吐字不清，常会出现音的替代、歪曲、遗漏和添加现象。其中，辅音发音中替代非常突出并且复杂，元音中更是如此；/s/和/ʃ/、/e/和/o/等音常发生扭曲；发以/l/为声母的音节中常常丢失/l/，二合、三合元音中也有部分元音的丢失；有时会在单元音发音前或后添加元音。

声音障碍表现为儿童说话的音调、音量、音质不能很好地控制在正常范围之内。尤其是唐氏综合征儿童，有呼吸音、嗓音失调和声音刺耳等问题。其中的嗓音失调主要为鼻腔共鸣控制失调，如智力障碍儿童常将鼻音发成口音或发成仅有鼻化的一个单元音；部分重度者还存在启音困难，如张口无声、耳语声等；极个别存在声带或腭等器质性的病变②。

语流问题发生在部分言语障碍较严重的智力障碍儿童中，如说话时断时续、声

① Richard M. Gargiulo. Special Education in Contemporary Society (2th, ed) [M]. Thomson Wadsworth, 2006:174.

② 马红英,昝飞. 言语语言病理学[M]. 上海:华东师范大学出版社,2005:245.

音越来越低、越来越嘶哑,且明显感到言语呼吸不畅、气流不足,其部分言语节律失常与其说话时紧张或思维障碍有关。研究表明,运动协调发展的滞后,很可能是导致中、重度智力障碍儿童,尤其是唐氏综合征儿童口吃的原因,其中30%—50%的人存在口吃问题[①]。

智力障碍儿童语音发展的顺序是元音、半元音、鼻音和塞音,而擦音如/f/、/s/等和塞擦音如/z/、/zh/等较难掌握。有的音需花很长时间或者可能一直不会发,难度较大的一些如卷舌音、舌面音、舌根音和齿音,特别容易出错,持续的时间较久,易于转化为病理性障碍[②]。

(2) 语言理解

智力障碍儿童语言理解能力低。由于语言发展迟缓,词汇贫乏,他们只能理解和执行单项指令,难以同时执行两项及以上的指令。有的儿童不能理解别人的话语,常常答非所问。特别是对于抽象和色彩意义词语的理解,存在很大困难,如不能理解"外人"和"外面的人"的差异[③]。而且他们对句子理解的发展速度极其缓慢,难以准确、迅速地理解多维的、含信息量较多的复杂句子,句中特殊成分的理解也是如此。他们很难理解言外之意,所以话语关联性差。在非语言理解上,存在表情语、手势语理解困难。

(3) 语言表达

智力障碍儿童语言表达能力差。由于词汇量少、词义狭窄,词语、词序混乱,他们的表达有的词不达意、语无伦次,听者不能明白其内容。认知功能上的局限性导致其语句简单,语句、语序混乱,如说话不完整,往往只说他认为是主要的词,成人只能从他的眼神、手势、表情来理解他的意思。最终使得他们难以运用语言,只能用最明显的表情、手势传递最简单的信息。

然而,他们的语言理解(懂话)能力大大超过语言表达(说话)能力。他们往往能按成人的要求做一些事情,但只能用简单的句子表达自己的思想感情,且时时会伴有手势、点头、摇头等动作来辅助言语表达。有的智力障碍儿童即使长大后也不能很好地,甚至不会使用语言。

对于轻度智力障碍儿童来说,其语音能力与正常儿童接近。他们语言比较好,能说完整的句子,能回答简单的问题,但句型简单,内容贫乏,其词汇占有量、语法及语用层面的能力均逊于正常儿童,这与他们的思维简单有关。因而他们也难以

---

① 刘春玲.弱智儿童语言获得的研究[J].心理科学,1999,(22):443—446.
② 银春铭,于素红.儿童语言障碍及矫正[M].北京:人民教育出版社,2001:368.
③ 马红英,昝飞.言语语言病理学[M].上海:华东师范大学出版社,2005:247.

达到抽象的思维。

4. 情绪情感

情感是在需要得到满足时或得不到满足时产生的心理上的主观反映[1]。由于大脑功能不完善，智力障碍儿童的情感多受机体需要支配，高级情感发展迟缓、水平低，在情感表达上掩饰性、隐忍性、自我克制性都比较低，易于马上表现出来，很少体验或表达一些高级的情感如伤感、失望、愉悦、自我实现等。具体体现在以下几个方面。

情感表达直接、简单，不会掩饰　大多数智障儿童最常见的情感是高兴、愤怒或悲伤，色彩明显，直接表露在脸上。且多与直观相联系，如生动有趣的事物很快激起他们的情感。

情绪不稳定，易受外界环境影响　他们的情绪明显不稳定，易变，有的情感起伏很大，要么亢奋，要么淡漠。同时又具有明显的情境性，随情境的愉快、事情的高兴与否，情感的内容也随之发生变化，常会破涕为笑，转怒为喜。

体验简单，与刺激的强度不一致　他们对环境或情境反应迟钝，不能正确表达自己的感受。人们高兴、兴奋时，他们可能表情木讷；但对不可笑的事情，有时却会大笑起来。

情感的控制能力差　不会控制自己的情感，不高兴时，不管什么就会大哭大闹。更不能随着情况的变化和实际需要来调节自己的情感，克服困难，努力完成自己的任务。

但相对于其他障碍儿童，其情绪稳定性较好，内心冲突不大，两极性较不明显。同正常儿童相比，智障儿童却会表现出更多的依赖性。

5. 个性

个性是在生活和社会环境中逐步形成的。而智力障碍儿童由于智力缺陷，认识事物少、生活经验简单，又很少参加集体活动，个性的形成和发展也受到影响。主要表现为：独立性、主动性差；自控力弱，易于冲动；既固执又易于受暗示；自我意识差，又不顾及他人；是非模糊等。

他们都会有不同程度的交往困难。一方面是语言交流上的困难，如表达不清晰或不准确，别人理解不了，或不能理解别人的话语；另一方面，由于他们的情感和个性特点，他们不能和他人形成良好的交往关系。

---

[1] 茅于燕，王书荃. 弱智儿童的早期干预[M]. 北京：华夏出版社，1994：74.

四、成因分析

智力障碍成因中,大约75%中度至极重度障碍的原因已被确认,但智力障碍人口中占2/3的轻度障碍成因却了解不多,只达到40%[①]。而已知的原因相当复杂,涉及的范围也很广,既可以从遗传-生物环境、社会-心理环境等多方面进行分析,也可以从障碍产生的时间顺序上进行考虑。这里仅介绍几种最为常见的成因分析。

1. **染色体异常**　目前发现的染色体异常病种有60余种,染色体异常一般表现在常染色体和性染色体的数目和结构上。

数目异常大多为非整倍体。最常见的是21-三体征——唐氏综合征(Down's Syndrome,又名先天愚型),即个体细胞中的第21对染色体多一条,形成21三体而导致智力障碍,其IQ大多在30—55之间,约占智力障碍人数的5%[②]。患者具有比较典型的外部特征,如短头畸形、眼裂小、眼距宽、患白内障、耳小、鼻梁低、身材短小、关节活动度大、皮肤松弛、动作笨拙、步态不稳等。发病原因可能与病毒感染、母亲接触放射线、孕前或妊娠时服用某些药物、化学毒物以及孕妇高龄等因素有关。其他还有先天性卵巢发育不全综合征(Turner's Syndrome)、先天性睾丸发育不全综合征(Klinefelter's Syndrome)、18-三体综合征(Edward's Syndrome)、13-三体综合征(Patau's Syndrome)、5短臂缺失综合征(猫叫综合征)和4短臂缺失综合征(Wolf's Syndrome)等都会导致智力障碍。

结构异常包括染色体断片的易位、缺失、重复、倒位以及染色体呈环状等。常见的是脆性X综合征(Fragile-X),遗传性的智力障碍,即Xq27—Xq28带之间的染色体呈细丝样,为脆性部位,易断裂而造成其相连的末端随体样结构的丢失。其中大约80%的男性为中度至重度智力障碍者,女性携带者多为轻度。他们具有特殊面容如大额头、脸长又窄、大耳低而突出,伴有注意障碍、自我刺激行为和言语语言问题。

2. **先天代谢异常**　遗传基因在控制人的复杂生物代谢过程中出现的代谢方面的缺陷所导致的异常,它造成个体某个特定发育阶段所必需的某些化学物质的过剩或短缺,严重影响了脑的发育,从而造成智力障碍。重度智障中该类异常占3%—7%[③]。最常见的是一种氨基酸代谢遗传——苯丙酮尿症(Phenylketonuria,

---

① Sigafoos J, O'Reilly M F, Lancioni E. Mental Retardation [M]. New York: Springer. 2009:1248.

② Richard M. Gargiulo. Special Education in Contemporary Society (2th, ed) [M]. Thomson Wadsworth, 2006:165.

③ 艾里克.J. 马施,大卫. A. 沃尔. 特殊需要婴幼儿评估的实践指导[M]. 孟宪璋,冼漪涟译. 广州:暨南大学出版社,2004:373.

PKU),即常染色体隐性基因造成人的肝脏缺乏苯丙氨酸羟化酶,使食物中所含的苯丙氨酸不能正常转化,积聚在体内,转化为苯丙酮酸,反过来损伤神经系统,形成智力障碍。该病的儿童出生时往往没有特殊表现,或仅表现为皮肤湿疹、易呕吐、睡眠不好、容易哭闹等[①];随着年龄的增长,皮肤变白、头发逐渐退色;身体有怪味、多动,伴有癫痫发作;IQ 一般低于 50。该病早期发现可以得到治疗。其他还有碳水化合物代谢障碍(半乳糖血症、果糖血症等)、脂肪代谢障碍(如黑朦性痴呆)、粘多糖代谢障碍(如 Hurler 代谢综合征)以及嘌呤代谢障碍(如 Lesch-Nvhan 综合征)等先天性代谢异常疾病,几乎都伴有程度不同的智力障碍。

3. **先天获得性异常** 指胎儿因非遗传性因素而造成的异常,如胎儿期病毒感染、物理性伤害、药物伤害和营养不良等。目前已确定可能导致智力障碍的病原体,主要有:风疹病毒、巨细胞病毒、单纯疱疹病毒(二型)、弓形体及梅毒螺旋体等。孕妇服用的药物、胎儿接触放射线和化学毒物、孕妇吸烟与嗜酒等也会对胎儿造成一定的损伤。此外孕妇内分泌失调、妊娠剧吐、营养不良、长期情绪不佳、先兆流产以及父母高龄等都可能给胎儿带来伤害[②]。

4. **产程不顺** 胎儿在娩出过程中常常会遭遇到一些致病因素。如新生儿窒息缺氧、早产和低体重,分娩时胎位异常、胎儿过大、母亲骨盆小或产程过长、使用产钳助娩、负压吸引等所导致的产伤,都可能影响新生儿脑的发育,产生智力障碍。

5. **环境不利** 一般是指婴儿出生后、生长发育过程中导致智力障碍的一些原因,如患脑膜炎等神经系统疾病、高烧、抽搐、全身麻醉、药物影响、缺氧昏迷、脑外伤、免疫反应性疾病、癫痫、中毒、严重的营养不良以及社会心理因素等。有的会导致大脑器质的改变,有的只是大脑功能的降低。

特别值得注意的是,绝大多数智力障碍的病因与社会心理因素有不同程度的相关。如有研究者估计,2/3 以上的轻度智障者是由不良的社会心理因素所致。现有的研究也表明,家庭社会状况、母亲孕期心理状况、家庭环境、父母学识、经济条件等对个体智力发育有着不同程度的影响。

总之,造成智力障碍的原因有很多,还包括一些不明因素和综合因素。

第二节 智力障碍儿童评估

智力障碍儿童的评估是早期干预的一个组成部分,且贯穿于早期干预整个过

---

① 刘春玲,江琴娣. 特殊教育概论[M]. 上海:华东师范大学出版社,2008:88.
② 同上,90.

程。主要包括筛查/早期发现、诊断以及干预过程中的评估等几个方面。通过评估既可以了解智力障碍儿童的优势与不足，取长补短，优势互补，又可以监测干预过程，及时调整训练计划，为他们提供适宜的环境和最适合的支持服务，使他们获得最大程度地发展，以适应社会生活。

一、评估内容及方法

1. 评估内容

目前，关于智力障碍的诊断标准有：《国际疾病分类手册》第十版(ICD-10)、《美国精神疾病诊断与统计手册》第四版修订版(DSM-IV-TR)和《中国精神障碍分类与诊断标准》第三版(CCMD-3)。这三个标准都包含了智力障碍的三个核心特征：智力功能显著低于平均水平、同时伴有适应功能缺陷、18岁以前发生。因此，智力障碍儿童的评估主要是智力和社会适应能力的评定。

(1) 智力评定

研究者们逐渐认识到，智力是人类功能中最复杂、最令人困惑的成分，尽管如此，他们仍努力发展一种工具以评估智力功能[①]。智力被认为是各种基本能力的综合，包括观察力、记忆力、想象能力和思维能力等。通过编制反映各种基本能力的外显行为量表，来推测个体内在的心理变化，即测得个体在各个领域所得的测验分数，获得智商(IQ)分数，并对其智力水平和特点进行评估分析，以确定个体的智力水平。尽管智力测验得分是否能真正反映个体的智力水平，仍受到质疑，但目前为止，它是智力评定中较为有效的方式。

目前对儿童常用的智力测量工具有：丹佛发育筛查测验、盖塞尔发育量表、韦克斯勒学前及学龄初期儿童智力量表及中国-比奈智力量表等，具体内容见本节评估工具部分。

(2) 适应性行为评估

美国智力障碍协会(2002)认为，适应性行为是指人们习得的用于适应日常生活的概念性、社会性和实践性技能的综合[②]，即人们如何更好地适应日常生活及其环境。其中概念性技能包括语言、读写、金钱概念和自我定向等；社会性技能主要有人际、责任、自尊、遵循规则以及避免受骗等；而实践技能主要是日常生活及其操

---

① Richard M. Gargiulo. Special Education in Contemporary Society (2th, ed) [M]. Thomson Wadsworth, 2006:150 - 151.

② 转引自:Richard M. Gargiulo. Special Education in Contemporary Society (2th, ed) [M]. Thomson Wadsworth, 2006:152.

作活动、职业技能和对环境的自我管理等。适应性行为的限制可能体现在：如何操作、何时操作以及影响操作技能的其他动机因素三个方面，可以通过标准化的适应行为量表来评定。评定的条目大致包括了生活的方方面面，如自理能力、交往能力和社会化能力等。常用的评定工具具体见本节评估工具部分。

2. 评估方法

在上述评估内容中，谈到对智力和适应性行为的测量。实际上，在智力障碍儿童评估中除了测验方法，主要常用的方法还有观察法、访谈法等。另外，在智力评定中，有的还使用工作样本测试法、行为检核表法，以便更真实有效地反映儿童的情况。我国特殊教育方面，常采用中国残疾人联合会编制的《智力残疾儿童系统康复训练》评估表对儿童进行评估等。总之，无论使用什么方法进行评估，都应当以改善智力障碍个体现有状况、提高其生活生存能力为目的，考虑到各种评估方法的局限性，进行全面评估。

二、评估工具

1. 智力异常筛查工具

（1）丹佛发育筛查测验（Denver Development Screen Test，DDST）

这是 1967 年美国丹佛心理学家佛兰肯伯格（Frankenburg）与多兹（Dodds）共同制定的筛选测验，几经修订，已成为目前最常用的婴幼儿发育量表。适用于0—6岁儿童，共有 105 个项目。我国进行了标准化，现为 104 个项目（删去了名词复数加 S 一项），涉及粗大运动（检测坐、走和跳跃等能力，31 项）、精细运动（测查视看、用手取物或画图等能力，30 项）、语言（测查听、说和理解语言等能力，20 项）和个人—社会性（测查对周围人们的应答能力和生活自理能力，23 项）四个方面。104个项目中，有的允许询问儿童家长报告的情况判断通过与否，有的是检查者观察儿童对项目的操作情况来判断。有三种测试方式：

① 每个儿童根据其年龄需检查四个领域的 20 个左右的项目，每个项目以"通过（P）"、"失败（F）"和"拒绝（O）"表示。根据儿童通过项目的多少，最后评定每一个领域，将其智能水平分为正常、可疑和异常三类。对于后两种情况的儿童，需用诊断性智力测验量表进一步鉴别。

② 丹佛发育筛查测验的修订——丹佛智能筛查测验（DDST-R）。每个儿童根据其年龄只需测试 12 个项目，一般只需十几分钟便可完成。12 项都能完成者，且家长平时又未能觉察其智能有何迟钝，就不必考虑其发育有无问题；如有任何一项不能完成，则其发育可能有问题，需进一步细查。

③ DDST-R 的问卷形式（供父母用）——丹佛发育筛查询问（DPDQ）。适用于

3 个月至 6 岁儿童,共 96 个问题,按由易到难、由低到高级的顺序排列重叠,分布在 38 个年龄组之间。要求家长对每个年龄组的儿童的情况回答上述四个领域 10 或 11 个问题,全部通过者为正常,有一项不过或不会者需用 DDST 或其他方法进行复查。

丹佛发育筛查测验的优点在于:操作简便,容易掌握,时间短(不超过 30 分钟);能够比较灵敏地提示在临床上尚未出现明显症状的发育性问题;可对高危儿童(如早产儿、低出生体重儿、有严重黄疸史者和窒息史者)进行发育监测,及时发现问题进行干预。但它不能作为诊断和评价发育障碍种类和严重程度的工具。它对儿童将来的发育也无任何提示作用。

(2) 绘人试验:又称画人测验。1926 年美国明尼苏达大学古迪纳夫(Goodenough)提出,1963 年又同哈里斯(Haris)进行了修订。适宜于 4—12 岁儿童,要求儿童按照自己的想象画出一个人的全身像。可以画男人、女人或男女孩子。根据所画人像的大小、在纸上的位置、线条的粗细、身体各部分的比例、短缺等计分。可测试儿童的智力水平、思维、推理、空间概念、感知能力及情绪等,简便易行。

(3) 图片词汇测试(简称 PPVT):即皮勃迪图片词汇测验,由美国的邓恩(Dunn)编制,是美国智力障碍协会所介绍的常用智力测验之一。它适用于 3—9 岁的儿童。共有 120 张图片,分年龄水平按难易程度排列,每张图中有 4 幅画组成,其中规定有一幅代表一个词汇。主试依次呈现卡片,并同时说出 4 种物体图形中的一种的名称,要求被试指出卡片中哪一个图形最符合所说的名称。此方法可测定儿童对词汇的理解能力。PPVT 对语言及运动有障碍的儿童同样适用。

(4) 学前儿童能力测试(简称 50 项):适用于 4—7 岁儿童。50 个项目测验的能力包括自我意识、身体部位、偏利性、记忆、视感知及眼手协调、知识、联系与抽象、听觉与语言理解、运动等。比较简单易行,仅需 15—20 分钟。

2. 智力障碍诊断工具

(1) 盖塞尔发育量表(Gesell Developmental Scale,GDS)

1940 年美国耶鲁大学盖塞尔和同事发表了《婴幼儿发育量表》。通过数十年对婴幼儿行为系统的观察,他认为婴幼儿发展的几个领域可以不平衡,必须分项计算能力,并提出了发育商数(Developmental Quotient,DQ)的概念,以区别大年龄儿童和成人的智商。盖塞尔量表适用于 0—3 岁婴幼儿,共有 500 余项,分为适应性行为、大动作、精细动作、语言和个人社会交际等五个方面。

① 运动:包括大动作如坐、走、跑等和精细动作如大把抓、捏取等。

② 适应性行为:包括手的捏弄、探究、觉醒程度等。

③ 语言:包括面部表情、发音、懂话及说话等。

④ 个人—社会交际：包括生活自理、游戏、大小便及与成人的往来等。

根据儿童在规定项目测试中的得分和实际年龄可推算出发育商数。

盖塞尔发育量表是评价婴幼儿发育的经典量表，具有鉴别儿童各种心理功能缺陷与否及其程度的功能，其评分结果既可以反映出儿童的整体水平，又不会掩盖儿童运动、适应性行为、语言、个人—社会交际等各领域的具体表现特点，能够明确地反映儿童在各个领域的发育水平，为确定早期干预的侧重领域和训练起点提供了可供参考的依据。它是当今世界上应用最广泛的婴幼儿发育量表之一。

(2) 贝利婴儿发展量表(Bayley Scale，BS)

1969 年由贝利(Bayley)及其同事编制，是对婴儿心理发展状况的最早的标准化评估方法。适用于 2—30 个月的婴儿。该量表主要包括三个部分：

① 动作量表：评估婴儿的肌肉控制与协调能力，如抓木块、扔球、拿杯子喝水等；

② 心理量表：评估婴儿的知觉敏锐性、辨别力、物品归类、学习和问题解决、言语能力及模仿等行为；

③ 行为等级评定量表：用于评定婴儿的恐惧感、指向性、社会行为、注意广度等反应的等级，偏重于评鉴人格发展的问题。

根据前两项分数，婴儿会得到一个发育商数(DQ)，以反映婴儿的发展状况如何。该量表已制定了常模，使用较方便，有助于了解婴儿的情绪、感觉和神经系统是否有缺陷。

(3) 韦克斯勒学前及学龄初期儿童智力量表(Wechsler Primary and Pre-school Scale of Intelligence，WPPSI)

1967 年美国著名临床心理学家韦克斯勒(Wechsle)设计了韦克斯勒学前及学龄初期儿童智力量表，适用于 4—6.5 岁的儿童。有 11 个分测验，分为语言和操作两大部分。语言量表有 6 个分测验(常识、词汇、算术、类同理解和补充测验背诵语句)，操作量表有 5 个分测验(动物房、图画补缺、迷律、几何图形、木块图案)，合起来即为全量表。韦氏测验规定每个受试者做 10 个分测验。一般需要 50—75 分钟。

由于韦氏量表结构好，语言、操作均有，各测验题难易组合合理，通过测验可获得语言、操作及全量表三个智力商数。既可以评价儿童智力水平的高低，又可以评价儿童自身不同方面的能力，如语言、操作的差异，另外还可以把各个分测验量表得分的分布曲线及配比关系作为智力损伤诊断的依据。

(4) 斯坦福-比奈智力量表(Stanford-Binet Intelligence Scale，S-B)

1905 年法国比奈和西蒙合作编制了第一个智力量表，1916 年由美国斯坦福大学的推孟(Lewis Terman)等人修订,引入了智力商数概念,用智商作为比较人们智力水平的相对指标,已成为最完善、应用也最广泛的智力量表。适应于两岁至成人。按年龄分组。测验内容包括七大类 200 多个项目,如语言、记忆、概念思维、推理、数目推理、视觉-动作和社会性等。

该量表在我国前后已有四次修订,并命名为《中国-比奈智力量表》。共 51 题,适应于 2、3—17、18 岁。需要 75—90 分钟。

该量表的分类有若干重叠的地方,其有效程度也没有完全被确认。但是能够区分出一般人群中的智力等级,对智力缺陷做出个体的诊断。

此外,还有其他婴幼儿的评估工具,如麦卡锡幼儿智能量表、阿普加评分法、HR 儿童神经心理成套测验及其他各个领域的核查表和评定量表。对于发育迟缓或可能发育迟缓的婴幼儿,可选用以上评估工具。对于其他有发展缺陷的儿童,则需要专门的医学鉴定和诊断工具,如视觉检查、听力检查、言语评估、神经系统检查等。

3. 适应性行为评定量表

(1) AAMD 适应行为评定量表

1974 年美国智力障碍协会尼海拉(Nihira)等人编制。适应于 3—69 岁的智力障碍、情绪障碍和发育障碍者。包括两个部分:第一部分有 10 个方面,以评估个体在日常生活中的个人自理、独立能力等基本生存技能和习惯;第二部分涉及 14 个方面,着重评估与人格和行为障碍有关的问题。该量表有助于专业人员制定行为矫正与教育指导方案。

1997 年我国北京师范大学韦小满教授修订了美国 1981 年版的《AAMD 社会适应行为量表》(学校版),并进行了标准化,命名为《儿童社会适应行为量表》。适应于 3—16 岁儿童,共有 79 个项目。其第一部分有动作、言语、生活自理、居家与工作、自我管理和社会化 6 个分量表,第二部分包括攻击行为、反社会行为、对抗行为、不可信赖行为、退缩、刻板与自伤行为、不适当的人际交往方式、不良的说话习惯、不良的口腔习惯、古怪的行为、多动、情绪不稳定和服用药物的情况共 13 个分量表。

(2) 婴儿—初中生社会生活能力量表(Social Adaptability Testing Form)

又称日本 S-M 社会生活能力检查表修订版,由 1980 年日本三木安正教授修订了世界上最早的适应行为评定量表——文兰社会成熟量表而来。适应于 6 个月—13 岁儿童,共包含 132 个项目,分别测量儿童的生活自理、运动、职业、交往、社会化和自我导向等六个方面的能力。1988 年我国北京医科大学左启华和张致祥教授等在此基础上,进行了中国再标准化工作。修订后的中国量表适应于 0—

14岁儿童,由130个条目组成,包括生活自理、运动、作业、交往、参加集体活动和自我管理等六个方面。

(3) 儿童适应行为评定量表

1993年我国湖南医科大学姚树桥、龚耀先修订编制了儿童适应行为评定量表,适应于3—12岁智力正常和智力障碍的儿童,共8个分量表,评估200种行为。这8个分量表为:感觉运动(6个项目)、生活自理(10个项目)、语言发展(9个项目)、个人取向(10个项目)、社会责任(9个项目)、时空定向(4个项目)、劳动技能(7个项目)、经济活动(4个项目)。

适应行为评定量表中常用的社会商数(SQ)来表示其能力水平,公式为:

$SQ = SA/CA * 100$,SA为社会年龄,CA为生理年龄。

评定适应行为能力在没有正式的工具时,也可采用调查法、问卷法或临床调查法进行,或通过仔细观察、凭借多年工作经验对适应行为能力做出综合评估。

使用上述各种评估工具,可以判断儿童各种能力的现实水平,寻找每个智力障碍儿童的强项和弱点,为干预提供科学的依据和方法。

三、注意事项

评估是一个系统工程,不仅仅是筛查和诊断,更重要的是为早期干预提供依据,不断监控干预过程,调整干预方案,评估的有效性直接影响到干预的有效性。因此,评估时应注意以下几个方面。

第一,及时发现儿童的智力落后表现,尽快去专业机构进行诊断。下面列出了一些智力障碍儿童常出现的早期症状,如果家长在自己儿童身上发现其中一两项或两三项时,就应该去有关部门进行智力测验和神经系统检查。如:吞咽或咀嚼困难,双眼直视,时有喷射状呕吐,异常面容或体态,视觉缺陷,运动发展迟于同龄一般儿童,语言迟缓,对环境缺乏反应,行为无目的、无组织、多动,对任何事物注意力都较短暂,情感简单幼稚,流口水,尿味异常等。

第二,做好评估前的准备,明确评估目的、内容、对象;评估时应按评估要求进行;评估后及时整理所收集的资料,分析结果,做出合理的评价或诊断。

第三,评估效果既受障碍程度影响,也受所测对象的影响。因此,根据对象特点选用适当的测评工具、采用适当的评估方法尤其重要。

第四,研究表明,儿童年龄越小智力测量的相关性或准确性越差。这说明了仅采用单一的方法,难以获得准确的资料,必须结合其他方法,进行综合评估。

第五,0—6岁儿童主要时间是在家庭里度过的,所接触到的人主要也是家庭成员。所以评估时,应考虑儿童的生活环境的影响,应争取家庭成员配合。

第六，对所测资料要遵守保密原则。

第七，确诊儿童为智力发育迟缓后，积极主动配合有关部门进行早期干预和训练。

第八，尽管上面已提到争取家庭成员的配合，这里仍须强调专业人员之间、专业人员与家庭成员及其他工作人员之间的协调与合作。因为智力障碍儿童的评估是一个多学科、跨部门的评估，涉及到各个领域，需要各个部门专业人员的协作，只有这样，才能对儿童进行真实有效的评估，从而有利于他们的身心健康成长。

总之，尽可能多方法、多手段、多方面收集有关资料，综合评定，合理评价与诊断。

第三节 智力障碍儿童早期干预内容和方法

智力障碍儿童最显著的特征是：智力功能低下和社会适应行为低下，而且是普遍地表现在个体发展的各个领域上，如运动、认知、语言、社会行为和生活自理。因此，早期干预也须紧紧围绕这些领域进行。具体内容及实施方法如下：

一、运动领域

智力障碍儿童早期运动能力分为大运动能力和精细运动能力。

1. 大运动能力训练

大运动又可分为两类：一是人类活动的基本动作，如抬头、翻身、坐、爬、站、走、跑、蹦、跳等；另一类是技巧性动作，需要依靠人的平衡协调能力，如走平衡木、骑小三轮车、拍球等。

（1）基本动作训练

① 头部控制：主要是通过刺激特征（如活动的、色彩鲜艳的或发出声响的）明显的物体逗引婴幼儿转动或抬起头部，或成人用双手提起婴幼儿或托住其胸部慢慢抬起，以增强其颈部肌力，提高头部的活动力。

② 翻身：通过让婴幼儿翻身，转动躯体、移动重心，可锻炼腰肌和背肌，以提高肌体的灵活性，同时克服一下子翻过来时的害怕感。具体训练时，可利用辅助物，也可直接给婴幼儿翻身，或逗引其翻身。

③ 坐：通过坐，以训练婴幼儿的肌力，特别是颈部肌肉和腰肌，以便婴幼儿能尽早控制自己的头部，使头不向前下垂或向后仰，学会平衡。可用辅助物帮助，也可以慢慢帮助他坐起。当婴幼儿坐起头能基本保持平稳后，可利用拉他坐起的动作，训练他头向上主动举起的能力。

④ 爬:爬直接影响后来的直立行走。通过刺激特征(如活动的、色彩鲜艳的或发出声响的)明显的物体或食物来逗引婴幼儿爬,以加强顶肌、背肌和四肢的协调。爬有两种:一种是"匍匐爬",腹部着地;另一种是"用四肢爬"(腹部不着地,只用手、胳膊和膝、腿爬)。一般是先训练匍匐爬,再训练用四肢爬。而爬行方式有多样,可由低到高爬行,围绕、躲避或越过障碍物爬行,桌底爬行,沿线爬行等。智力障碍儿童学爬很困难,可以给以帮助,如腹部加带子等。

⑤ 站:站可以锻炼儿童的腿部和躯体肌肉,促进大脑的成熟与发育。智力障碍儿童由于生理发育迟缓,肌肉软弱无力,加上胆小,学会站立要晚得多。训练方式有多种,既可以拉物练站,也可以在水中练站,或用腹部练站。

⑥ 走:走表现为整个躯体的肌力和关节的灵活性、平衡性和协调性。走既可以转动躯体,又可以移动身体重心,而智力障碍儿童移动能力缺乏,因此,程度愈严重,学走路愈难。有的甚至到八、九岁还走不稳,也有终生不会走的。所以在训练中,成人要多鼓励,帮他们克服害怕摔倒的心理,把身体重量暂时放到一条腿上。较好的办法是:让儿童和成人都抓住一根木棍(或橡皮管)的中间,成人在前领着走,渐渐地两人手的距离变远,儿童慢慢地依靠自己的力量,他就自己迈步走了。另外,还可以利用物体作为辅助物,采用不同的形式进行训练,如上坡走、下坡走、直线走、曲线走、上下楼梯等。

⑦ 跑:相对于走,跑体现了速度和体力。训练时,需要有正确的姿势,可从快走开始。跑的方式可根据儿童的特点来选择,如直线跑、绕着弯跑和绕着椅跑,在跑步中学习调换速度和方向以躲开障碍物等。

⑧ 跳:跳需要有一定的下肢肌肉力量,早期成人可用手掌稍微用力压婴幼儿的脚底,或双手扶住婴幼儿的腋下,让其站在自己的膝盖上练习抬腿和蹬踏动作;后期可让其蹲下捡玩具,以增加其下肢力量。可以在平地上往前跳,台阶上往下跳,向上摸物跳(在一定高度挂一物让儿童够摸)或者向上顶气球;也可以采用游戏的形式,如让其伴随儿歌"小白兔",模仿小白兔练习蹦蹦跳跳。

(2)平衡协调训练

部分智力障碍儿童前庭器官或小脑受中枢神经系统损伤的影响,会使身体失去平衡。若要促其功能改善,需利用各种动作反复刺激前庭器官。作为儿童大运动训练中更高一级内容,儿童的运动水平一般达3岁左右才能进行平衡协调能力训练。常用的训练项目有:走脚印、走平衡木、坐摇马、荡秋千、跳绳、翻滚、骑小三轮车、拍球、接球。还可以利用下面项目进行训练。

转转乐:成人协助儿童坐进转椅中,让其双脚跨出旋转椅外,双手扶着旋转椅的把手,让其背向后靠稳,然后慢慢旋转。

接球和踢球:开始让儿童接地上滚过来的球,慢慢地让其学习踢球,把球放在他的脚前,当他踢时,成人在旁边注意保护,尽量不让他摔倒。

"脚踏车":成人和儿童分别躺在床上的两头,然后抬起脚,脚心贴着对方的脚心,在空中像骑自行车一样前后蹬动,可一边蹬一边念儿歌。

骑毯子:让婴幼儿坐或趴在毯子上,成人拖动毯子,可快可慢,可以是直线拖,也可以是曲线。

训练过程中,要根据智力障碍婴幼儿的特点,时间要短,不要强迫。还要注意利用较好的肢体,及时纠正坐、站姿势。

2. 精细动作训练

精细动作的发展主要是手眼协调、用手抓物及双手协调能力,在实际生活中起着至关重要的作用。儿童的精细动作是通过其骨骼、肌肉器官和神经系统有关部位的成熟发育逐渐发展而来,它与儿童感知、记忆、思维等多方面的发展也密切相关。因此,精细动作训练主要包括:手指抓握能力、双手协调能力、手腕动作控制能力及手眼协调能力等训练。

(1) 手指的抓握能力、抓握控制能力训练

手指的抓握能力表现为:手掌贴近物体,通过尾三指、掌心、前三指抓握物体,而拇指和食指则是拾起小物件。如翻揭(画册)、撕扯搓揉(纸、布)训练、挟物(豆子)等。

抓握控制能力表现为:将圈套在柱上、将圆木棒插在圆形柱板种、串珠子等。

(2) 双手协调能力训练

表现为:将物件从一只手交到另一只手中,双手同时分别拿着两件物件、向正中线运动,两只手分别做不同动作。如倒豆子等。

(3) 手腕内收、外展、旋转等动作控制能力训练

表现为:敲击玩具、扭瓶盖、钉钉子、刨铅笔、拧螺丝、转动门把手等。

(4) 手眼协调能力的训练

表现为:五指抓、三指抓、舀、捞珠子、捣碎食物、削皮、折纸、写、画等。

二、认知领域

早期认知能力主要有感知觉、注意、记忆和思维等。

1. 感知觉训练

感知觉训练主要有触觉、视觉、听觉、嗅觉和味觉的训练。

(1) 触觉训练

触觉训练的方法有:触摸物体、身体接触及辨别训练等。

① 触摸物体训练:准备一些柔软的毛巾或较硬的木块,让儿童分辨其软硬、轻重、形状与大小。此外,可以是伸缩性或弹性的、粗糙与光滑的物体,也可以是日常生活中的食物如水果。还可以比较水的冷热等。

② 身体接触训练:抚摸儿童身体,轻拍或挤压,使之有不同的肤觉经验;或用手活动其身体,如四肢的伸缩、上肢交叉运动以及躯体的弯曲运动;也可以在他洗澡时,放置能在水中沉浮的玩具,让他在水里玩,多活动,体验自己身体的位置和感觉,同时发现水的沉浮特性。

③ 辨别训练:把儿童熟悉的一些玩具或物品放到布袋或盒子中,让他伸手摸,并说出是什么,或者由他确认别人猜得对不对。

（2）视觉训练

视觉训练主要分为视觉刺激、视觉基本技能及视觉识别三个方面。具体有:明暗交替刺激训练,注视和追随训练,辨别训练等。

① 明暗交替刺激训练:白天通过拉开拉上窗帘使房间里的光线明暗交替出现,以刺激儿童瞳孔收缩与放大,持续时间不超过 1 分钟;晚上可以开关电灯进行训练。也可以把他抱出房间,看看周围的人、物,如绿叶、鲜花、来往行人和车辆等,以刺激他的视觉。

② 两眼移动训练:用一个会发出声响色彩鲜艳的玩具逗引儿童,或停留,或从一侧移向另一侧,或上、下移动,诱导其眼睛跟随玩具移动。

③ 辨别训练:把三个大小不等形状相同的纽扣各两个混在一起,挑出一个,让儿童按其大小找出另一种纽扣。类似地,可以用不同物体(如卡片、积木或自然物)的形状、颜色进行训练,并慢慢地增加纽扣数量,教他学会辨别并归类。

较大的儿童可把视觉信息与语言联系起来训练,如看到某物能说出是什么;能看懂用图画、符号等所表示的意义(如路标、厕所、公共场所等标志)等。

（3）听觉训练

听觉训练包括听觉刺激、区分各种声音、辨别声音的方向等内容。如听说话,听音乐,分辨打击乐器声音,分辨不同物体声音,寻找声源,分辨音叉声音等。

① 听各种响声:如铃声、说话声、音乐声和乐器音等,让儿童感受各种响声。

② 辨别各种声音:播放各种动物的叫声,同时给出这些动物的图片,让儿童一一指出或说出来。或者分辨说话者的音调高低、轻重、快慢。

③ 声音定位训练:即从声音发出的方向和距离的变化上对儿童进行训练。如可利用带响的玩具,或录音或语音,在儿童周围不同的地方发出声响,以提高其听觉能力。

较大的儿童可训练:听到自己名字有反应,知道名字与人的关系;听到某个物体或人的名称会指向他们;能服从简单的口头指示做出反应(如把某物品拿来,把字条带回家去给妈妈等等);能在一段时间内注意听人讲话;能记住所听到的话(不是很长的)的要点;听他人说话后,能做出某些回答或提出简单而适当的问题等。

(4)嗅觉和味觉训练

嗅觉和味觉的训练旨在提高智力障碍儿童嗅觉和味觉的灵敏度。嗅觉训练是辨别各种不同的气味,而味觉训练则是辨别不同味道。

嗅觉训练:如分辨香与臭;分辨日常用品。

味觉训练:如分辨常用的调料。嗅觉先于味觉,因此先学会闻各种气味,然后再进行与味觉的联合训练。

总之,感知觉是一个整体,各种知觉训练时,可结合在一起。通过多通道学习,智力障碍儿童更易于习得、保持和再现。

2. **注意力训练**

智力障碍儿童的注意力特点是注意力差、无意注意占优势、注意范围窄。感知觉、语言、记忆、思维以及一些情感因素影响着注意能力的表现,尤其是感知觉。因此,在进行注意力训练时,应充分利用物体的刺激特征(如色彩亮丽的、有声音的、发光的以及活动的等等),通过多感觉通道综合引导以引起注意、维持注意等。具体有:

(1)感知觉优先:尽可能多地提供额外的感知觉刺激线索和模式,如夸大物体的视觉刺激和听觉刺激特征,诱导儿童去注意。

(2)语言辅助:当他们注意力不集中或难以转移、分配时,可直接提醒、提示,还可以通过提问题引导他们回到目标上。当他们不易理解感到困惑时,适时进行指导,以维持注意。

(3)降低任务的难度:采用简单易懂的方式,尽可能给予成功体验,激发兴趣。另外,要及时反馈,让他感到自己能做什么,达到什么水平,产生注意动机。

在训练过程中,可采用多种方式进行,如游戏、他们特有的注意模式等;可以让他们自己选择任务、材料;尽可能地使他们保持情绪愉快,以集中注意。

3. **记忆力训练**

显然,智力障碍儿童的记忆力差,特别是长时记忆能力。记忆训练主要有:再认、练习及即时回忆。

(1)再认

再认图片或实物:把儿童已认过的图片和没有见过的图片放在一起让他指认。

识字:教儿童学习日常生活中的文字,或者给儿童阅读故事,并把故事中有趣的词语教给他,直至记住。

（2）练习

重复练习是最常用的方法。如学写某个字、说某个词语,让儿童重复写、重复说,直至记住。

与其他方法结合练习。

（3）即时回忆

按要求取放物品:准备一些玩具放在某处,然后请他帮忙取出来。过了一段时间,再让他送回原来的地方。

背诵数字:分为顺背和倒背。选择个数不同的几组数字,按每秒钟一个字的语速说出,让儿童跟着念。

看图后说话:取一些图片让儿童看,之后马上收起来,再问他看过的图片上是什么。

训练时,可利用感知觉、注意、语言及思维等心理过程,如多感觉通道并用或交替使用以加强记忆,找差异以强化记忆等;采用多种形式如游戏、他们喜欢的方式等组织训练内容。

4. 思维能力训练

智力障碍儿童思维发展迟缓、水平低,属直觉行动性。因此,在训练时要考虑其特点。常用的训练方法有:分析与分类。

（1）分析

整体与部分:提供一些实物图片,如该图片上是动物,则动物可能缺少某个部位;如是日常生活用具,可能缺少某一部分。让儿童把有残缺的部位、部分找出来,可能的话,并说出是什么。

找不同:给儿童呈现两张看似一样的图片,其中一张可能几处缺少某些东西,请他找出其中不一样的地方。或者呈现两张不同动物或生活用品的图片,让他找出不一样的地方,并说出来。

（2）分类

图片:根据日常生活中的东西,如水果、蔬菜、动物、交通工具等类别,准备一些图片,教儿童认识图片上的物体并分类,比如水果包括桃、梨、香蕉、苹果。

实物:将两种不同形状、颜色的积木混在一起放在桌子上,其中每种各3个,让儿童找出相同颜色或者形状的积木。在分类对的基础上,再添加一种不同形状、颜色的积木各1个,让儿童根据形状和颜色匹配进行归类。这样逐渐增加种类和数量,使他们能快速准确地进行分类。

序列化:准备大小不同、形状相同的积木或图片,让儿童按顺序排列;用标有1—10的物体,让其按数字大小排列;还可以利用生活中的顺序,如"早上起床、坐盆、洗脸、吃早饭、玩"、"早晨、中午、晚上"或"取出玩具、玩、收拾玩具"等等。

认知发展领域几个组成部分是相互作用、相互影响的,且都与语言发展有关,所以各个部分的训练是相互渗透的,贯穿于整个干预过程。

三、语言领域

语言使个体通过言语接受信息、表达思想,与他人进行交流,是人类特有的交往工具。根据智力障碍儿童语言发展的特点,可考虑从以下几个方面进行训练。

1. 发音功能训练

口腔是最主要的发音器官,其中舌、唇、下颌、牙齿等能够自由活动并能控制在一定的位置上,是智力障碍儿童发出准确语音的关键。

(1)舌功能训练

舌体运动:伸缩舌头,用舌头舔(舔口唇、棒棒糖、鼻尖或下巴等)。转舌,即舌头在口腔内灵活转动。

舌尖运动:打舌尖音,模仿用舌尖顶住上腭,然后向前打出"塔"音。学发"啦"音。咀嚼,吃固体食物(糖块、苹果等),训练其咀嚼功能。

(2)唇功能训练

吹气:通过吹蜡烛、吹纸条、吹泡泡,吹羽毛或吹卷起的纸卷等进行训练。

鼓气:利用气流,或口中含水鼓起腮颊进行训练。

唇运动:编制唇操进行训练。

(3)下颌运动训练

即口一张一合,口尽量张大,活动下颌;用双手揉两腮的肌肉,促进肌肉的力量和灵活性。

进行言语运动器官的训练,提高其控制能力、准确性与灵活性,为进一步"说"打下良好的基础。

2. 语言理解能力训练

语言理解能力是对语言信号的接收和理解,可分为言语性理解和非言语性理解。

(1)言语性理解能力训练

言语性理解是指能听懂他人的话语。只有让儿童听得懂,个体语言才能有进一步发展。常用的训练项目有:

① 词义训练

教儿童学习日常生活中常用的词汇。可根据儿童的兴趣、是否能经常看到以及正在做的事,选择有关词汇,如:花、草、树、门、窗、走、跑、跳、摆积木等等。当儿童有一定词汇量的时候,教一些抽象的概念如动物、水果、蔬菜等等,还可以和他一起玩猜物游戏。

② "你说我做"

听音指物:开始可以是儿童身边的东西,如"我是＊＊＊"、自己的身体部位、动物等,以后可以发展到用图片来讲、来提问。要选轮廓清楚、色彩鲜明、大小适中便于拿取的图片。开始一般先教儿童名词,如手、眼睛、橘子、狗、猫、鸡、碗等,以后可以发展到动词,如"他在跑"、"姐姐在跳"。对于动词的学习也可以一边说,一边领着儿童做。一般来说,儿童会乐于做动作的游戏。

找玩具:把儿童喜欢的玩具放在房间内不同的地方,并告知儿童玩具的名称和所在的位置,然后让儿童取相应的玩具。

说含有两、三个熟悉的词的句子:说出该类句子,让儿童听,并按句子内容去做。

③ 简单问题理解训练

问简单问题,如能听懂,可进一步提问;如听不懂,教他并给他答案,反复练习,直至听懂。

(2) 非言语理解能力训练

非言语理解是指儿童对表情、姿势、身体运动以及周围环境中各种声音的接受和理解。常用的训练项目有:

① 理解成人常用的动作(手势等)和表情:如儿童离开家或幼儿园,家人或老师说"再见",并用摆手表示;当儿童接受了别人的礼物,教他说"谢谢",并用双手合拢前后摆动表示,同时脸上挂满笑容,说出"非常高兴"。

② 辨别声音:可采用游戏的方式,在儿童看不见的位置或方位发出声音,然后让其辨别是什么声音,或者是谁发出的声音等。也可以听音乐跟节拍,教儿童跟随节拍拍手或踩脚以理解音乐的节奏和旋律。

③ 以手指表示年龄:对于 10 岁以下的儿童,以手指表示年龄是一种好方法,但大于 10 岁则比较困难。

训练可渗透在日常生活中,无论做什么事,都尽量告诉儿童,描述你正在做的动作。在不断重复中让儿童把物、动作和代表物、动作的词联系起来。如带儿童上街,去公园、动物园,可以扩大儿童接触新事物的范围。要尽可能让儿童多听、多看。每次要有重点地重复一些事情,帮助他记忆理解。

3. 语言表达能力训练

语言表达能力是建立在语言理解的基础上,这里主要是指儿童用口头语言的形式进行表达、表述自己的认识、思想、情感与需要、意愿等,以此实现与人们进行交际、参加社会生活的目的。儿童语言表达能力也分为言语性表达和非言语性表达。

（1）言语性表达能力训练

听懂了别人的语言，就要有反馈，或说出，或用动作、表情表达出来。由于智力障碍儿童言语发音迟缓又各自有其特点，因此首先要学会发出声音，正确地发音、辨音，然后才能说出词语，慢慢地会说简单的句子等等。

① 发音训练

一开始是模仿发音，在与儿童一起时，模仿他曾经发过的音，或让幼小的儿童模仿各种普通的声响，如汽车声、猫狗叫声、门铃声、电话铃声。

然后，进行发音练习，如面对面看口形练习单元音、辅音，拼出字；模仿数字发音，玩拍手儿歌游戏。通过这样的模仿，既可训练发音，也培养了他们对不同事物的认识。

② 词语表达

指物说物：在听音指物练习后，可以让儿童观看画有不同物体、人物及其活动的图片，一个一个地教他相应的名称，并让他说出来。也可以教儿童自己的名字、年龄、性别、自己身体部位名称、喜欢的玩具、水果等等，然后通过提问，让他自己说出来。

做游戏：让儿童说出卡片上的动物、人及其他，或者让儿童教其他小朋友等等。

背简单儿歌：通过集体说儿歌，来带动个别幼儿发音、说话。这样儿童就不会在意自己的不足，放松心情，自然而然就脱口而出了。

③ 模仿

模仿说句：根据儿童的理解能力、生活、兴趣等，设计句子，如三音节句、五音节句等，让儿童仿说句子进行练习。还可以通过录像播放某种动作，或让成人做一些动作，让儿童先看后模仿，或边看边模仿，然后说出动作的名称。

④ 卡片配对

使用词卡组句：把词卡打乱，让儿童找出能组成句子的词，并读出句子。

⑤ 复述

选择画面简明易懂的故事，首先讲给儿童听，边讲边指着画面给儿童看。然后提些小问题，让儿童回答；让他复述故事，只要说出某个句子，就及时给予鼓励。一方面选择的故事要让他感兴趣，另一方面要让他觉得他行，这样他就会不断地重复回答问题、复述这个故事。也可以让儿童在他人的辅助下，复述一天所做的事情。

（2）非言语性表达能力训练

非言语性表达包括手势、表情、声音和动作等。

① 用手势或表情表示需要：如伸手表示"我要"，指着表示"我吃"，看着某东西不走，或拉着别人的手，发出声音表示"我要"等。

② 用脸部表情和肢体动作表示情绪：如皱眉头表示不满意，退缩、躲避表示害怕等。

言语表达训练时应注意：儿童学说话时，应多和他说话；尽量使用游戏的形式，让儿童愉快地学会发音、说话；训练时及时反馈，让儿童知道自己对错与否，及时纠正错误，及时强化，使儿童感到成功快乐。在口头语言表达能力训练过程中，还要训练说话时的正确姿态，如眼看对方、姿势表情适度、有礼貌、不讲粗话等等。

四、社会行为领域

社会行为训练主要有早期社会基本行为训练和社会交往技能训练。

1. 早期社会基本行为训练

早期社会基本行为主要是儿童与其养育者的交往行为。模仿是儿童的天性。因此，智力障碍儿童的早期社会基本行为训练内容主要有：注视和识别养育者（母亲）面孔，注视并认识镜中的自己，模仿他人等。主要采用逗引、模仿进行训练。

（1）逗引

逗引儿童注视母亲的脸。母亲应微笑地面对儿童，轻唤名字或轻声哼歌，或吹他的手心，逗引他、亲他，或用他的手贴着自己的面颊等，以吸引其注视。儿童有反应时，一定要亲吻他表示赞赏。还可以让他经常面对其他人的面孔，通过与他人目光对视，学会与人基本的交往。

逗引儿童看镜中的自己。让儿童面对着镜子，看镜中的自己及他人。逗引他注视，还可利用其他方法如给他戴上色彩鲜艳的帽子或"躲猫猫"，使之对镜中的影像感兴趣。

（2）模仿

模仿他人的动作，如拍手欢迎来客、挥手告别，或学做简单家务；模仿玩玩具，如学玩发声的摇动玩具或能跑起来的按钮控制活动玩具；模仿使用礼貌用语，如进出家门说"请关门"、"请开门"，或他人给东西时说"谢谢"等等。

另外，家庭和睦、成员之间互相尊重可以对儿童产生潜移默化的影响，为他形成良好的个性奠定基础。

2. 社会交往技能训练

社会交往是指与其他人互动的社会行为，社会交往能力是儿童参加社会生活不可缺少的基本能力之一。智力障碍儿童社会交往技能的训练内容主要有：与人交流、合作与分享、遵守规则、谦让与助人、服从指示、学习社会礼仪等。可采用自然情境法、游戏法等进行训练。

（1）自然情境法

在日常生活中提供机会让儿童与人交流。如家庭中商量外出时，可征求他的意见；家人一起吃饭时，谈一些儿童能听懂的事情，这样他也能加入谈话；对已上学的儿童，让他谈论学校里的事情；当儿童看完喜欢的动画片或童话故事片后，可以问其中的故事情节、喜欢什么等。在这当中，儿童讲不清楚或说错了，应和善地帮他纠正，而不要嘲笑他；表达好，应马上给予表扬。这样，儿童就会获得信心，愿意与他人交往。

认识家庭：认识和家庭有关系的人和物（如家人的称谓和自己的称谓、家中的设备用品等）。

礼貌待客：邀请小朋友来家里做客，父母要教儿童问好，与小朋友拉拉手，给小朋友拿玩具玩，拿糖果吃。学会礼貌待客，使之养成良好的社会行为。

（2）游戏法

排排队：可以找几个小朋友一块玩，让其中一个人把玩具分给其他小朋友，然后一起玩。如每人一个小汽车，大家按秩序从 1 个"站"开到另一个"站"，让他们开始锻炼"排队"玩，这是学习游戏规则的开始，也是教儿童规矩的开始。也可以带他们到公园排队玩滑梯等。

学会问候：让两个以上儿童扮演熟人关系，见面握手问好，分手挥手再见。

传递物品：让几个小朋友围坐在一起，先把一件好拿的东西（如小沙包）放在儿童手中，然后对他说："请你把这个小沙包递给××。"让他递给××，这时请××把小沙包还给他。依次让他把小沙包给下一位小朋友再取回来。对于稍大些的儿童，可玩"击鼓传花"游戏。

早期社会基本行为和社会交往技能训练，对智力障碍儿童的感知觉、动作、生活自理和语言能力等都有一定程度的影响，一方面他们能将自己的某些认识、思想、需要与意愿表达出来，另一方面也能理解他人所表达的某些认识、思想、需要与意愿。因此也易于他们形成社会赞许性行为和良好的个性。但是，由于智力障碍儿童的特点，要认识到其社会交往能力训练的复杂性与长期性，需耐心细致地加以指导。

五、生活自理领域

生活自理内容包括进食、穿衣、大小便、个人卫生等。

1. 进食行为训练

（1）咀嚼食物

固体食物如馒头、面包、蛋黄和饼干等。将固体食物放在儿童手上，帮助他送进口中。为了使他学会咀嚼,一方面食物的味道要好一些;另一方面,在他每餐开始前有饥饿感时训练他先咀嚼一会儿,然后再给他吃点稀的食物。训练直到他每餐都会咀嚼食物为止,而不是吞咽。

(2) 用杯子喝水

通过成人用杯子喂水逐渐学会喝。然后训练儿童用双手拿杯子喝,在此基础上训练单手拿杯子喝水。

(3) 学习使用勺和筷子

用勺时,采用适合的勺子和半固体食物,先示范,让儿童模仿,或逐步教他。训练最好是在他饿的时候。

用筷子时,先示范,必要时要手把手地教。在此过程中应尽量多表扬鼓励。开始时应选择一些容易夹起的食物,如带叶的蔬菜,等学会了,再让儿童用筷子吃面条类食物。平时也可让其用筷子学夹其他东西。

2. 大小便行为训练

利用条件反射的原理,结合日常生活来训练儿童自己去固定地方大小便,养成按时排便的习惯。如果坚持不懈地努力,到五六岁时,90%的轻度和中度智力障碍儿童都可以学会大小便行为。

(1) 训练用语言或动作表示要大小便

① 时刻注意观察儿童表示要大小便的情绪如拉裤子、坐立不安等,也可以问他。每次都用同样的语言和动作帮他上厕所,当他学着说"尿尿"或"嘘嘘"时,一定要马上拉他去厕所。当他主动说出"尿尿"时,一定要奖励他。要掌握其大小便的规律,定时带他上厕所。入厕排尿时间不能超过 5 分钟。

② 坐盆:每次都用同样的语言让儿童坐盆,每次不要超过 5 分钟,以免养成坐盆的习惯。选择让他坐盆的时间应是最可能排泄的时间。女孩大小便应坐盆,男孩只有大便时坐盆,应养成小便站立撒尿习惯。如果儿童不肯坐盆,可用讲故事、奖励小玩具等方法鼓励他。每天坐盆应定时,养成自幼定时排便习惯。

(2) 自己如厕

开始时陪儿童一块去厕所,口头提示。解完以后,让他知道,必须擦干净才能站起来。然后再指导他提上裤子、去洗手。其中某一步骤如有困难可进一步分解其动作,直至学会为止。

3. 穿脱衣物行为训练

(1) 穿衣:分为在成人帮助下学穿衣服和自己学穿衣服。成人将衣服的袖子或裤腿放在接近儿童的手脚处,为鼓励他自己伸进袖子,可以像做"藏猫猫"游戏那样对他说"小手哪里去了? 啊,在这儿呢!"边说边拉出他的小手。如果儿童不肯主动伸进小手,可扶住他的肘部,帮他伸进去;如果他不肯伸出来,可把手伸进袖中把小手拉出来。

鼓励儿童自己穿衣服,开始时最好用短袖衬衫做示范,再帮他穿。帮他拿着衬衫,让他先伸一只袖子,再伸另一只袖子。把展开衣襟的衬衫放在小椅子上,让他伸向袖子,帮他拉一下衣领穿好衬衫。较难的穿衣动作,需耐心多教几次。

(2)脱鞋、穿鞋:开始时,要选用稍大些的松紧口便鞋。起初要把儿童的鞋脱至脚尖处,让他接着脱,再多穿进一点再脱,直至学会脱鞋。或假装脱不下,要他帮忙脱。穿鞋也一样,但程序相反,需要用拇指与食指拉鞋帮。逐渐减少帮助,直到完全学会。要用合适的鞋进行练习,开始采用不分左右脚的鞋,待儿童完全学会了,再分左右脚。

(3)脱短袜、穿袜子:步骤同脱鞋、穿鞋。

(4)拉拉链:左手按住前襟的上方,右手捏住拉链的拉环,轻轻地往下拉,使拉链左右分开。拉上拉链,在中央合上左右衣襟,两手把拉链底部套上,左手按住右襟的下方,右手捏住拉环,朝上方轻轻拉上去。训练时,成人最好站在儿童一旁作示范,让其看清手和手指的动作。

4. 洗漱行为训练

(1)洗手

教儿童把双手放进盛水的盆中浸湿,涂上肥皂,教他双手搓洗,再放入水中搓洗,洗掉肥皂,用毛巾擦干。边教边说,逐步减少帮助,鼓励其自己一步一步完成。

(2)刷牙

一起刷牙,让儿童模仿刷牙动作。开始手把手教,待他学会刷的动作,逐渐减少帮助。让他对着镜子刷。刚学时,蘸着水刷,少放牙膏。每天让他刷两次牙,大致固定在早饭前和晚饭后,养成习惯。牙刷、牙膏及牙缸放在容易拿到的固定处,教会挤牙膏和收起牙膏等动作。

(3)洗脸

带儿童到水龙头处,教他自己开,接水洗脸,洗完关闭水龙头。或教他从桶中往脸盆舀水,教他拧干毛巾,拧不太干也不要紧。不会拧时,把着他的手拧,逐渐减少帮助。

(4)梳头(短发)

一起梳,让儿童模仿,然后扶着他的手接着梳下去。让他体会梳的动作。让他给娃娃梳,慢慢减少帮助。教女孩梳稍长的头发时,要把纠结在一起的头发先理顺,再让她自己梳。学会后再教她带梳发卡或发带,要夸她"好漂亮啊!"男孩也一样。训练时要注意分解动作,采用小步子,及时强化,反复练习,使有规律的日常生活程序化,养成良好习惯。

第四节　智力障碍儿童早期干预案例

"我自己能行!"

　　　　　　　　——学龄前智障儿童的如厕自理能力训练

　　小 H 刚来到××幼儿园特殊教育班时,怯怯的,躲在妈妈的后面。老师亲切地走到他面前说:"你好,小 H,欢迎你!"由于他自身的障碍——右腿长左腿短,运动和走路有一定的困难,老师搀着他走到小朋友的面前,可他害怕地哭了。他妈妈很不好意思地跟老师解释:"小 H 一直在家待着,没离开过家人,因为小 H 自己不能独立上厕所,都是家人带他去厕所,帮他脱裤子和穿裤子的。"由于小 H 的害怕,第一天他妈妈就陪伴着他,安抚他,让他先熟悉新的环境。尽管小 H 来之前,老师大体上了解了他的情况,但还是觉得小 H 的问题比预想的要严重。此时,在和小 H 妈妈的谈话中,老师获得了更多关于小 H 的信息。

　　小 H,男,2004 年 1 月出生,是第一胎。爸爸、妈妈工作时间不固定,他妈妈生小 H 还不足月,8 个月半便生产了,顺产。出生后不久,小 H 便得了流感,后转为肺炎,高热曾达 41 度,持续发热有 5 天。后来,小 H 病好了,但腿却有了问题——不一样长了,运动困难,不能生活自理。由于父母文化水平不高,对于孩子的情况没有想到那么多,未能给予重视。平时,孩子主要由奶奶和爷爷带,奶奶看护。直至 2008 年,家长才意识到要给孩子进行检查诊断,在熟人的推荐下,带着孩子去了上海交通大学医学院附属新华医院,同年 5 月 20 日经该院儿童与青少年保健科诊断为轻度智力障碍:IQ50,其中语言 IQ51,操作 IQ60。

他为什么不能独立如厕呢?

　　在小 H 来到特教班的第二天,老师就开始对他进行观察、记录,并准备初次评估。观察一周后发现:小 H 有简单的言语沟通,特别是对音乐活动比较感兴趣,有一定的数数和唱数的能力,游戏中有简单的摆弄玩具的能力;但是又表现为反应慢、注意力分散、情绪异常、不合作。根据中国残疾人联合会编制的《智力残疾儿童系统康复训练》评估表,初次评估结果为:运动能力 21 分、感知能力 6 分、认知能力 10 分、语言交往 38 分、生活自理 29 分、社会适应性 4 分,总分 108 分。

　　基于以上情况,老师分析了小 H 自己不能独立如厕的原因。从 IQ 分数看,小 H 的分数是轻度智力障碍的最低值,具有智力功能低下和适应性缺陷,可能影响了他的认知与行为,不会穿脱裤子,不能站着小便、坐着或蹲着大便;由于出生后的病变导致他行动上的不足,他又是第一胎,家人对他宠爱有加,什么都包办代替,很少让他自己动手,至于他能不能自己独立做某事,家人很少想过,以至养成了他如厕需要人陪伴的习惯;再者,就是如厕前后穿脱裤子上手的功能问题,如手的抓握能力、协调能力及手眼协调能力。老师通过询问他奶奶,并根据观察记录和初评,最终确认为小 H 不能独立如厕的原因可能有二:他的手部肌力不足,不能正常地完成穿脱裤子动作,也就不愿意自己做,因而需要有人陪伴;家人的包办代替导致他养成了这个不好习惯。

如何改变他这个习惯呢?

针对小 H 的问题,老师制定了以如厕自理能力为主要目标的干预训练计划,分为三个阶段进行。

第一,以小 H 的优缺点作为依据,设置言语、音乐、数数或唱数及摆弄玩具四个方面的干预活动,采用个别指导、伙伴学习等方式,把手的抓握、协调和手眼协调能力训练贯穿于一日的生活环节活动之中,以增强小 H 手部肌肉力量,逐渐提高其手的抓握能力。

第二,从如厕基本知识入手,以游戏、模仿为桥梁,对小 H 进行认知能力训练,使他掌握必要的如厕知识和技能。

第三,采用重复练习、生活情境法,使小 H 形成正确、牢固的穿脱裤子模式;改变小 H 的依赖观念,激发其自尊的需要,体验成功,激发动机,愿意自己穿脱裤子。通过增大小 H 与陪伴者的距离、减少陪伴的次数和时间,逐步消退其陪伴行为,减少不安全感,最终形成小 H 自己独立如厕的习惯。

当然,训练过程中,除了如厕自理能力,还可能涉及到其他自理能力及其他领域的能力,采用个别指导、伙伴学习以及教师协助等多种形式交替进行。

干预实施前,老师和小 H 的家人进行了沟通。对于老师的教育态度,小 H 的奶奶很是感动,觉得有了希望。尽管家里条件有限,家长文化程度低,有想法却不知道怎么办,经济收入低,不能提供必要的资金,家人还是很重视早期干预。然而家庭干预的方式是无目的性的,家庭亲子互动较少。因此,小 H 的家人极力表示,转变对小 H 的教养态度,改变原有的包办代替方式,无条件地配合老师的计划。

他逐渐地能独自如厕了

该幼儿园采用融合教育模式,主张创设生活化的环境,提供符合障碍儿童个体需求的教育服务,让障碍儿童在与普通儿童的互动中,保持生活能力训练的有效性,逐步提高障碍儿童的生活自理能力。因此,对于小 H,主要是通过一日活动中各环节,进行融合性的、全方位系统的教育康复训练,即注重游戏活动中的个别指导,把握一日活动中生活环节,以教师协助为主提高其如厕生活自理能力,在融合温馨的环境中使之各方面能得到发展。

由上面可以知道,小 H 的手部肌力不足,就不愿意自己穿脱裤子,必须要有人陪伴他如厕。因此,增强其手部肌肉力量是独立如厕的前提条件。基于该幼儿园融合教育理念,从小 H 的实际生活经验出发,创设适宜的物理环境,把手的抓握、协调和手眼协调能力训练贯穿于一日的生活环节活动之中。平时,老师从音乐及摆弄玩具等方面设置训练活动。

音乐活动　老师设计了"手掌握拳放松运动操"、"捏泥巴"等用儿歌配合手指动作的活动,教小 H 一边唱儿歌一边运作手指,锻炼其手部肌肉、协调能力。这个活动可以有多种变式,可以用适合他抓握的棒子来代替空手练习,或者让他和其他小朋友假装抢抓一个棒子。当然,课间操、早操或者是音乐活动课上,小 H 也可以听音乐跟着老师一起做简单地拍手模仿操。

摆弄玩具　摆弄玩具,涉及到触觉。通过摆弄玩具,拼接、套、插、拔等,增强了手的肌肉力量,同时也锻炼了双手、手眼协调能力。

训练手部肌力　通过握铅笔、蜡笔写字、画画等等进行训练。这些活动不仅仅局限于教室里,只要有机会就让他去做。如在室外活动中,让他抓握适合他的东西,进行推拉练习、拔草、拣东西等等,在家里也是如此。

有了手部肌力,并不代表小 H 能穿脱裤子、正常如厕,由于其认知能力的局限性,需要对他进行认知能力训练,使其掌握必要的如厕知识和技能。

首先,让他认识裤子,先了解裤子的结构、不同如厕方式(大、小便)时穿脱裤子的不同方法;练习不同如厕方式的姿势(男生)时,裤子要脱到哪个部位等等,必要时老师给予协助,帮他把衣服穿好,并给予一定的鼓励。第二,老师为小 H 设计了一个游戏活动"帮娃娃穿脱裤子"。通过给洋娃娃穿脱裤子,让他了解这一动作的基本环节,并在活动中训练其手指的灵敏度、动作的协调性。第三,通过同伴间的模仿进行学习。老师让小 H 和与其结对的普通小朋友一起去厕所,观察别人是怎样做的;并让这个小朋友帮助小 H,小 H 按照小朋友的指令模仿其他人的动作。通过这些活动,小 H 掌握了一些基本的如厕技能。

虽然小 H 手的能力影响了他不能像别人那样穿脱裤子,但他不能独立如厕的这个习惯,很大一部分是由于其家人的包办代替。长时间养成的习惯难以消退,因此需要通过多次逐步消退法进行干预。这里分成两个阶段进行:一是把掌握的基本如厕技能运用到实际的行为中去,无论在什么地方都可以自己穿脱裤子;二是逐渐减少他人的陪伴,直到自己独立如厕。

小 H 掌握了如厕的基本技能,还不能说明他会穿脱裤子,重复练习是必不可少的。因为智力障碍儿童典型的认知特征就是记得慢,忘得快,难以将所学的知识和技能迁移到其他情境或场所。小 H 也是如此。要让小 H 达到真正地会穿脱裤子,练习时必须有人在身旁即时指点,及时反馈,不断给予强化;而且要在不同情境中练习,如在幼儿园、家中、其他场所,以便形成正确的、牢固的穿脱裤子模式。

再者,即使小 H 学会穿脱裤子,还要看他愿意不愿意自己做。一方面,他已习惯了家人或他人给他穿脱裤子;另一方面,智力障碍儿童的特点就是动机不强烈。他们由于认知功能的影响,经常遭遇挫折,致使自信心不足,缺少动力。因此,老师通过简单的讲解,结合具体的事例,告诉小 H 不要依赖他人,要依靠自己,这样才可以得到他人特别是家人、老师的认可,以激发其自尊需求。同时采用成功体验法,即使他取得丁点进步,也给予表扬,以激发其动机,愿意自己穿脱裤子。

一开始小 H 是需要有人陪伴,因为自己很小、很弱,手又没有肌力,不能穿脱裤子。久而久之,无人陪伴,他就会感到害怕,没有安全感,不能穿脱裤子成了一个借口,手可能也由于这个原因而感到没有力量。针对这种心理,老师首先采用增大陪伴距离法,以逐步消退小 H 需要陪伴者的行为。如以前陪伴者在身边,现在站在卫生间门口,小 H 能看到陪伴者;逐渐地,站在卫生间门外,小 H 能听到陪伴者的声音;再远点,小 H 仍能感觉到陪伴者的存在,最终小 H 独立如厕。另外,同时还减少陪伴次数和时间,逐步降低小 H 对陪伴者的依赖。

在干预中,小 H 家人的合作是至关重要的。长期以来所形成的包办代替教养方式有其伤痛的背景:父母工作的辛劳给小 H 带来无可选择的障碍,后天的病变加重了小 H 的障碍程度,家人的文化程度影响了对孩子疾病的及早发现和干预,家人沉浸在对孩子的愧疚之中,总想着补偿所有的过错。因此,对小 H 总是百依百顺,什么都替孩子做,唯恐孩子受委屈。所以,家人态度的转变需要有很大的决心,一下子从以前以孩子为中心、什么都为孩子做,到减少为孩子所做的事,那种心情是难以言表的。但是为了孩子以后的生活,他们做了最好的选择。在老师的指导下,小 H 家人全面配合幼儿园的教育干预,做到要求一致、方法一致、目标一致,最终促进孩子的发展和成长。

通过对小 H 进行了以上三个内容的教育训练后,小 H 已经能够做到如厕自理。当老师问到:"小 H,要老师陪你去吗?"小 H 会自豪地说:"我自己能行!"当然,在解决了家人的包办代替和手的能力问题后,小 H 其他的生活自理如进食、穿衣及梳洗等都有所进步,语言上的进步最大。在经过五个月的教育干预后,再次进行了评估,其结果为:运动能力 40 分、感知能力 16 分、认知能力 35 分、语言交往 123 分、生活自理 65 分、社会适应性 15 分。总分 294 分。

反　　思

我们认为此个案值得反思的地方在于:对于智障儿童,特别是低年龄段儿童的早期干预,所有训练任务或者干预目标的选择都应该服务于其最基本生活需要的满足,要有利于智障儿童生活自理能力的养成与提高。所以,选择如厕能力作为干预的切入点是本个案研究的一大亮点。同时,"抓住重点,以点带面",体现在以"如厕能力"的训练带动儿童整个生活自理或社会适应方面技能的养成。充分利用融合教育的优势,发挥家长参与的作用及倡导全面康复的措施,这些都是智力障碍儿童早期干预工作中值得进一步反思或借鉴的地方。

思考题

1. 说出智力障碍的概念,并说明美国智力障碍协会关于智力障碍的定义的演变。

2. 智力障碍儿童的临床特征有哪些?

3. 如何诊断智力障碍儿童? 主要测评工具是什么?

4. 智力障碍儿童早期干预主要领域及方法有哪些?

5. 如何对智力障碍儿童进行认知方面的训练?

6. 请选择一个智障儿童案例,根据案例的实际情况制定早期干预方案。

第八章　听力障碍儿童早期干预

听觉是人们感受外界刺激的重要通道之一。听力的损失导致听力障碍儿童的认知、语言发展和社会交往等方面存在不同程度的障碍。研究发现,经过适当的早期干预,大多数听力障碍儿童都可获得一定程度的言语能力和社会适应技能。实践已证明,早期干预是听力障碍儿童康复成功的关键因素。通过持续而系统的早期干预,可使听力障碍儿童在身体、行为、认知、情绪和社会适应等方面的发展得到显著改善和提高,使得听力障碍儿童的听觉、语言康复成为可能,不再"十聋九哑",为其以后进入普通教育机构或社会融合创造良好条件。

第一节　听力障碍儿童概述

一、概念界定

什么是听力障碍?听力障碍儿童的心理行为特征有哪些?哪些原因导致儿童听力障碍?本节将围绕这些问题展开阐述。

1. **定义**

听力障碍,又称听觉障碍、听力残疾、聋、重听或听力损失。2006年我国《第二次全国残疾人抽样调查残疾标准》中认为:听力残疾,是指人由于各种原因导致双耳不同程度的永久性听力障碍,听不到或听不清周围环境声及言语声,以致影响日常生活和社会参与。

一说到"聋",人们就会想到"哑",其实两者是有区别的。"聋"是因,是第一缺陷,"哑"是果,是第二缺陷。很多全聋的儿童,加之失去学习语言的机会,会导致口头语言丧失的哑。也就是说,聋儿的言语器官本身不存在问题,通过现代科学技术补偿或重建听力后,经过听觉康复或言语矫治,建立"听"和"说"联系,"聋"未必会"哑"。

2. 听力障碍的分类

按照分类标准的不同,听力障碍可分为不同的类型。

（1）听力障碍程度

《第二次全国残疾人抽样调查残疾标准》中规定的听力障碍分为四级。

听力残疾一级:听觉系统的结构和功能方面极重度损伤,较好耳平均听力损失≥91 dBHL,在无助听设备帮助下,不能依靠听觉进行言语交流,在理解和交流等活动上极度受限,在参与社会生活方面存在极严重障碍。

听力残疾二级:听觉系统的结构和功能重度损伤,较好耳平均听力损失在81—90 dBHL 之间,在无助听设备帮助下,在理解和交流等活动上重度受限,在参与社会生活方面存在严重障碍。

听力残疾三级:听觉系统的结构和功能中重度损伤,较好耳平均听力损失在61—80 dBHL 之间,在无助听设备帮助下,在理解和交流等活动上中度受限,在参与社会生活方面存在中度障碍。

听力残疾四级:听觉系统的结构和功能中度损伤,较好耳平均听力损失在41—60 dBHL 之间,在无助听设备帮助下,在理解和交流等活动上轻度受限,在参与社会生活方面存在轻度障碍。

（2）听力障碍发生时间

根据听力丧失发生在学语前或后,可分为学语前听力障碍和学语后听力障碍。前者听力丧失发生在儿童学会说话前,一般由遗传或怀孕时的病变造成;后者发生在儿童学会说话后。

而医学上把听力损伤发生在出生前或出生时,称为先天性听力障碍;听力损失发生在出生后生活中的,称为后天性听力障碍。

（3）听力损伤部位

根据听力损伤的部位,听力障碍分为三类。

传音性听力障碍,即传导性听力障碍。听力损失主要发生在外耳和中耳部分。外耳和中耳的损伤,减弱声音传导至内耳的强度。该类障碍很少造成高于60—70 dBHL 的听力损失,可以通过放大声音、医学治疗或手术减轻听力损失。

感音性听力障碍,即感觉神经性听力障碍,是由于耳蜗内以及耳蜗后听神经通路病变导致的听力损失。根据病变部位又可分为感觉性听力障碍和神经性听力障碍。感觉性听力障碍,是由耳蜗病变引起,所以也称为耳蜗性聋。神经性听力障碍,其病变发生在耳蜗以后的神经部位,因此又称为耳蜗后性聋。该类障碍主要是由耳蜗的听觉毛细胞或听神经受损所导致。

混合性听力障碍,则是外耳、中耳和内耳都有问题所致,即同时患有传音性和感音性听力障碍。

二、流行率

全世界约有 250 000 000 人存在听力障碍(WHO,2001),其中 2/3 的人生活在发展中国家,3 岁以下的听障儿童约占总人口的 2‰。美国公共健康卫生服务组织(USA Public Health Service,1990)估计,每 1000 个儿童中就有 83 个儿童存在听力损失,每 1000 个学龄儿童就有 9 个是严重听力损失或全聋。

2006 年全国第二次残疾人抽样调查结果显示,我国听力残疾 2004 万人,现残率为 2.11%,0—17 岁听力残疾人有 58.1 万。0—6 岁听力障碍儿童 13.7 万,其中 0—6 岁单纯听力残疾为 3.92 万,0—6 岁多重残疾 9.78 万。0—3 岁组一、二级残疾占 83.9%,4—6 岁组一、二级残疾占 67.36%。每年由于各种致病因素新增听力障碍儿童约 2.3 万名。其他类型障碍及普通儿童中,也有相当一部分儿童存在言语、语言方面的问题。

三、临床特征

由于听力损失,听力障碍儿童在认知、语言及社会性等方面都表现出不同于普通儿童的特点。对于听力障碍儿童来说,听力问题是第一性的,至于认知、语言以及社会性发展方面的问题是第二性或第三性的。听力障碍儿童的临床障碍主要表现在以下几个方面:

1. 听力

听力障碍儿童由于某种原因使得其听觉系统某一部位发生问题,导致听力部分或全部丧失,听不清或听不见声音。

听力损伤的直接结果首先是听力障碍儿童听觉能力的丧失,缺少如普通儿童那样的听觉发展。

其次是听力障碍儿童发音器官的僵化和构音器官功能的退化。没有了"听",也就没有了"说","说"的器官发生僵化,"说"的功能发生退化,表现为声音异常、语言迟缓等问题。

听力损伤的间接结果是听损或多或少地影响了听力障碍儿童的身体发育。由于听、说能力不足,间接地影响了他们参加有助于身体发展的各项活动,形成特有的身体发展特点。

2. 认知

听觉是人们感知外界事物的主要渠道之一。由于听力损伤,听力障碍儿童获取外界信息受到阻塞或限制,很难清晰甚至不能获得声音信息,从而影响其认知的丰富性和完整性,这种影响主要表现在感知觉、注意、记忆和思维四方面。

(1) 感知觉

听力障碍儿童主要依靠视觉、触觉和运动觉等的参与来感知外界事物。由于缺少听觉刺激,较难或无法获得声音信息,听力障碍儿童不能完整地感知信息,使得其知觉信息加工的整体性和理解性受到了限制,特别是对语言的理解和交流。听力障碍儿童视知觉速度提高比较快,且可以与其他感知觉器官一起帮助其语言理解和交流,使得视觉在听力障碍儿童感知活动中成为最主动、最活跃和最重要的感觉器官,"以目代耳"。视觉在感知活动中的优势地位,对听觉障碍起到一定的缺陷补偿作用。但需要注意的是,视觉和其他感觉通道对听觉缺陷的补偿作用是有限的,不能完全取代听觉。因此,听力障碍儿童需要借助技术手段补偿或重建听力,如佩戴助听器或植入人工耳蜗,并培养其听觉技能,发展其感知觉和语言能力。

(2) 注意

由于听觉渠道受损,语言发展迟缓,听力障碍儿童有意注意和无意注意的形成和发展都比较缓慢,且以无意注意为主,具有多变、短暂的特点;有意注意的稳定性差,需要活动的支持和吸引。因此,听力障碍儿童联合注意的唤起和保持更多地依赖非语言符号。另外,听力障碍儿童注意的分配存在困难。他们无法同时既看又听,视觉兴奋和听觉兴奋不能一起产生,较难完成注意的恰当分配。

(3) 记忆

在学前期,听力障碍儿童的无意记忆占优势。进入幼儿园或康复机构后,有意记忆虽开始发展,但仍以无意记忆为主。有意记忆的发展依赖于儿童对记忆任务的意识、活动的动机、情绪的影响以及多种感官的参与。听力障碍儿童形象记忆效果优于抽象记忆,对于直观形象的事物如"苹果"、"桌子"、"香蕉"等,他们记得快、保持好,也易于提取,但对语言材料的记忆水平较低,再现也不完整。

(4) 思维

从动作思维发展到形象思维再到抽象思维,是普通儿童思维发展的三个阶段。听力障碍儿童的思维发展趋势与普通儿童相同。但由于语言发展迟缓,听力障碍儿童思维的发展停留在形象思维阶段的时间较长,表现在他们主要依据头脑中的表象或表象的联想进行思考,具体形象性强;不会按照事物的本质进行分类,而更多地依赖感知的特点、生活情景或物体功用作为分类的依据;掌握概念存在困难,较易掌握具体的概念,较难掌握抽象的概念;易发生概念扩大化的错误,而且有时又不合理地缩小概念的内涵,致使他们在学语前和学语后一段相当长的时间内,很难把握概念的本质。另外,已有研究表明,听力障碍儿童更多受当前情境的直觉所约束,表现出思维的僵持、固着状态,缺少思维的灵活性。

3. 语言

对于听力障碍儿童来说,听力丧失的结果首先是对语言发展的限制,不能或很难清晰地感知语言,发出声音却不能得到充分恰当的听觉反馈;无法得到充分的言语强化;不能听到成人的言语示范,发生语言学习的困难。再者,没有了"听",也就没有"说"的应答,从而导致发音器官的僵化和构音器官功能的退化。听力障碍儿童的语言发展具有如下特征:

(1) 不会说话。

(2) 发音不清。这是听力障碍儿童语音发展中最普遍的现象。常见的表现是:发音清晰度差,字音含糊不清,常缺乏辅音,很不悦耳;送气音、不送气音不分,韵母发音困难;缺少抑扬顿挫的韵律,如舌位异常,表现为嗓音明显异常,字音不清。

(3) 发音异常。最常见的是尖声尖气的"假嗓音"和语调不准。如:音调的窄频异常、高或低频异常;神经性耳聋儿童存在功能过强性嗓音异常,而传导性耳聋儿童因骨导增强而出现自加音强,出现功能减弱性嗓音异常;鼻腔共鸣消失出现鼻音异常;由于无法协调运用发音器官和构音器官,喉发音失去圆滑清亮的音质,出现轻重不同的嘶哑。

(4) 音节受限制。听力障碍儿童由于送气不自如,发音不灵活,不能连续发出几个音节,因而语言缺乏流畅性。

(5) 语言发展落后。大多数听力障碍儿童口语形成晚,词汇量少于正常同龄儿童,而且他们不能分辨同音异义词,语音的理解能力发展不充分,语法比较差,常常出现措词不当、字序颠倒、漏字和替代等错误。

(6) 智力发展与语言发展不同步。尽管听力障碍儿童的听力问题阻碍其语言发展,但其智力发展与正常儿童没有明显的差异。即语言的迟缓对智力中与语言成分相关方面的发展有一定的不良影响,但智力发展中非语言的成分则不会受到影响。

4. 情绪、个性及社会化发展

听力的丧失使得听力障碍儿童不能自由地表达自己的想法,也很难充分地理解他人的意愿,因而在情绪、个性和社会化方面呈现出特有的行为表现。

(1) 情绪

听力障碍儿童因听力困难、语言发展迟缓,在和他人交往中,常以情绪的外部表现如表情、动作来表达自己的需要、愿望,回答他人问题。因此,在听不到或听不懂他人的要求,自己的意愿不能很好的表达出来或他人不能理解自己的想法时,易于冲动。但是随着年龄的增长,通过听觉和语言的康复训练,特别是在康复机构集体活动的要求下,他们会逐渐学会有意识地控制自己的情绪冲动,情绪的稳定性逐步提高。随着年龄的增长,4—6岁听力障碍儿童的高级情感也开始发展,将会形成一定的社会责任感,逐渐培养起积极向上的情绪。

(2) 个性

听力障碍儿童的父母难以对自己的孩子进行各项生活训练,听力障碍儿童有疑问和困难,也难以向父母表达,亲子之间交流不畅,父母倾向于采取过多保护或者过度管束的教养策略,有时不能及时满足孩子的需要,有时甚至会实施不恰当的惩罚,造成听力障碍儿童固执、自我中心、缺乏内部控制力、易冲动和易受暗示等消极的人格特征。此外,个体的活动主要依靠大脑高级神经系统的调节,而听力障碍儿童大脑的成熟度不足,不能长时间使某些部分神经细胞处于抑制状态,兴奋过程的活动优于抑制过程。因此,听力障碍儿童也表现出好动的行为特点,好奇心强,探索行为比较外露,喜欢看、摸、动,对新奇的事物,不仅用视线来探索,更爱动手操弄。

(3) 社会性

听力障碍儿童社会交往方面发展迟缓。一方面,他们因为语言缺陷,很少和正常同龄伙伴一起玩耍,或者只与同类伙伴一起玩;另一方面,为了免于别人的歧视,家长很少带孩子去公共场所或参加集体活动,限制了听力障碍儿童的交往范围。而且家长的过度保护容易导致他们自卑或胆怯,害怕单独接触社会,反过来加重了他们对家长的依赖性,他们社会交往更少,常常感到孤独、沮丧和退缩,社会常识贫乏,缺少社会经验,社会适应性差。

四、成因分析

听力障碍产生的原因说法不一,而且大约1/3的听力障碍难以寻找到确切的致病原因。从教育康复的角度,确认听力障碍发生在学语前或后是非常重要的。因此,这里根据听力障碍产生于学语前或学语后来分析其成因。

1. 学语前因素

绝大多数学龄期的聋或重听儿童的听力损失发生在两岁前,为学语前听力损伤。学语前听力损伤的原因很多,目前已识别出几百种导致听力损伤的原因,其中最为常见的原因有遗传、早产或难产、德国麻疹及先天性细胞巨化病毒。其他原因包括怀孕时的并发症和 Rh 因子。国内有研究发现,低出生体重、高胆红素血症、庆大霉素注射史、卡那霉素注射史、化脓性中耳炎可能是新生儿听力障碍的高危因素。相当比例的学语前听力损伤儿童的致残原因不明。

(1) 遗传。遗传性耳聋由基因和染色体异常所致,是先天性耳聋的重要因素,通常家族中多个成员患有耳畸形或耳聋,一般表现为双耳对称性听力下降,约占所有听力障碍儿童的 35%。大约一半以上传导性听力障碍是由基因异常引起的,绝大多数遗传性耳聋来自于隐性基因。在此情况下,儿童致聋的可能性是 25%;约10% 的听力障碍儿童,其父母有一位是听力障碍者;30% 的听力障碍儿童,其亲戚中有一位是听力障碍者。

(2) 早产或难产。孕妇妊娠毒血症、分娩时难产、早产、出生时创伤以及缺氧等都会影响神经及内耳,导致耳聋;还有如母婴 Rh 因子不合、溶血性黄疸也会造成耳聋。部分出生时体重很轻的早产儿可能会出现听力损伤,还有部分出生时缺氧或有脑出血经历的婴儿也会发生语言发展前听力损伤。

(3) 麻疹。胎儿极易受到某些病毒的侵袭。虽然麻疹(通常称作德国麻疹)对儿童和成年人不会产生重大危害,但是对孕妇非常危险。特别是怀孕前三个月的孕妇如罹患麻疹,麻疹病毒就会侵袭正在发育的胎儿,造成胎儿听力损伤、视觉障碍、心脏病和许多其他严重障碍。

(4) 先天性细胞巨化病毒。先天性细胞巨化病毒是一种非常有害的常见病毒,在人体内一般处于非激活状态。该病毒可通过母体传染给子宫内的胎儿,还可通过产道或母乳传染。母亲在怀孕期前三个月或胎儿出生前被传染该病毒,胎儿所受影响最为严重。目前可通过羊水穿刺技术检出该病毒,但仍没有预防和治疗该病毒的最有效手段。

2. 学语后因素

学语后听力障碍儿童的数量很少,只有 5% 的儿童是学语后听力障碍。导致学语后听力障碍的主要原因是脑膜炎和中耳炎,其他原因还有药物、耳下腺炎、高烧、麻疹、传染病以及出生后的外伤。但仍有大约 60% 学语后听力障碍儿童的致残原因不明。

(1) 脑膜炎。脑膜炎是细菌或病毒对中枢神经系统的感染,此感染可扩展到包括脑和耳在内的其他器官。脑膜炎引起的听力障碍往往是全聋,并使患者出现维持机体平衡方面的困难,可能还伴有其他障碍。

(2) 中耳炎。6 岁以下儿童最常见耳病的致病原因是中耳发炎。中耳发炎不予治疗或治疗不当,可造成不同类型、不同程度的听力障碍,主要表现为传导性听力障碍。最近有研究发现,中耳炎也可能引起感觉神经性听力障碍[①]。

(3) 美尼尔氏病。一种相对少见的耳内疾病,其主要特征有突发性眩晕(头昏眼花)、听力波动、耳鸣(没有外在刺激下耳内出现鸣响)等。该病最严重的症状是听力损伤。目前对于该病的研究甚少,也没有有效的治疗方法。

(4) 其他因素。有毒化学物质和某些药物会引起感觉神经性听力障碍。煤气中毒是一种常见的耳毒性化学物质,可致耳蜗出血、听神经变性,从而引起耳聋。长期与磷、铅及汞等物质接触,可发生慢性中毒,引起神经炎导致耳聋。庆大霉素、卡那霉素、青链霉素等耳毒性药物的不当使用,也可引起耳中毒导致听力障碍。强噪声以及长期暴露于噪音刺激环境,会引起噪声性耳聋。

第二节　听力障碍儿童评估

为了判断听力障碍儿童听力损失的性质与程度,必须进行一定的听力评估。听力障碍儿童的评估,包括早期发现/筛查、诊断/检查和干预过程中的评估。早期发现/筛查与诊断/检查为验配助听器或人工耳蜗植入以及其他早期干预措施提供依据,而干预过程中评估则主要是训练过程中听觉、言语语言功能的评估,其他还有认知、运动以及社会适应与生活自理能力等方面的评估。

一、诊断标准

1. 初步筛查

为了早期发现婴幼儿的听力障碍,以便实施早期干预,在新生儿出生后,就可对其进行初步的听力筛查,其筛查标准可以参照正常儿童的发展指标。对怀疑存在听力障碍的婴儿,要间隔一定时间进行复查和确诊,及时实施听力补偿和早期康复,减少语言残疾的发生。

一般来说,初生到 4 个月左右的婴儿,会在听到声音后产生一些反射反应。父母在安静的状态下,发出适当的声音刺激,检查婴儿是否会产生下面的反应:耳睑反射(Auropalpebral Reflex, APR),也就是眨眼、惊跳表现;改变正在进行的活动方式或停止活动,如改变吃奶或呼吸节奏;寻找声音来源;听到声音后,开始哭叫或

---

① 王朝勇,姬长友,王宜南.感染性神经性聋的新进展[J].山东大学基础医学院学报,2004,(1):56—58.

停止哭叫等。

4个月到8个月的幼儿,其肌肉发展和眼珠运动协调性更好了,寻声的反应也更明显。同时他们也有更多的身体活动。此时,可用一个不太有吸引力的玩具,在他前面摇动发出声响,观察儿童的注意力是否更集中在前方;也可母亲或家人在他们身边讲话,看其是否产生反应;看其是否喜欢摇铃等。

8个月到12个月的幼儿。在听到平时熟悉的声音,如父母的声音、呼唤自己的名字的声音或玩具声等,能转头寻找等。

1岁到2岁半的幼儿。看幼儿能否正常的开口说话;是否能够指出自己身体器官如眼、口、耳等;是否能够正确指出图画中人、狗、鸡等;是否对别人的耳语声也会产生反应等。

3岁到6、7岁。注意幼儿在游戏中是否可以根据指令进行正确反应;是否能够说出让人理解的话语;是否能说出常用语法的话语;是否对自己的听力发生过怀疑及在幼儿晚期是否还经常出现发音错误等。

2. 听力障碍诊断标准

2006年我国第二次残疾人抽样调查诊断标准中,将听力残疾与言语残疾分开定义及分级,其中听力残疾强调了永久性听力障碍,同时考虑了影响日常生活和社会参与等功能障碍因素。此次分类标准与WHO目前推荐的听力残疾评定标准接轨,充分考虑了对理解与交流、社会活动与参与的评估,充分体现了国际功能、健康和残疾分类原则对残疾评定的要素(ICF),同时也考虑了听力残疾程度和康复手段的对应关系(详见下表8-1)。

表8-1 第二次全国残疾人抽样调查听力残疾评定分级标准
与 WHO-1997 年听力障碍分级标准比较[①]

世界卫生组织 1997 年日内瓦会议 推荐听力障碍分级标准			第二次残疾人抽样调查听力 残疾评定标准(2006)		
类别	级别	听力损失程度 (dB HL)	类别	级别	听力损失程度 (dB HL)
听力障碍	极重度	≥81	听力残疾	一级	≥91
				二级	81—90
	重度	61—80		三级	61—80
	中度	41—60		四级	41—60

---

① 孙喜斌,李兴启,张华.听力残疾标准解读[J].中国残疾人,2006,(5):10.

二、评估方法

1. 听力障碍的早期鉴别

在儿童发展的早期，对其听力是否有障碍以及障碍程度等进行鉴别的工作，就是听力障碍的早期鉴别。早期鉴别可以在儿童早期或听力障碍发生初期进行，快速而简洁地甄别出可能存在听力障碍的个体，从而尽快对其采取及时而有力的医学或教育干预，令其障碍程度降到最低，使包括说话能力在内的各种功能得到最大可能的发展。听力障碍早期鉴别的方法主要有以下几种：

（1）声音定向检查

对于出生之后的婴儿，可以采用声音定向的方法判断他们的听力是否存在问题。检查时应避开婴儿的视线，分别从不同的方向给予婴儿强度不同的声音刺激，观察婴儿的声音定向能力。根据声音刺激的大小以及婴儿的反应情况，可大致估测听力损失的程度。

（2）行为观察

通过观察婴幼儿对声音的反应来判断其听力损伤的程度。这些声音可以是击掌声、哨声、语音声或乐声等。例如，在被检测者身后或一侧出其不意地猛力击掌，隔一、两分钟再次击掌，如果连续多次，被测者始终没有反应，可推测其听力可能有问题。注意不能让被测者看见击掌的动作，并避免气流的冲击，以免造成假象。

（3）游戏测听

根据儿童喜欢游戏的心理而设计，适用于3岁以上的儿童。在儿童的游戏过程中，有目的地安排测试听力的内容，通过观察儿童对指令的反应，判断其听力损失程度。测试由两个检测人员配合进行，一人观察儿童的反应，一人进行操作。可根据条件，自由选择、设计游戏，如击鼓传物、接龙传话、听声移物、听声跳格子等。需要注意的是，给声时要避开被检者的视线，避免被检者把"看到的"判断为"听到的"，使检测者产生误判。

为了保证游戏测听的准确性，最好由家长或者儿童熟悉的教师在旁指导。在游戏开始时，一定要进行正确的示范，对儿童的操作要及时给予鼓励表扬和纠正错误。另外，测试时间不宜过长，游戏项目随时更换，以保证儿童注意力的集中。检测者要特别注意观察儿童的反应，以便作出正确的判断。

（4）听音反馈测验

此方法是把事先设计好的话语声音用仪器设备播放出来，或者直接把指令输送到被检者耳内，观察儿童是否根据语音提示进行相应的行为反馈，确定其是否存在听力损失。使用本方法应注意不可让受检者看见测查者的口型，也不能让被检者觉出说话时发出的气流，同时还要避免环境噪音。

这种方法适合年龄较大且已获得语言的儿童。对于年龄幼小的婴儿,准确性不高。

(5) 其他方法

除了上面提到的四种检测方法外,耳语检查法也是经常用到的一种简便的听力检测方法。检测过程中,受检查者的非检查耳被堵上(一般先检查右耳,堵上左耳),在距离受检查耳的 6 米处,用低声和他说话,且不让其看到说话者的口型,询问受检查者听到的内容。此种方法简单易行,但是较难准确地鉴别听力损失的级别。

此外,在教育情境中,教师也可以根据儿童的身体状况和行为表现,及时发现儿童的听力问题。如果经过早期听力鉴别,发现儿童存在听力损失现象,就应该进行专业的诊断。以下主要介绍听力障碍儿童的听觉能力评估。

2. 听觉能力评估

(1) 纯音测听法

纯音测听法是国际上评价听力损失程度的常用方法,它是使用一个根据电声学原理设计而成的纯音听力计了解测试耳的听力敏感度,估计听觉损害程度,并可初步判断听力损失类型和病变部位。纯音听力计可发出各种音强和音频。被检测者通过耳机(气导)或骨震动(骨导)接收声音。一般先测试气导,再测骨导。检查通常从 1000 Hz 开始,以后按 2000 Hz、3000 Hz、4000 Hz、6000 Hz、8000 Hz、250 Hz、500 Hz 顺序进行,最后再对 1000 Hz 复查一次,以测得的最小声音强度为阈值,并在专用听力表上绘制出听力图。根据听力图形和两耳听力是否对称还可推断某些耳聋的致聋病因。

纯音测听法对于年龄较小的儿童,特别是 5 岁以下的儿童困难较大,因为此类儿童注意力难以集中较长时间,难以稳定地仔细倾听测试声。为解决这一问题,此方法可与游戏测听相结合,选用简单的指令游戏,如捡豆、拨珠、叠积木等,让儿童了解游戏规则,即听到了声音就作出一个反应,如捡一粒豆。在掌握游戏规则的基础上,测听人员可改变声音的频率和强度,达到测听目的。

(2) 声导抗测听法

声导抗测听法是应用导抗听力计,测试声能在人耳的传递状态,用以检查中耳的功能及镫骨肌反射的功能是否正常。当声音以声波的形式到达鼓膜时,一部分声能被吸收并传导,一部分会被反射回来。中耳声阻抗越大,声反射得越多,传导得越少。从反射回来的声能状况,可判断中耳传音功能状态,从而推断中耳疾病。声导抗检查的基本测试项目有鼓室功能曲线、静态声顺值、镫骨肌声反射。

声导抗测听法对传音性耳聋和感音性耳聋的鉴别,面神经病变的定位以及中耳各种传音病变和蜗后病变的早期诊断有较大意义。

（3）电反应测听法

电反应测听法是通过声刺激诱发听觉系统外周和中枢不同部位的生物电效应，采用先进的微机控制，运用平均技术和叠加技术把微小的电活动记录在荧光屏上，判断和分析被检测者的听力损失程度。可在儿童处于睡眠状态下进行检查（检查前可给安眠药使被检测者进入睡眠状态），因此可适用于不能合作的听障儿童及新生儿。

现在临床上常用的电反应测听主要有耳蜗电图（EcochG）、听觉脑干反应（ABR）和中潜伏期电位（MLR）等。

3. 助听器的验配

经过听力评估，一旦发现婴幼儿存在听力损失，就应当从速验配助听器或植入人工耳蜗，进行听力补偿或重建，并在此基础上进行有针对性的听觉技能训练，以期最大限度开发其利用残余听力的能力或重建听力的能力。

助听器实际上是一个声音放大器，主要由话筒、放大器和受话器组成，只能提高其听能。一般助听器都需要装有电池或小型蓄电池。而电子耳蜗是一种新型的助听器，是一个声音转换器，起听毛细胞作用，只适合感音性聋。

从理论上，满月的婴儿即可配戴助听器。有研究者认为，早期验配应界定在2周岁以内，2—3岁配助听器也能达到较好的听力言语康复效果，4—5岁者的家长和语训老师则要付出更多的努力进行康复训练，而6—7岁开始戴助听器者学说话的能力就差得多了，大于7岁的孩子即使配戴了助听器，其康复的效果也大受影响。

助听器的选配有很大的差异性。首先要经过严格的听力检查，针对儿童的听力损失状况进行选配，而且儿童有一个适应的过程。

从听力损失上，30—45 dB，可以不佩带助听器；45—60 dB，佩带助听器效果好；60—90 dB，配戴助听器见效最好；90—100 dB，效果很差；100 dB以上无效果。

还可以根据听力损失的原因选配。如纯传导性聋，只需增加音量使之超过已降低的水平即可；混合性聋和纯感音性聋，由于感音性聋具有频率感受失衡或者声感受失真等，选配费时较多；而对于中枢聋和神经冲动传导障碍导致的聋，助听器则没有效果。

验配助听器应注意以下事项：第一，助听器选配必须经过严格的听力检查，选择合适的助听器。其次，虽然助听器有声强增益功能，但对环境的噪音也有增强，必须有一个适应过程。第三，要早佩带，早训练。第四，佩带助听器以儿童能清晰地感知到声音为佳。

三、注意事项

1. 听力检查的目的不仅仅是鉴定儿童是否存在听力障碍及其障碍的程度,还需进行原因诊断。对于感音性、传导性和混合性听力障碍要进行具体说明,以便采取进一步的医学干预。

2. 听觉功能评估是一项系统工程,其结果是否准确可靠直接影响听觉功能训练方案的制订,影响被评者及其家人对康复的信心,所以要注意所收集评估资料的准确性和全面性,同时也要考虑其动态性,全程监控训练过程,及时调整训练方案。在评估过程中,评估者首先要遵守评估操作规程。另外,由于评估内容比较枯燥,需要被评者较高的配合度,因此评估者应尽可能使被评者情绪保持较为良好的状态。

3. 需采用多方法、多手段进行评估,尽可能考虑多种影响因素,把相对评估和绝对评估结合起来。另外,还要注意收集各方面的资料,尽可能对儿童的智力、语言能力等进行综合评估,保证评估结果的科学性和全面性,以便采取综合的语言干预措施。

第三节 听力障碍儿童早期干预内容和方法

儿童经过诊断确实存在听力障碍,就应该佩戴适合的助听器或植入人工耳蜗,进行听力补偿或重建,并在此基础上开展有针对性的听觉技能训练,以期最大限度开发其利用残余听力或重建听觉的功能。但是,听力的丧失,直接导致该类儿童言语能力不同程度的发展滞后。也就是说,即使他们听力得到补偿或重建,甚至达到听觉的康复,也不能使之自然地开始正确发音;必须经过充分的言语训练和言语功能的矫治,才可能使听力障碍儿童接近或达到言语语言的正常发展水平。本节主要介绍听力障碍儿童的听觉能力和言语能力两大方面的干预内容及具体的训练方法。

一、听觉能力训练

听觉能力训练首先是利用听障儿童的残存听力,使之听到各种声音,其次是听懂这些声音。

1. 听觉能力训练的内容

听觉能力训练就是让孩子听懂世界上的声音,因此生活中能够听到的各种声音均可作为听觉能力训练的内容。这些声音大致可划分为噪音、乐器音和语音。

（1）噪音

语音和乐器音之外的声音都归为这一类。大致包括：自然界的声音，如风声、雨声、雷声等；交通工具发出的声音，如汽车喇叭声、轮船的马达声等；动物发出的声音，如鸟叫、狗叫声等；各种武器发出的声音，如爆炸声等等。

（2）乐器声

由各种乐器独奏发出的声音及其组合音，大致包括：各种乐器独奏发出的声音，如小提琴、二胡等发出的声音和曲子；几种乐器同时合奏出的声音，如交响曲、合奏曲等等。

（3）语音

语音内容丰富，包括声母、韵母音、声调、各种音节、词汇与句子等。

2. 听觉能力训练的方法

（1）训练工具

听觉能力训练的工具多样，主要有以下几种：录音机、放音机、磁带、电视机、录放像机、VCD 机、电影、计算机、实物、模型、玩具等。

以上听觉能力训练的用具也可作为言语能力训练的用具和内容。例如让儿童分辨钢琴发出的声音的同时，也可让儿童学习"钢琴"的语音以及对发出钢琴声音物品的命名。在实际训练中往往综合使用这些物品进行听觉能力和言语能力训练。

（2）训练时间

在听力障碍儿童语言训练的机构中，每天训练时间应不少于 2.5 小时，以 15 分钟为训练的基本单元。值得注意的是，刚开始进行听能训练时一般更侧重听能力的训练，但随着训练的深入开展，应该把听的训练和说的训练结合起来进行。这时，每次训练的时间可以 30 分钟为基本单位，当天训练的总时间可以适当延长。当然，具体的时间安排要根据儿童的年龄、注意力集中时间的长短、兴趣等具体情况而定。

（3）训练方法

声物配对法：这是最基本的听能训练方法。训练时把发声的物体和它们的声音同时呈现给儿童，帮助其建立条件反射。

辨声法：辨声法实际上是前一方法的逆向使用，即在听到某种声音之后让儿童辨别是什么物体发出这种声音。它实际上是一种记忆、理解的检验方法。

听动协调法：听动协调法是一种巩固声物配对效果的方法。让孩子听到有关的声音时，说出相应的物品名称或作出相应的动作反应。如听到狗叫时模仿狗叫、听到乐曲声就合着节拍跳舞等。

二、言语能力训练

言语能力训练，也可以称作说话训练。主要训练听力障碍儿童理解和运用语言的能力，尤其是听懂言语并开口说话的能力。

1. 言语能力训练的内容

言语能力训练主要涵盖三个方面的内容，包括听话能力训练（主要针对存在残余听力的听障儿童）、看话能力训练和说话能力训练。

（1）听话训练。这其实是一种听觉能力训练，要求听力障碍儿童存在一定的残余听力。听话训练的内容包括各种音素、音节，但更重要的是日常生活用语，主要涉及到词汇、句子、声调、语气等方面。开始训练时主要是听懂有关词汇和句子，之后再体会语气。

（2）看话训练。以唇读训练为主，通过训练听障儿童观察别人说话时的口型，结合说话者的面部表情、手势等，理解说话者语意的一种训练。

（3）说话训练。就是教儿童如何说话，包括怎样用气、怎样发音、怎样说出流利的合乎语法的句子等。说话训练主要包括以下几方面的内容：

① 呼吸训练。要说好话必须有效地控制呼吸。包括吸气训练和呼气训练。呼气又可分为鼻呼气、口呼气、鼻口同时呼气。

② 口腔开合、舌头动作训练。

③ 五腔共鸣训练。主要训练各发音器官协调统一。

④ 发音训练。汉语普通话的语音主要包括声母、韵母、声调三个要素。

⑤ 词汇、句子训练。具体训练各种生活中常用的词汇和句子。

2. 言语能力训练的方法

言语能力训练的方法很多，主要有以下几种：

（1）音物结合法。是把某种事物呈现在儿童面前，让儿童通过看、摸等手段，在充分感知物品的基础上，告诉儿童这一物品的读音，让儿童模仿口形进行发音。

（2）音图结合法。就是把不易得到的实物用图形、图片等代替训练。

（3）词汇卡片法。在儿童有相当的生活经验后，可以把需要训练的词汇制成卡片，以卡片为第一信号物，教儿童发音。

（4）句子卡片法。把要学说的句子制作为卡片，教儿童发音。

以上只是一些最基本的方法。需要强调的是，言语能力训练应该和听觉能力训练结合起来，并且采用多种训练的方法来进行。

三、训练注意事项

首先要明确，我们所训练的是儿童听觉能力，即听到声音和听懂声音的能力。

对于以前从没有听觉经验的儿童来说,主要是培养和建立对声音的听觉;对于有一定听觉经验的儿童来讲,主要是唤醒和重建听觉。在佩戴助听器或植入人工耳蜗的情况下,通过有目的、有计划的听觉功能训练,可以帮助听力障碍儿童最大限度地开发、利用自己的残余听力或重建听觉系统,养成良好的聆听习惯,培养听力障碍儿童感受、辨别、记忆和理解声音的能力,为获得有声语言打下坚实的基础。

1. 早期干预愈早愈好

早发现、早诊断、早佩戴助听器,早进行训练,是听力障碍幼儿康复必须遵循的首要原则。教育心理学和发展心理学的许多研究表明,语言发展的敏感期是2—5岁。如果在敏感期之前或在敏感期之中进行训练,便能事半功倍,但如果错过了敏感期再进行训练,常常是事倍功半。

2. 方式灵活多样

听觉训练和言语训练活动可采用专门的训练方式和渗透性训练方式进行。专门的训练是在一天当中安排专门的时间,采取一对一或者小组的方式,根据一定的训练计划和内容进行的训练。渗透性的训练是渗透在日常生活当中的练习,是与其他的活动相结合的训练。最好的训练方案是包含有这两种方式在内的训练活动,将专门的训练与日常活动的练习相结合能够更快地提高听力障碍儿童听觉和言语能力。如果儿童的年龄很小,则要更多地采用非正式的训练方式进行训练。

3. 创设良好环境

听觉、言语能力训练的最终目的是让聋儿获得言语交往的能力。要充分利用家庭生活、外出游玩、收音机、电视等各种机会和手段为儿童提供一个听觉能力训练的环境,动员家庭成员多和孩子讲话。让孩子与听健儿童多交流,绝对不能因孩子听力问题而将其隔离起来,从而影响孩子其他方面的正常发展。

4. 重视家长和同伴的作用

父母是儿童的第一任教师,家庭是儿童最早的也是最自然的有声语言环境和语言习得场所。听力障碍儿童康复的成败,在很大程度上取决于家庭康复的好坏。即使在聋儿进入了康复机构乃至基本康复进入普通学校之后,聋儿家庭康复仍然起着十分重要的作用。特殊儿童的家长应该端正态度,给孩子创设良好的语言环境,尽早对孩子进行干预训练,充分发挥家庭康复的作用,帮助孩子更快更好地回归主流社会。需要注意的是,同伴交往有利于儿童社会价值的获得、社会能力的培养以及认知和健康人格的发展,可以满足儿童归属和爱的需要。因此,我们在干预过程中应坚持让听力障碍儿童通过各种途径,增加与同伴交往的机会,促进其社会性和人格的健康发展。

第四节　听力障碍儿童早期干预案例

"丑小鸭"的转变记

——听力障碍儿童的语言训练

不会说话的"丑小鸭"

八岁的小梦是某市聋校一年级学生,性格活泼开朗,能基本用口语配合手势与同学和父母顺利交流,深受同学和老师的喜爱。可就是这个小女孩,五岁的时候还既不会叫"爸爸"、"妈妈",也不会说话,甚至连听音都不会。爸爸妈妈把小梦送入了某聋校幼儿园接受学前教育。入园后,幼儿园的老师对小梦进行了多次家访,详细了解小梦的状况。原来,小梦的爸爸妈妈都是听力障碍者,小梦出生后一直与爸爸妈妈住在一起。在小梦3岁的时候,父母带小梦到医院进行检查,经某医院听力检查确诊为先天性耳聋。于是,父母为其佩戴了耳背式助听器。由于父母亲都是聋人,且文化层次较低,对于女儿的语言教育就听之任之,导致虽然佩戴了助听器,但是已经5岁的小梦还是不会听音,不会说话。

来园后,老师给小梦做的第一件事就是进行测听。由于她不会听音,对于任何声音刺激均无反应,因而当时无法测出其听觉功能。小梦性格内向孤僻,不愿和老师及小朋友交流,但一般生活能自理。与老师和同伴交往时,也会使用简单的手语或形态语言表达她的意图。

制定计划,坚持训练

为了对小梦进行有效的听力语言康复训练,老师首先对小梦进行了医学、心理学和语言学方面的评估。医学评估方面,纯音听力检查结果显示,小梦为神经性耳聋,右耳85分贝,左耳95分贝。佩戴助听器后,经检测助听效果为合适。心理学评估方面,小梦韦克斯勒儿童智力测验得分为98,基本达到其所在年龄组的中等发展水平,这为其有效的早期干预训练创造了良好的条件。语言学评估方面,小梦不会有意识地听音,对声音没有反应,更不会说话,生活中主要通过"咿咿呀呀"等模糊的声音并配合手势和别人交流。

在全方位了解了小梦的情况后,老师认为小梦的最大问题是她的生活环境中缺少口语信息,在长辈或同龄人中无人能引导她学说话。与父母交流的方式皆是手语,致使她被引导有意识地听声音、学语言的机会和练习语言的容量与同类儿童相比要少得多。这无疑为她的康复道路增加了许多难度。针对小梦的状况,老师为小梦制订了个别化教育计划。

在个别化教育计划中,老师给小梦设定了学前阶段总的干预目标,就是加强听说训练,提高听能,学会用语言交流,争取全面康复,早日回归主流社会。为了更好地实现这个总的干预目标,老师把此目标分解为七个小目标:第一阶段目标是建立老师和小梦间的依恋关系,让小梦逐步适应幼儿园的生活,爱上幼儿园。第二阶段目标是学会听音和辨音。形成佩戴助听器的习惯,学会感知声音的存在,并对声音作出反应,能寻找与判断声音的方向。在游戏中,训练唇、舌、齿与气息等的活动,为其开口说话做准备。学会发单音词和简单的双音词。学会听、模仿、理解、表达学过的单音词和双音词。第三阶段目标是学会说双音节词和三音节词。继续聆听自然声响,学会辨听6—8种日常生活中的声响,辨别六个单韵母 a o e i u ü,学会说双音节词和三音节词,对所学的语言尽可能做到会听、会模仿、能理解、会表达,并逐步尝试和同伴、老师进行简单的对话。第四阶段目标是学会汉语拼音和动宾词组。继续聆听声响的同时,学习汉语拼音,学习声母、韵母的发音与识别,能发音,会指认事物。在理解、表达 100 个词语的基础上,学习动宾词组,并逐步过渡到句子的学习。第五阶段目标是学说简单句。继续练习聆听、辨别自然声响,在学会复述 200 个左右的词语或词组的基础上,学习用人名或事物名称与词组相拼组成句子。第六阶段目标是模仿学习 3—7 个字组成的长句。进一步学习声母、韵母的发音与识别,能模仿句长为 3—7 个字的句子若干,理解"做什么"、"什么"、"怎么样"等疑问词,词汇量扩大到 300 个左右。第七阶段目标是学会运用所学的语言技能叙述简单的事情。有意识聆听自然声响,并能作出正确的反应,能掌握声、韵母的发音与识别,将词汇量扩大到 700 个左右,并学会运用所学的词语、词组、句子来叙述所看到的、听到的或想到的简单的事物。

在详细制定干预计划之后,老师严格按照干预计划,对小梦进行听力语言康复训练。

第一阶段,建立老师和小梦间的依恋关系。针对小梦刚入园,对妈妈十分依恋,不太适应幼儿园的生活的问题,老师确定第一阶段的目标就是和小梦建立依恋关系。通过游戏"快乐的幼儿园",辅导老师带着小梦参观幼儿园,并进入一个固定的中班,让哥哥姐姐带着小梦一起活动。只要小梦肯放开妈妈的手独自玩耍,老师就允许她多玩一会儿她最喜欢的幼儿园里"会唱歌"的小汽车。辅导时,允许小梦坐在离母亲不远处。因为是个别辅导,老师经常让小梦坐在自己腿上,把小梦抱在怀里。1 个月后,小梦喜欢上了幼儿园,和辅导老师间也建立了亲密的依恋关系。

在建立良好师幼关系之后,老师按照第二阶段的目标,开始让小梦学习听音和辨音。小梦刚接受辅导时,对声音基本上没有认识,不能有意识的听音,又因刚开始佩戴助听器,一时很难适应。于是,辅导老师采用色彩鲜艳的口哨、喇叭、小锣等吸引她的注意,引导其对声音进行感知,并逐步适应佩戴助听器。同时,辅导老师利用幼儿园的电脑和启音博士软件,让小梦学习分辨不同的声音,并看着老师的口型,尝试发音。启音博士在小梦分辨出正确的声音后,会发出响亮的鼓掌声并伴有"对了对了"的口头奖励,小梦非常喜欢,百玩不厌。

在练习听辨音的同时,辅导老师开始对小梦进行呼吸器官和构音器官的锻炼,为下个阶段的发音做准备。小梦刚开始不能控制和协调自己的言语呼吸,说话时不能控制气流,停顿和换气的问题很突出。辅导老师采用游戏的形式,如:闻花、吹蜡烛等,让小梦学习缓慢地呼气。针对小梦不能灵活地运用自己的唇、齿、舌,构音器官比较僵硬的问题,辅导老师专门为小梦编排了一套口舌操,每天练习,帮助小梦练习控制自己的构音器官。

经过5个月的训练,小梦基本上能分辨生活中常见的声音,如小动物的叫声、对自己名字的呼唤声、老师的指令声等,基本上可以发出"爸爸妈妈"的声音,但不是很清楚。

第三阶段和第四阶段:发音训练,开始学习学说双音节词和三音节词,逐渐掌握汉语拼音和动宾词组。通过前一阶段的学习和平时日常生活的积累,小梦大概可以说出10个左右的单词,但很模糊。除非老师一定要让她用语言表达自己的要求,否则她就用动作比划。生活中经常出现的词语,她基本都能理解。辅导老师根据语言发展规律,为小梦设计了词汇、短语、句子到成段理解语言的语言学习顺序。词汇是语言的基础,辅导老师遵循聋儿掌握词汇的规律,先学习名词,然后再学习动词和形容词等,以名词为主,选择易于发音、使用频率高的词和小梦感兴趣的词,如:花、妈妈、娃娃、书包、小狗和苹果等,通过直观形象的教具,结合实物,帮助小梦掌握。例如在学习"苹果"一词时,辅导老师事先带来了几只苹果,先让小梦观察苹果的形状,又让她拿在手里感受苹果的软硬,放在鼻子下面闻苹果的香气,最后和老师一起吃苹果,品尝苹果的味道,最终掌握"苹果"一词。在掌握了一定数量的双音节词后,辅导老师开始从双音节词扩展到三音节词,并把单词的学习扩展到短语的学习,通过游戏活动或创设生活场景进行有步骤地学习。例如,在每天小梦来到幼儿园时,辅导老师都会向小梦问好"梦梦好",让小梦回应"老师好"。刚开始,小梦不理解问好的意义,只会鹦鹉学舌般地回答"梦梦好",老师就不厌其烦地跟小梦解释问好的意义。通过1个星期这样每天早上的问答,小梦终于理解了问好的意义,可以清楚地回答"老师好"。在学习短语的过程中,小梦只能在短时间内跟着模仿,今天学会的明天就忘记了。经过3个月的学习,小梦能说出"老师好"、"吃苹果"等短语和"我，小便"等句子的关键词，说不出完整的句子。理解句子方面，只能理解陈述句，不理解疑问句。

第五阶段：在这个阶段中，听自然声响与词语的学习仍然作为常规训练的内容，小梦对学习方法的领悟更进了一步，因而都能轻松学习，进展较快。老师重点让她学习说出完整的简短句子，教她结合幼儿园的生活实际用句式，"谁做什么"、"什么怎么样"，来练习叙述发生在她身边的事，从而提高其说句的能力。如："我吃饭"、"老师弹琴"、"小朋友玩"、"我们吃点心"等等。在这一阶段小梦说句能力逐步提高，但也免不了会出现聋人常见的语句颠倒和漏词的现象。老师通过让她边演示边说来解决这些问题，并让她在理解的基础上，快速朗读，熟记句子。引导她在每天幼儿园的日常生活中结合生活实际练习讲话，使之逐步内化为她自身的语言。

第六阶段：这一阶段小梦的词汇量扩大较快，说句的能力较强。对老师所教过的句子能较为熟练的进行模仿，但比较刻板。而且，由于模仿句子需要小梦一字不漏地说出来，这对她而言比较困难，句子稍做变换就无法理解。在整个过程中，老师不断鼓励她，给她成功的希望，由浅入深地训练她的模仿能力。通过无数次的训练，她顺利学会了3—7个字节的简单句的模仿。说句的能力比以前明显提高。在老师的鼓励下，她还时常向老师主动发问，对学习语言表现出极大的兴趣。

第七阶段：这个阶段的主要目标在于使小梦前些阶段所学的语言内化为自己的语言，为此老师让她在超市、医院、娃娃家、商场等模拟的社会情景中进行学习，让她在欢快自然的气氛中根据自己的需要主动说话，与同伴交流。在这样的活动中她的语言内化过程得到升华。这时候的她更喜欢学习语言，更想表达，喜欢说一些和同伴们不一样的句子，但有时候也会因此说出病句。辅导老师一旦发现便及时加以纠正。小梦在这一阶段的进步较快，在实际生活中，开始初步学会使用语言进行交流。

在听力障碍的干预过程中，老师一直注重发展小梦的社会性。由于语言发展迟缓，小梦刚来幼儿园时胆怯、退缩，同时还非常自我中心，在幼儿园里，只要看到自己喜欢的玩具就抱在怀里，不准别的小朋友碰，否则就"哇哇"大叫，社交技能贫乏，方法简单。因为同伴交往能够帮助聋儿很好地学习社交技能和策略，促进社会行为向友好、积极的方向发展，同时同伴交往也是聋儿主动运用语言的良好途径，所以辅导老师在对小梦进行语言康复训练的同时，非常重视小梦与同伴的交往。每天早上，辅导老师都让小梦进入1个固定的中班，和中班的大哥哥大姐姐一起吃早点，一起进行早间自由活动。辅导老师有事找其他小朋友时，也让小梦作为小使者去请这些小朋友。一年之后，小梦的社会交往能力有了很大提高，学过的语言可以经常在同伴交往中运用，得以巩固。由于有了自己的社交圈，小梦也更爱到幼儿园接受干预训练了。

"丑小鸭"变成了"小精灵"

经过近三年的早期干预训练,小梦从一个只会"咿咿呀呀"发音、退缩孤僻的"丑小鸭"蜕变成现在开朗、可爱、能较顺利进行日常交往的"小精灵"。小梦不仅爱上了辅导老师,更爱上了幼儿园,性格变得开朗、活泼,可以自如的在幼儿园班级中活动,非常喜欢做辅导老师的小助手,帮助老师进行班级的日常管理。她掌握了几百个单词,基本上可以用语言表达自己的意愿和要求,会说一些简单的句子,发音清晰。能理解陈述句和简单的疑问句,但对复杂疑问句和反问句理解较为困难。学习句子遗忘的速度较快,巩固起来比较费力。

在上小学之前,小梦参加了某市的听力语言康复考试,取得了听力二级康复,语言三级康复。通过《儿童适应行为评定量表》的检测,结果显示小梦 ADQ 为 89,其适应行为等级也达到了正常儿童的发展水平。词汇理解测验——皮勃迪图片词汇测验(PPVT-R)的得分为 106,词汇理解 IQ 为 95,处于同龄正常儿童的中等水平。

反　　思

经过早期干预训练,小梦从一个只会"咿咿呀呀"发音、退缩孤僻的"丑小鸭"蜕变成现在开朗、可爱、能较顺利进行日常交往的"小精灵",她的早期干预经验给实践工作带来了不少启示。

1. 早期干预要充分利用游戏的价值

作为儿童时代嬉戏的行为,游戏是幼儿时期主导性的特殊学习方式,是一种符合幼儿身心发展要求的、快乐而自主的实践活动。游戏的动力是幼儿的直接兴趣,而直接兴趣引起的活动又会引起幼儿愉快的情绪体验。和其他听力障碍的幼儿一样,小梦注意的主要特点是无意注意占优势,只有那些她感兴趣的事物,才能引起她的注意。而且由于听力障碍儿童有意注意的稳定性差,时刻需要有丰富多彩的活动来维持注意,所以,对小梦的干预训练,我们一直以游戏活动为主。实践证明,游戏干预收到了良好效果。

2. 早期干预要重视同伴交往的作用

小梦由于听力障碍和语言发展迟缓,社会交往方面的发展比正常儿童迟缓,主要表现为伙伴范围狭窄、社会交往欠缺、社会常识贫乏、社会适应性差等。同伴交往有利于儿童社会价值的获得、社会能力的培养以及认知和健康人格的发展,可以满足儿童归属和爱的需要,因此我们在干预过程中坚持让小梦进入一个固定的班级和其他小朋友一起活动,利用吃点心等活动让小梦和小伙伴能有更多交往的机会,促进小梦社会性和人格的发展。

同时,我们也一直利用同伴间的角色游戏等活动激发小梦学习语言的兴趣。这样做不仅使语言学习更加生动活泼,其他小伙伴应用的言语更为小梦提供了语言模仿的榜样。在干预的过程中,我们一直教育听健小朋友,不能歧视小梦,要主动亲近她,和她一起游戏,帮助小梦正确发音,所有这一切为小梦语言康复创设了良好的语言环境。

3. 早期干预要充分发挥家长的作用

影响听力障碍儿童语言训练的因素很多,诸如听力障碍儿童本身的状况,语训的方法,家长的作用,助听器的质量和配戴的时间等等,而其中最重要的是家长的作用。小梦的妈妈在女儿确诊为听力障碍后,虽然为小梦配置了助听器,但并没有及时采取听力训练和言语训练,为小梦后期的干预训练制造了不少困难。所以,听力障碍儿童的早期干预发挥家长的作用是十分重要的。

思考题

1. 如何理解听力障碍?
2. 听力障碍儿童的临床表现有哪些?
3. 听力障碍儿童的评估要注意哪些问题?
4. 听力障碍儿童早期干预主要包括哪些方面?
5. 请选择一个听障儿童案例,并根据其实际情况制定早期干预方案。

第九章　视力障碍儿童早期干预

随着社会经济文化的发展和对特殊教育事业的投入,我国的防盲治盲工作取得了一定的成果,但也面临着新的挑战。本章分别从视力障碍儿童的概述、评估、干预方法及案例呈现来详细介绍视力障碍儿童的早期干预,重点涉及视障儿童的概念界定、流行率、心理及行为特征、成因分析,诊断标准、评估方法及评估过程中的注意事项,基本能力训练、定向行走训练、残余视力训练及生活技能等方面的早期干预方法。最后,本章通过一个完整的学龄前视障儿童个案来具体呈现此类儿童早期干预的实践应用。

第一节　视力障碍儿童概述

一、概念界定

视力障碍,也称之为视力残疾,是指个体由于自身的视力损伤问题,而使其正常生活受到影响。

根据世界卫生组织(WHO)的定义,视力障碍是指各种原因所致的双眼视力损伤,难以从事正常人能从事的工作、学习或其他活动。世界卫生组织制定的视力残疾标准,把视力障碍分为低视力与盲两类,共五个等级。

表 9 - 1　国际视力残疾标准划分

类　别	级　别	最佳矫正视力
低视力	1	<0.3—0.1　≥0.05—0.1
	2	<0.1—0.05　<0.3
盲	3	<0.05—0.02;或视野<10 度
	4	<0.02—光感;或视野<5 度
	5	无光感

在 2006 年第二次全国残疾人抽样调查中,"视力残疾"是指由于各种原因导致双眼视力低下并且不能矫正或视野缩小,通过各种药物、手术及其他疗法而不能恢复视功能者(或暂时不能通过上述疗法恢复视功能者),以致影响日常生活和社会参与,不能进行一般人所能从事的工作、学习或其他活动。且将有关视野的规定修订为:以注视点为中心,视野半径<10 度者,不论其视力如何均属于盲;当视力、视野均有残疾时,则以视力定残疾,分级标准详见表 9 - 2。

表 9 - 2　第二次全国残疾人抽样调查视力残疾分级标准(2006)

类　别	级　别	最佳矫正视力
盲	一级	无光感—<0.02;或视野半径<5 度
	二级	0.02—<0.05;或视野半径<10 度
低视力	三级	0.05—<0.1
	四级	0.1—<0.3

在第二次全国残疾人抽样调查中,还有如下说明:(1)盲和低视力均指双眼而言,若双眼视力不同,则以视力较好的一眼为准,若仅有单眼为盲或低视力,而另一眼的视力达到或优于 0.3 则不属于视力残疾范畴。(2)最佳矫正视力是指以适当镜片矫正所能达到的最好视力或针孔视力。(3)以注视点为中心,视野半径<10 度者,不论其视力如何均属于盲。

二、流行率

由于各国各地区的卫生条件、医疗设备有一定差距,对视力残疾流行率的记录存在比较大的差异。主要表现为经济和卫生条件好的教育发达国家,其视力残疾流行率较低(0.15%—0.25%),而经济生活水平相对落后的国家,视力残疾流行率则较高(1.0%—1.5%)。差距之大,反映了各国经济水平对视力障碍早期干预及教育康复水平的不同影响。

2004—2006年间,世界卫生组织联合65个国家开展了流行病学调查,收集了有关视力障碍的数据信息。结果显示:在世界范围内约有3.14亿人在存有视力损害的情况下生活[1]。

根据2001年对全国0—6岁儿童进行的低视力和盲的抽样调查,儿童视力障碍的流行率为0.33‰,低视力流行率为0.93‰。据此推算,我国0—6岁儿童视力残疾总流行率为1.1‰,其中盲的流行率接近世界发达国家水平[2]。

近年来,我国各省市地区也曾开展过视力残疾流行率的普查与分析。由于各地区卫生医疗、经济生活和特殊教育发展水平的差异,地区视力残疾的流行率差异较大。

在低视力方面,焦胜敏(2007)研究发现,视力低下率为14.10%,其中,3岁的视力低下率32.72%,4岁14.10%,5岁12.93%。视力低下随年龄增长而明显降低,而3岁是视力发育的关键期[3]。

三、临床特征

美国教育家托马斯(Thomas)曾指出,视觉是个体感官中信号最为丰富和多样化的渠道,视觉的剥夺在个体成长的过程中影响着个体对世界的认识和建构,并改变和重组着一个人的心理世界。我们可以从个体和障碍这两个维度分析视障儿童。在个体维度,他们和正常同龄儿童一样,会遇到普遍的发展性问题,诸如自我认同危机等;而在障碍维度,由视力缺损带来的影响,会贯穿于视障儿童的认知、情绪情感、行为及其社会化发展的全过程中。贯穿视障儿童发展的视角,下面将从六大方面阐述视障儿童的心理行为特点。

1. 认知发展滞后

在感知觉方面,法国学者海特维尔(Hatwell)的研究发现,盲童对空间关系的认知迟钝,较正常儿童有显著差异[4]。在触觉方面,捷姆佐娃的研究发现,视障个体单纯依靠触摸对物体进行再认的成绩远低于明眼儿童。但随着后天的训练和认知水平的发展,触觉功能的感受性和准确性不断提高,并将直接影响盲童对概念的

---

① 世界卫生组织执行委员会. 预防可避免的盲症和视力损害. 一二四届会议临时议程项目. http://apps. who. int/gb/ebwha/pdf_files/EB124/B124_7 - ch. pdf,2008 - 12 - 11.

② 傅培,杨柳,薄绍晔等. 全国0—6岁儿童视力残疾抽样调查[J]. 中华医学杂志,2004,84(18):1545—1549.

③ 焦胜敏. 廊坊市区2276名学龄前儿童弱视流行病学调查分析[J]. 中国医药指南,2009,7(4):116—118.

④ 贺荟中,方俊明. 视障儿童的认知特点与教育对策[J]. 中国特殊教育,2003,(2):41—44.

形成和思维的发展①。有研究者提出,动觉编码和表象编码能力的加强,使触觉在视障个体的认知过程中承担的作用日益加强②。盲童在听觉方面的发展与触觉相似。由于视觉的缺损,触觉和听觉能力成为盲童认识世界的主要方式,这使他们比明目儿童更多的关注触觉和听觉信号。长期依赖听觉渠道获取信息,使他们能更好的用听觉进行空间定向,在纷杂的环境背景上选择性注意等。在记忆方面,视觉的剥夺使视障儿童的视觉表象形成困难,在后天的发育和学习中,视障儿童的记忆以机械记忆为主,但拥有较强的听力记忆③。在思维方面,由于直观经验的不足,尤其缺乏来自视觉通道的信息,这极大地阻碍视障儿童抽象思维的发展,表现为概念形成困难,对物体抽象属性的认知能力差。而在智力方面,视障儿童不一定低于同龄明目儿童,其智力发展水平与受教育年龄关系密切。此外,家庭对教育的关注程度也在很大程度上影响着视障儿童的智力发展。

2. 情绪困扰

视障儿童的情绪困扰表现为情感丰富而倾向于消极,容易激动,敏感而自尊心强,有时表现出缺乏安全感,自卑而孤独,无力无助,自我封闭,有时又表现为多愁善感。视觉缺陷对生活学习需要的影响、对视力损伤的不当认识和有限的情绪调节能力,使视障儿童常常出现情绪困扰。

有研究者提到,刚入园的视障学生往往胆小自卑,害怕陌生环境和与人交往;有的自我封闭,发愣或重复刻板性动作;个别年龄稍大一些的儿童甚至有自我厌弃,悲观绝望等心理④。最近的几项研究也表明:视障影响盲生的情绪,使得他们的情绪更外露。情绪的不稳定,也使他们常常有挫折和孤独感,焦虑和恐惧比明眼学生多⑤。

3. 行为偏差

在学龄前盲童身上,有一种常见的行为表现,即盲态。它是盲童失明后惧怕感特别严重而进行自我保护的自然反应。据调查,35%以上盲童存在不同程度的盲态。盲态会加重盲童的自卑感,并影响其小脑的正常发育和身体的健康成长。有研究指出,盲态越严重,其活动能力越差、反应越迟钝、体质越虚弱、智力越低下,早期训练可以防止盲态的产生与恶化。盲态往往难以为常人所理解,并带来一些误解,这些不接纳的信息反过来也会给视障儿童带来消极体验。

① 方俊明. 特殊教育学[M]. 北京:人民教育出版社,2005:130.
② 赵斌,冯维. 精加工策略训练对盲生理解记忆影响的实验研究[J]. 中国特殊教育,2001,(4):46—49.
③ 朴永馨. 缺陷儿童心理学[M]. 北京:科学出版社,1987:27—28.
④ 罗慧珍. 试论视障幼儿的社会交往能力的培养[J]. 现代特殊教育,2001,(9):34—36.
⑤ 袁东. 视障儿童个别矫正与康复[M]. 北京:中国盲文出版社,2005:167—168.

进入学校环境的视障学生,更多地表现出下列行为问题。例如:任性、固执、不遵守课堂纪律、不听老师的话、欺负同学等。在课堂或活动中受挫后,他们可能情绪起伏大,并迁怒于他人,出现攻击性或者破坏性的行为①。

4. 人际交往不良

视障儿童情绪人格、情绪和行为特征,常使明目儿童感到疑惑和不解。视障儿童也总是倾向于选择有同样障碍的儿童交往,而很少接触明目儿童。在融合教育的实践与研究中,这方面的困难和挑战尤为明显。

若没有得到良好的引导和帮助,学前视障儿童的这些表现会一直延续到青春期乃至成人期。一项针对青春期视障青少年的研究发现,视障青少年学生的社会交往困境是源于对未知事物和他人评价的恐惧,因而他们倾向与更具包容力的成人交流,而相对畏惧与同龄人的来往②。而明目儿童在面对视障儿童时,同样也表现出心理隔阂③。

5. 学习动机失调

视障儿童在进入学龄阶段之后,学习动机有较大的差异。其中部分动机过强,并为此承受着巨大的心理压力,长期处于焦虑状态,造成恶性循环;而另一些则缺乏内在动力,学习动机不明确,表现出诸如盲从、浮躁、偏科等问题,有的甚至出现厌学情绪④。学习动机的失调,不仅给视障儿童的学习生活带来压力,而且会引发不良情绪。在学习动机失调的背后,还折射出视障儿童自尊和效能感的不良状态。

四、成因分析

1. 遗传因素

先天性及遗传性眼病是致视力残疾的主要原因之一,更是儿童视力障碍的第一病因⑤。王雨生等人(2006)的研究显示,先天和遗传因素为盲校学生致盲致残的主要原因(占90.91%)。其中视网膜色素变性、先天性青光眼和先天性白内障是主要病因,占先天因素的70%。可避免性盲占48.48%,其中可预防者占9.09%,可治疗性者占39.39%。研究表明,随着经济和社会的发展,营养性和感染性致盲已较少见,而先天和遗传性因素成为主要原因⑥。另一项研究发现,在先

---

① 成雪枫. 盲生受挫心理分析及教育对策[J]. 现代特殊教育,2004,(10):28.
② [英]丽莎. 埃文斯. 对三个视障学生社交心态的调查与分析[J]. 内蒙古教育,2008,(9):43—44.
③ 王晓红等. 青岛市盲校学生心理卫生状况调查[J]. 齐鲁医学杂志,1997,(1):28—29.
④ 路荣喜. 视障学生社会适应能力的培养与评估[M]. 北京:中国文史出版社,2004:198—199.
⑤ 郑远远,孙葆忱,崔彤彤. 视力残疾儿童的视觉康复与教育康复[J]. 眼科,1997,(6):173.
⑥ 王雨生等. 陕西省盲校盲童致盲原因调查分析[J]. 国际眼科杂志,2006,6(1):219—221.

天遗传性因素中的三大病因分别为：先天性小角膜小眼球（21.1%），先天性白内障/术后无晶状体（18.8%）和先天性眼球震颤（8.3%）。

2. 妊娠期的影响

母亲在孕期的营养摄入的平衡，对胎儿视觉神经的发育有着重要的作用。其中，维生素 A 直接影响视网膜视杆细胞感光及视觉传导，而锌则作用于维持正常的视力发育。因此，缺乏维生素 A 和锌元素的母亲，会造成婴幼儿的视力发展障碍。

另一方面，母亲在妊娠中的药物中毒、患病，产程中的困难都可能造成先天性眼病。如：母亲甲状腺机能低下，可能导致胎儿小眼球、眼球震颤等。此外，母亲在妊娠期头三个月中受风疹病毒感染，则可能导致胎儿白内障、小眼球等。

3. 新生儿期的影响

国外研究报道，儿童视力障碍发生率超过 10%，而在高危儿中视力异常发生率更高达 20%—30%[①]。

新生儿时期的高危因素与脑性瘫痪视力障碍有密切关系，特别早产、低出生体质量和高浓度吸氧可致视网膜病变，临床上可造成视网变性、脱离，并发白内障、继发青光眼、斜视、弱视，严重者可致盲[②]。其中视网膜病与氧疗有密切关系，引发CP 患儿发生斜视、弱视等视力损害；早产或低体重新生儿，则会引起视网膜异常血管化（包括视网膜和玻璃体）、细胞成熟异常分化等问题，进而造成视力损伤。另有调查指出，"剖宫产"儿童视力的功能异常发生率高于顺产儿。

此外，小儿多发性硬化（MS）也是儿童视力障碍的多发诱因之一。多发性硬化（MS）是一种中枢神经系统广泛的脱髓鞘疾病。会引发发作性视神经、脑和脊髓的功能障碍，且病程会出现多次复发与缓解反复交替。其中，视力障碍是 MS 常常伴随的功能异常。

4. 后天因素

后天因素包括用眼习惯、生活环境等多方面因素。不良的用眼卫生习惯、过度用眼、不当的用眼姿势、营养不均衡、感染性因素等，都有可能造成视力发育不良，严重时造成视力损伤，构成视力障碍。例如，对于不喜欢食用蔬菜的儿童，长期的偏食可能造成体内铬元素、血、钙、维生素不足，进而诱发眼睛发育不良。喜欢户外活动的儿童，由于能够更好地接触有利于视力发展的自然光，对不成熟的视力发育有利。

---

① 王婷雪. 婴儿视觉发育的临床研究[D]. 上海：复旦大学，2008.

② 张庆松，刘京华，王海勇等. 脑性瘫痪病因与视力障碍[J]. 中国临床康复，2003，(19)：2761.

值得注意的是,现在有越来越多的儿童存在营养过剩或甜食摄入过多引起的过度肥胖。而过多的摄入甜食,会消耗大量的碱性物质,使血液渗透压降低,导致晶状体和眼房水的渗透压改变,造成视力下降。过量的高糖成分在体内要消耗大量的维生素 B1 和造成血糖浓度的升高,这些变化会造成体内铬元素的缺乏,引起屈光度的改变,进而出现视力发育不良[1]。

第二节　视力障碍儿童评估

一、诊断标准

1. 初步筛查

对幼儿视力的初步筛查(见下表 9 - 3)可以参考儿童视力发展的一般规律。

表 9 - 3　幼儿视力初步筛查

儿童年龄	正常视力水平
初生婴儿	2—3 米以内物体轮廓
1 个月	能做双眼追随一个光源的同向运动,但持续时间短(数秒钟)
2—3 个月	开始出现注视,双眼能追随人的活动,视力相当于 0.01—0.02
3 个月以后	出现防御反射
4—5 个月	婴儿视力为 0.02—0.05,能看自己的手,试图用手接触物体
5—6 个月	婴儿视力为 0.04—0.08
7—8 个月	已有固视,能长时间看一个方向
一周岁	能识别眼、耳、鼻等器官;视力可达 0.15—0.25
2—3 岁	视力达到 0.5—0.6
3—4 岁	视力达 0.7—0.8
4—5 岁	视力达 0.8—1.0
5—6 岁	正常视力接近 1.0(1.0 视力是标准正常视力)

2. 视力障碍诊断标准

第二次全国残疾人抽样调查中,视力残疾定义较第一次更为科学准确,在定义中引入《国际功能、残疾和健康分类》(ICF)的要素,与国际统一标准接轨。对视力障碍儿童的诊断标准可以参考下表 9 - 4。

---

① 刘黎明.儿童视觉发育的研究现状及检测技术[J].国外医学(妇幼保健分册),2002,13(5):266—267.

表 9 - 4 视力残疾诊断标准(2006)

右眼视功能	左眼视功能	诊断	结果
≥0.3	≥0.3	正常	非视力残疾
≥0.3	≥0.05≤0.3	单眼低视力	
≥0.05≤0.3	≥0.3		
≥0.3	≥0.05 或视野半径<10 度	单眼盲	
≥0.05 或视野半径<10 度	≥0.3		
≥0.05≤0.3	≥0.05≤0.3	双眼低视力	视力残疾
≥0.05≤0.3	≥0.05 或视野半径<10 度		
≥0.05 或视野半径<10 度	≥0.05≤0.3		
≥0.05 或视野半径<10 度	≥0.05 或视野半径<10 度	双眼盲	

二、评估方法

1. 视力检查

（1）顺目反射法

顺目反射法,即遮盖法,适用于初生婴儿(0—12 个月)的视力检查。该方法使用手电筒照射或用玩具逗引婴儿。先检查右眼,再检查左眼,另眼用遮眼板轻轻遮盖。

采用此法时,如果婴幼儿反应正常,即有瞬目反射,或能注视、追随测试目标,则属非盲;如眼睛不能注视、追随目标,或同时有眼部外观异常,则定为盲。

（2）滚球试验法

滚球试验法适用于 1—2 岁(2 岁以下)幼儿视力测查。采用直径约 4.5 cm 白色乒乓球和直径分别为 1.9 cm、0.95 cm、0.32 cm 的 3 个白色小球。标准见下表 9 - 5。

表 9 - 5 判定标准表

球直径	相当于 E 字视力表
4.5 cm（乒乓球）	0.02
1.9 cm（白色小球）	0.05
0.95 cm（白色小球）	0.1
0.32 cm（白色小球）	0.3

例如,如果儿童能看到直径为 0.32 cm 小球,或有注视反映,则可以粗略估计

儿童视力在 0.3 或以上。依此类推，如果儿童能看到乒乓球(4.5 cm)，或有注视反应，则其视力在 0.02 或以上。

若儿童对某一直径的 1.9 cm 小球无注视反映或没有看到，则可估算儿童视为低于 0.1。

(3) 彩珠试验法

彩珠试验法适用于 1—2 岁(2 岁以下)幼儿的视力测查。

测查时，在母亲的手中放上直径 1 mm 的彩色小珠子，距离幼儿 30 cm 左右，用遮眼板分别轻轻遮盖小儿一眼，如幼儿能从母亲手中取出小珠子，则估计其视力在 0.3 以上，视为正常。

当幼儿看不到 1 mm 的珠子时，换用 3 mm 小珠子。如幼儿能取出 3 mm 小珠，则估计其视力在 0.2 以上，视为正常。

但需注意，彩珠试验法属于筛查测试。只能帮助测试者判断幼儿有无视力残疾，但无法对其残障程度进行分级。

(4) PL 检查法

PL 是优先注视法(Preferential Look-in)的简称，根据心理学原理，参照有关国际标准设计而成。利用各种不同宽度的黑白条栅作为刺激源，呈现在婴幼儿面前，引起其注意。根据被检查者的反应或辨认，可以测得视力，一定宽度的条栅可以换算成一定的视力值表，根据设计的换算公式进行计算[①]。

$$\tan 视角 = \frac{条纹宽度}{眼与视标的距离}$$

① 强迫选择优先注视法

Teller 等对 PL 技术进行了改进，改进后的方法称为强迫选择优先注视法(Forced Preferential Looking，简称 FPL)。该法适用于 2.5 岁以下儿童，在测试时，检查距离为 1 米。儿童戴眼罩，分别检查双眼。检测在明室内进行，检测前要注意保证光栅的照明[②]。

② 主动选择观看法

与强迫优先选择观测法相对的，即主动选择观看法(Operant Preferential Looking，简称 OPL)。

主动选择观看法中，在屏幕的左右边各有一个电动动物玩具。在正式测验前，需要对婴儿进行一定的训练。空屏幕和投有光栅的屏幕会随机变换位置，每当婴

---

① 张丽军等. PL 视力的临床应用价值[J]. 实用眼科杂志. 1999,(9):571.
② 同上.

儿注意到光栅屏幕时,光栅一侧的电动玩具便会开动 2—5 秒,以引起婴儿的注意。这种强化训练需要重复 4—20 次不等,直到观察者认为婴儿已经习得光栅和电动玩具的关系,则可以认为可以接受正式测验。

(5) 视觉诱发电位(VEP)

视觉诱发是指由视觉内容刺激下产生的信号,经视网膜和视觉通路传入,从儿童枕区头皮记录到的皮层反应电位。视觉诱发电位有多种类型:按刺激频率的不同,分为瞬现刺激(<2 Hz)和稳态刺激 VEP;按刺激显示方式的不同,分为图形翻转(Pattern Reversal)和图形移位(Pattern Shift) VEP;按刺激内容的不同,视觉诱发电位可被分为棋盘格、其他几何图形或弥散性光刺激三种;目前在临床上常用的是瞬现图形翻转视觉诱发电位(Pattern Reversal Visual Evoked Potential,PVEP)和瞬现闪光刺激视觉诱发电位(Flash Visual Evoked Potential,FVEP)[1]。在测试效力方面,对于眼部视力受损的儿童,不能完成用 PVEP 检查。而对于弱视的发现,FVEP 远不如 PVEP 敏感。

(6) 实物匹配法

针对 2—4 岁儿童的视力测验,可以采用实物匹配的方法。

① 袖珍玩具匹配法

根据幼儿的心理行为特点,针对 2 岁儿童的视力测验。在远视力测验中可采用袖珍玩具识别法;近视力测验可采用直观食物识别法,例如糖粒或药粒。

袖珍玩具匹配法的玩具包括:一定尺寸的小汽车、小刀、小叉、小飞机等。要求儿童看 3 米远处主试手中的玩具。然后从面前桌上的玩具中挑选相同的与之匹配。近视力用直观药粒法,让儿童用手去捕捉 30 厘米处的微小糖粒和药粒。

② 字母匹配法

字母匹配法大约需要 3—5 分钟时间,由两位测试者主持。一位测试者与儿童并排同坐在一处,另一位测试者手持字母活页本于 3 米之外,逐一地呈现字母活页本,让儿童一一取出卡片中相同的字母。字母活页本的高度应与儿童的双眼水平一致。先遮盖左眼,测试右眼,再互换。测试者负责记录儿童不能匹配的字母。

字母匹配视力测试结果的评定结果分 3 类。

异常:即如果受测儿童任意一眼不能匹配字母活页本中标记 T4、V4 或更大的字母,则判定为异常,需尽快转介专业眼科,作进一步检查。

可疑:即如果儿童任意一眼不能匹配字母活页本中的最小字母 H3 和 O3 时,则判定该眼视力可疑,需要在 3 个月后进行复查。复查结果异常,则需转介。

① 刘黎明. 儿童视觉发育的研究现状及检测技术[J]. 国外妇幼保健分册,2002,13(6):266—269.

正常：即如果儿童任意一眼能匹配字母活页本中的所有字母或最小一个字母，则判定儿童该眼视力正常。

此外，斜视儿童无论字母匹配成绩如何，都须转介至眼科检查。

字母匹配法常用于3—4岁儿童的视力测评。在远视测验中，儿童用面前的字母与3米远处主试呈现的相同字母进行匹配。在近视力测验中，让儿童用单个字母与30厘米处的近视力字母表上的字母匹配。

有研究者报告，在4岁以下儿童中，采用玩具匹配法和字母匹配法，取得了比较理想的效度[①]。

（7）儿童图形视力表检查法

针对2—4岁幼儿的认知发展特点，国内外学者开发了多种图形视力表。图形视力表由幼儿熟悉的图形构成，通过让幼儿辨认他们熟悉的图形，来了解幼儿视力发育情况。国外常采用的图形视力表有 Teller 视力表、HOTV 视力表和 LEA-SCREENER 图形视力表等，其中 LEA-SCREENER 图形视力表可作幼儿视力筛查之用。

儿童如能看清表内第10行者为视力正常，用1.0表示。在5米处不能看清表内第1行图形，则缩短距离直至看清为止。如在1米处能看清表内第1行图形，则记为0.02；在2米处能看清表内第1行图表，则记为0.04，以此类推。

在我国第二次残疾人抽样调查的视力检查中，对0—6岁儿童的检测方法是先填写0—6岁儿童健康检查表，筛查阳性者按疑似残疾人进行临床诊断。测验工具包括彩色玩具、白球—黑布、彩色小珠子和儿童图形视力表。对7岁以上儿童的评估，采用标准对数视力表和视野卡片。共用的工具包括：手电筒、遮眼板、点字棒、针孔镜、排镜、手持裂隙灯和直接眼底镜。

2. 视野检查

（1）对照法

儿童与检查者对坐，彼此相距1米，两眼分别检查。检查右眼时，儿童遮盖左眼，检查者闭合右眼，同时嘱儿童注视检查者的左眼，然后检查者伸出手指或视标于检查者与儿童中间，从上下左右各不同方向由外向内移动，直到检查者自己看见手指或视标时即询问被儿童是否也已看见，并嘱咐儿童当他看见视标时，请立即报告，并以此来估计被检查者的视野。

（2）视野卡法

用白色硬纸板卡，标出10度视野范围，儿童与卡片相距1米，要求儿童遮盖一

---

① 张晓丽等.6月—4岁儿童视力筛查量表的应用研究[J].儿童健康护理,1998,(6):50—51.

眼,注视 10 度视野卡中央注视点,询问儿童是否能看到 10 度视野范围。若不能看见则属于盲(指双眼),若能看到则不属于视力残疾人。

在全国残疾人抽样调查中,采用视野卡法。调查中仅对 7 岁以上人群中视力在非视力残疾范围而其视野可疑小于 10 度者进行视野检查。应用视野卡片,双眼分别进行。检查者将视野卡片置于被检者眼前 33 厘米处,嘱其注视视野卡片的中心注视点。双眼均不能看到内环,为视力残疾一级;至少有一眼能看到内环而看不到外环,为视力残疾二级。

3. 功能视力评估

功能视力评估(Functional Vision Assessment)是对在实际环境中能够利用的剩余视力的功能的非正式评估[①]。具体是指:在不同的任务条件下,通过系统的观察评估来了解视障婴幼儿在家庭和非家庭的环境中利用残余视力的能力。它是建立在儿童临床检查的基础上,描述视障儿童对不同任务动机、警觉水平和对比条件下的视觉反应,重点关注视障儿童在利用残余视觉方面的优势学习领域。具体内容包括:收集背景信息,涵盖儿童的发育史、医疗史;筛查视敏度,以确认是否需要进一步的诊断;评价眼动特征;评价视野范围;评价颜色知觉及周围环境的评估等[②]。

功能视力评估不同于常规的视力表测验,该法尝试评估儿童在什么光线下、何种背景中、距离几米处能够看清直径多少厘米的什么颜色的小球。功能视力评估的理论假设:视力残疾儿童的功能视力状况受一系列复杂因素的制约,其中很重要的因素是用眼动机。研究者芭拉哥(Barraga)在 20 世纪 60 年代通过实验证明,视力残疾儿童使用剩余视力的能力会随着儿童用眼动机的提高而提高,并受到视力残疾儿童自身经验的影响。

丹·兰斯切利(Dan Reschly)曾说过:"只有当一个评价的结果能够有助于设计与实施有效的干预方案时,它才是一个好的评价方案。"支持对视障儿童进行功能视力评估的研究者认为,功能性视力评估是相对于功能视力这个概念提出的。每个儿童都有两种水平的视力:一种是生理视力,即通过对视敏度和视野的测量以及对特殊眼病、外伤、遗传或产前因素的影响的评估而得知的;另一种是功能视力,是指在周围环境中能利用的残余能力的程度。而常规的视力表测验只能反映具体的视力情况,不能反映儿童如何使用视力、需要什么辅助。

我国特殊教育工作者结合国内外的研究结果,编制了功能视力检查表、学生功

---

① 钟经华. 视力残疾儿童教育学[M]. 北京:华夏出版社,2006:229.

② Deborah Chen. Essential elements in early intervention: visual impairment and multiple disabilities [M]. AFB Press, 1999:157 - 206.

能视力量表、低视力儿童行走能力评估等。功能视力检查表包括身体状况（主要是眼睛的状况）、近、远距离的教室改装程度、听力的技能、班级设备的调整和行走技能这几个方面。美国的功能性视力评估较我国更贴近实际生活场景，评估儿童在具体场景中的视觉能力，并将每学期初的评估作为教学的依据和指引①。

以上是针对不同年龄儿童视力评估的方法。就整体评估体系而言，美国的视障儿童的无歧视评估过程受到相关法规的制约和监督，需要经过观察、医学筛查、预诊、转介和公平性评估过程和标准。

三、注意事项

1. 注重评估环境和条件的一致性

视力和视野的评估，需要注重环境因素。评估地点应设在明亮处，要有良好的照明，同时要注意背阴，避免阳光直射或阴影。此外，在功能视力评估需要由经过培训的专业人员进行，以保证评估的准确和记录的有效。

2. 注意受测儿童的年龄和诊断标准的变化

有研究者提出，国内各类研究中对视力障碍流行率报告的差异较大，其主要原因即多数调查者直接采用国内现行诊断标准，而很少考虑到年龄因素。此外，一些研究者对诊断标准的不一致修改，一定程度上也导致了国内流行率报告的不一致。因此，在对儿童的视力评估中，需要注意儿童视力发展的一般规律，并将主观评估和客观检查相结合。

3. 注意做好低年龄幼儿视力检查工作

在对低龄儿童的视力测验中，要求测试者熟悉如何与儿童一起工作。例如，帮助儿童缓解在陌生环境中的焦虑。儿童焦虑和不安的情绪，可能会影响儿童在测试中的表现，导致测验的失效或误差。

4. 及时转介

对眼部疾病引起的视力障碍人员，要转介到专业机构，如医院的眼科，进行全面而系统的诊断和矫治。

第三节　视力障碍儿童早期干预内容和方法

婴幼儿时期是儿童身心发展最迅速的时期，也是大脑可塑性最大的时期。因

---

① 孙玉梅等. 功能型视力评估在视觉障碍教育中的运用. http://www.xinxuyao.com/edu/vision/teaching/2008020213380.shtm，2008-2-2.

此,早期经验对视力障碍儿童的发育和成长有着极其重要的影响。为视障儿童提供适当的条件,他们就可以在最佳的年龄阶段获得正常的发展。目前针对视障儿童的干预具体涉及基本功能训练、定向行走能力训练、生活能力训练、视功能训练和学习能力训练等内容。下面结合各方面相应的干预方法做一些简要的介绍。

一、基本能力训练

对于不能用双眼来认识世界的儿童,对触觉和听觉能力的培养和训练,对视力的缺损有一定的补偿作用。也就是说,我们可以通过听觉、触觉来弥补视力障碍,从而增强视障儿童的活动能力和学习能力。

1. 触觉训练——辨别物体

辨物训练关注视障儿童触觉能力,一般针对低龄盲童。在训练中,教师(或家长)借由视障儿童熟悉的物件做载体,例如毛巾、牙刷等,让视障儿童通过触摸来感受物体的形状、大小、质地。在儿童触摸的同时,补充讲述这些物件的用途、性质和使用方法[1]。

例如:教师用手指引视障儿童触摸玻璃杯:"你来摸摸它。"并引导说:"这是一个玻璃杯。玻璃可以做玻璃杯,也可以做房间里的窗户。玻璃是透明的,也就是说如果你隔着玻璃窗站,其他小朋友可以看到你。而如果你隔着木头门,小朋友就看不到你。你来摸摸它,它摸起来有一点冰凉。"

干预人员可以在保证安全的情况下,采用生动形象的方式,揭示事物的特点。对视障儿童而言,体验学习是促进感知和理解的重要方法。因此,在辨物训练中,要注意引导视障儿童,通过触觉,来捕捉和区别物体的特点。可以采用类比、拟人或是现场试验的方法,帮助儿童的理解。

例如:

使用类比:"每个人都有特点。比如你喜欢吃糖,你的同桌小芳喜欢吃冰激凌。每个物体也有自己的特点。你手里摸着这个玻璃杯的时候,有什么感觉?"

解释事物的属性:"玻璃杯害怕摔倒,你摔倒的时候会觉得痛,有的时候会流血。玻璃杯摔倒就不能用了,因为它会变成很多小碎片。"

在触觉辨物的训练中,还可以补充一些必要的生活常识。这要求培训者清楚视障儿童的知识经验,在他们的经验和理解基础上,引导儿童体验和了解新的事物。

---

[1] 方俊明.特殊教育学[M].北京:人民教育出版社,2005:139.

2. 听觉训练——辨别声音

对视障儿童而言,听觉的补偿功能可以帮助他们理解空间,并且进一步理解事物的性质。

以"玻璃杯"学习为例,训练者可以采用多媒体材料,在学习中让视障儿童聆听玻璃破碎的声音。让视障儿童从感性的角度体验"碎"的含义;并可以分别在较远和较近处听到玻璃破碎的声音,感受可以通过听觉来分辨距离。

辨音训练是视障儿童认识事物"声音特征"的方式,同样也可以起到自我保护的作用。在通过"听觉"和"触觉"感受玻璃"破碎"的含义后,便可以让儿童理解如果拿着玻璃杯,就需要避免碰撞,而当听到玻璃在近处破碎的声音时,最好的办法就是原地求助,以免碎片对身体的伤害。

3. 精细运动训练

一些视障儿童会由于缺乏早期手部运动,造成精细动作发展迟滞或手眼不协调,并对视障儿童今后的生活和学习造成一定困扰。因此可以采用适合儿童年龄特征的活动,有针对性地练习手部机能。例如:针对低年龄视障儿童,可以做解钮扣、抽牙签、穿珠子、拍手游戏等游戏。

粗大肌肉运动能力是精细运动能力的基础,因此需要对儿童出现精细运动迟滞的原因进行分析。对缺乏粗大肌肉运动的视障儿童,可以先从粗大肌肉的训练开始,再强调精细肌肉的练习。

二、定向行走能力训练

定向是指视障儿童运用各种感官(包括视觉)对于周围环境之间相互关系的认识,知道其所在的位置,能感知周围重要的事物。而行走,是视障儿童运用各种感官(包括视觉)有效的从一处移动到另一处的能力。

定向行走能力对于视障儿童的身体发育及社会适应,都有重要的意义。有研究表明,盲态加重儿童的自卑感,影响小脑正常发育。盲态的加重,还会使儿童表现的反应迟钝、体质虚弱,甚至影响其智力发展。

美国从 1946 年起,对盲人进行定向和行走技能的训练,并将定向行走列入视障儿童的必修课程。我国于 1992 年,将定向行走作为 1—3 年级盲校小学教育计划中的必修课程。

1. 定向行走训练的内容

对视障儿童而言,在正式开始定向行走训练之前,已经有一定的感性经验。并在自己尝试中形成了一些技巧和环境知觉。但当视障儿童进入新的环境时,如入学或是搬家,通过与定向行走专家的配合,可以更快地适应环境。以下对定向行走的基本方法做一个简要的描述。

（1）自体认识与定向感的建立

自体认识是帮助儿童认识自己的身体和对应的方位。主要包含：①学会分辨自身方位，包括垂直方位（上或下）、水平方位（前或后）和复合方位（左前或右后）；②学会分辨自身与他人（或物体）的方位，包括面向、背向和同向；③学会分辨物体之间的方位。

（2）学习对外界线索的利用

对外界线索的利用，也是视障儿童获得方向感的重要方法。例如：利用风向、太阳方向、车鸣声、花香等一切可察觉的信息，帮助儿童判断自己所处的位置。在对低龄视障儿童的训练中，采用游戏和多种媒介，可以提高儿童的兴趣和训练效果。

（3）行走前的准备

在开始练习行走前，需要关注视障儿童的心理变化，排除他们因行动不方便造成的羞怯和自卑感。有研究指出，视障儿童由于在家庭环境中得到了更多的关注，习惯于依赖他人。这使得视障儿童可能在训练中，因为受挫而出现情绪的波动。在定向行走训练的过程中，对儿童情绪的关注和调节，有助于儿童享受正向的体验，更好地面对出现的挫折。

（4）基本行走训练

针对视障儿童常出现的盲态或同手同脚等不良动作，需要进行行走姿势的训练。从基本站姿的训练，到分解动作的小步子练习，训练中可以将基本要素与游戏活动相结合，寓教于乐。

（5）随行训练

随行技巧是指视力障碍儿童与明目人一起行走的技巧。在训练中，可以采用模拟的形式，帮助视障儿童理解同行者的肢体语言。另一方面，也让视障儿童明白在不同的情境下，自己需要从同伴那里得到怎样的言语指导或肢体信号，才能感到有安全感，才能更好地"觉知"自己所处的空间。这样当视障儿童与没有经过导盲训练的明目同伴同行时，可以更主动地提示对方为自己提供所需的信息。

（6）自主行走训练

自主行走的训练，需要更多的时间和练习。在自行走中，视障儿童首先需要学会如何自我保护。

2. 针对具体环境的学习

在完成了上述的训练后，可以为视障儿童设计依托具体场景的行走训练。例如当盲生入校时，可以由专项老师根据学校的具体环境，分区域带领视障儿童熟悉和认识校园。

由于视觉信息的剥夺,视障儿童认识进而驾驭所在空间的过程,与明目儿童有很大差异。但经过给予触觉、听觉和嗅觉等多感官的线索收集,视障儿童可以以自己的方式理解所在的空间。因此,在定向行走的训练中,需要培训者关注儿童的需要,并给出足够的反馈。

在实际的定向行走训练中,对盲生和低视力儿童的训练有所不同。对低视力儿童的定向行走训练中,还包括导盲知识的学习和训练。鼓励低视力儿童在学校中,帮助和引导全盲儿童的活动①。

3. 定向行走训练的注意事项

在定向行走能力的训练中,需要注意以下几点:

(1) 家庭的参与

基本定向行走能力的训练和实景练习,都只是视障儿童定向能力行走学习的开始。在视障儿童的生活中,对周围环境的了解有赖于家庭的关注和参与。因此,需要家庭成员参与定向行走的训练,以便在更多生活场景中拓宽视障儿童对环境的认识。

(2) 充分关注视障儿童的差异性

视障儿童的个体差异大,因此需要教师针对儿童的特点制定有针对性的训练计划。

(3) 对训练效果的阶段评估

定向行走能力的获得并非是轻而易举的过程。例如手杖的使用,往往要经历一段适应和练习。因此在训练中应加入阶段性的评估,掌握儿童在定向和行走中的进步和问题,并及时调整训练计划。

三、针对残余视力的训练

1. 视功能训练法

有研究指出,有近90%的视力障碍儿童具有一定程度的残余视力。对于有残余视力的儿童,如何充分发挥残余视力,更好地融入社会生活,是干预和训练的主要议题。基于此,提出了视功能训练,针对低视力儿童、残余视力儿童和有微弱光感的儿童②。其目的是通过有计划、有针对性的训练,提高视障儿童的基本能力和基本技巧。视功能训练也因此越来越受到医学、康复学、教育学等多个学科领域的

---

① 路荣喜. 视障学生社会适应能力的培养与评估[M]. 北京:中国文史出版社,2004:135.
② 钟经华. 视力残疾儿童教育学[M]. 北京:华夏出版社,2006:240.

重视。

视功能训练的基本内容包括固定注视训练、视觉定位、视觉跟踪、视觉追踪、视觉搜索和视觉记忆等。这些训练帮助有残余视力的儿童,最大限度地学习如何使用残余视力。

在视功能训练中,应当注重儿童的心理发展特征。例如有研究提出,在视功能训练中利用视力残疾儿童的"探究反射",改变儿童"看"的质量、增强他们"看"的意识,从被动接受外界视觉刺激到主动探求刺激[①]。

2. 遮盖法

弱视的早期干预主要包括:遮盖法、精细视力练习等。其中遮盖法是最常使用的方法。它包括:(1)单眼严格遮盖法:该方法适用于屈光参差性弱视和斜视性弱视儿童。用黑布眼罩严密遮盖视力较好的眼,强化弱视眼的视觉能力,逐渐消除优势眼对弱视眼的抑制。需要注意的是,在遮盖疗程中,应当注意评估弱视眼视力的变化情况。一般每半个月复查一次。此外,还应防止发生因遮盖而引起的视力减退。(2)双眼交替遮盖法:适用于屈光不正性弱视和单眼斜视性弱视。若弱视双眼视力没有明显差异,则可实行交替遮盖;若双眼视力有差异,可根据具体情况采用4∶1的方法,即遮盖视力较好的眼4天,然后改遮盖视力较差的眼1天。(3)半遮盖法:该方法适用于弱视眼视力较轻,或视力已恢复到0.6以上的儿童。半遮盖法使用半透明的塑料薄膜遮盖优势眼。(4)短小遮盖法:适用于已恢复正常但仍低于正常视力水平的弱视儿童,其目的是巩固前期遮盖取得的疗效。根据儿童的视力恢复情况,可以灵活安排遮盖的时间,例如当儿童看书时使用,但户外运动或听课时无需使用。

上述四种遮盖法,在原理上都是通过抑制优势眼对弱视眼的影响,不断提升弱视眼的视功能,最终实现双眼的平衡一致。可以视为根据儿童视力干预和康复情况,而进行的有针对性的渐进式干预方法。

四、生活技能训练

生活技能训练,也是视障儿童早期干预中的主要内容之一。对生活技能的训练,是儿童获得控制感,融入社会生活,并提升主观幸福感的基本要求。同时它也是家庭的需要,视障儿童自理能力的训练,能扩大儿童的活动范围,减轻家庭的负担。

1. 生活技能训练的内容

根据视障儿童的发展阶段,生活技能训练所涉及的内容会不断地丰富和多样

---

① 张悦歆.视力残疾儿童视功能训练理论与实践新探[D].北京:北京师范大学,2005.

化。最基本的训练包括：穿衣、吃饭、洗漱、用餐、个人卫生和家庭居住。进入学龄阶段后包括礼貌礼仪、问候语等等。

2. 生活技能训练的形式

可以采用的形式包括：真实场景训练、模拟情景练习、操作和实践课、训练游戏、校外体验、强化训练和课堂讲授等①。不同的训练形式，有不同的意义。真实场景有利于儿童了解和熟悉真实环境；模拟情景可以给儿童练习的机会，并在练习中强化需要注意的问题，例如注意自我保护；操作和实践课侧重于儿童的动手能力，从动手中学习，从体验中获得；校外体验侧重于拓宽儿童的生活技能，促进家长的关注和参与，让视障儿童在更多样的环境中"学习"生活的不同面。

3. 注意事项

在1987年颁布的《全日制盲校小学教育计划》中，就要求开设《认识初步》、《生活指导》课程。这两门课中，前者帮助盲童认识生活中的事物和现象，后者关注传授基本的生活与卫生常识。但在实际的教学中也存在一些问题，例如学生之间的水平差异大，统一的教学内容很难适合每个学生的需求。

因此，在生活技能培训中，需要注意的是：

(1) 对生活技能的训练从小抓起。

(2) 在培养基本生活技能的基础上，提倡多元化的生活技能训练课。

(3) 关注视障儿童不同年龄阶段的主要生活事件，有重点地进行教学和训练。

(4) 鼓励家长参与，并采用多元化的评价标准。

第四节 视力障碍儿童早期干预案例

通过妈妈看世界
——学龄前视障儿童的社会适应能力训练

家庭对于视力障碍儿童的早期干预，有着极其重要的意义。家庭主要照料者与儿童的互动，是视障儿童与这个陌生世界的第一次亲密接触，也是他们走进学校生活，了解同伴，了解社会生活的重要媒介。以家庭为单元的早期干预，对于视障儿童的认知、情绪、行为等心理过程都有着积极的意义。

社会适应，是指个人为与环境取得和谐的关系而产生的心理和行为的变化。它是个体与各种环境因素连续而不断改变的相互作用过程。有研究者将儿童的社

---

① 钟经华. 视力残疾儿童的心理与教育[M]. 天津：天津教育出版社，2007：175—176.

会适应能力解读为亲社会行为、居家、生活自我管理、情绪监控和社会交往①。对于学龄前视障儿童，生活自理能力和情绪监控的早期干预，显得尤为重要。许多家庭由于忽视对视障儿童的早期培养，导致入学阶段的困难和退行现象。因此，本研究以个案形式对学龄前视障儿童社会适应能力的早期干预进行了探讨。

命运的变化

翔翔的出生，曾寄托了家中几代人的期望。但是先天的营养不良的翔翔在医院暖箱的时候，由于意外的高压吸氧过度而造成了视力残疾。这个变化，似乎也改变了翔翔一家人的生活。

翔翔的爸爸妈妈在他2岁的时候离婚，翔翔和4岁的姐姐由母亲抚养。初中文化程度的母亲，为了养活一家老小，需要同时做几份临时工，以应付一家人的生活开支。翔翔大部分时间由外婆照料，由于视力的损伤，外婆对翔翔疼爱有加。从早到晚，衣食住行，外婆是翔翔的全天保姆。妈妈总是早出晚归，再加上小学文化程度的外婆很少带翔翔和其他小朋友玩，渐渐地翔翔开始变得有些孤僻，不喜欢出门，对外婆以外的人，都表现得很急躁。

孤独的小男孩

眼看翔翔已经快5岁了，妈妈发现容易发火的翔翔很少与同龄孩子接触。妈妈找到一家幼儿园同意翔翔随班就读，但是翔翔自从进入幼儿园后，似乎脾气变得更不好了。老师说翔翔很容易被激惹，有时甚至挥动拳头，幼儿园的小朋友都有些怕他，老师更是经常收到其他家长的"抱怨"。另一方面，幼儿园的生活作息，也是让翔翔很难适应。习惯了外婆的全天候照料，翔翔在整个班级里总是显得格格不入，吃饭睡觉都需要老师的额外关注。短短的几个月里，翔翔并没有很好地融入幼儿园生活，而是变得更加孤单。外婆和妈妈心急如焚，但是似乎也找不到很好的办法。

经过几次与老师的长谈，妈妈同意老师的意见，决定积极配合老师对翔翔进行一些针对性的辅导，帮助翔翔更好地融入集体生活，更好地与同伴交流。

聚 焦 问 题

在制定训练计划之前，老师为翔翔制定了一个初步的评估方案。鉴于翔翔在

---

① 王永丽,林崇德,俞国良.儿童社会生活适应量表的编制与应用[J].心理发展与教育,2005,(1):108—114.

智力水平、言语能力等基本认知能力上并没有明显障碍,老师对翔翔的评估主要侧重于社会学评估。

1. 医学评估

该儿童的视力损失较严重,属于二级盲,但有部分光感。

2. 社会学评估

翔翔的问题主要表现在社会适应能力较差,具体表现在两方面:

一方面,生活自理能力欠缺。比如在没有大人的帮助下他不能独立完成洗手洗脸的过程,偶尔还需大人喂饭;缺乏良好的卫生习惯,不会自己换衣服;生活独立性差,表现为依赖性很强。

另一方面,情绪控制能力差,容易急躁,因无法表达自己的情绪而发脾气、易怒,有时甚至出手打人。

综合以上信息,判断该儿童为有适应性障碍的视觉障碍儿童。

根据评估,我们认为该儿童的主要问题源自家庭教育。家中的主要照料者对视力障碍儿童发展特点认识有限,没有及时关注儿童情绪理解和表达,而过分关注照料生活需要,导致翔翔没有具备该年龄儿童应有的基本生活技能,也没有学会社会环境中人们的情绪表达规则,最终导致集体生活的不适应,以及与同伴的互动困难。对于视觉障碍儿童,尤其是全盲的儿童,家庭主要照料者是他们认识这个"世界"重要媒介,可以说主要照料者是儿童早期"认识"世界的双眼,带领着盲童"看"世界。

在具体干预方式上,老师主要采用游戏方法。因为从 3 岁左右开始,儿童的游戏会呈现出新特点,他们的游戏方式也由最初的模仿性游戏转变成充满想象力的角色扮演游戏。研究表明,儿童的角色扮演游戏有助于他认识自己的社会角色,并能帮他明确自己所选角色的情感[①]。在扮演中,将情绪事件作为题材,可以帮助儿童明白他人的情感,在互动中拓宽体验。此外,在虚构的模拟游戏中,儿童可以将以往的经验和情感应用于其中,善于观察的父母,更可以从这些互动中发现孩子可能遇到的问题和困难。

妈妈的眼睛带我看世界

针对上述情况,老师为翔翔和妈妈制定了一组有针对性的训练计划。

第一步,训练好妈妈的"眼睛"。

老师经过分析认为,妈妈对视力障碍儿童认识的有限,使妈妈在早期家庭教育

---

① 约翰 C. 斯科. 情感发展:儿童的社会化——耶鲁育儿宝典[M]. 北京:中国社会科学出版社,2003.

中疏忽了对翔翔的引导，没有读懂翔翔的需要。因此老师首先对翔翔的母亲制定了学习的计划，具体内容有如下三方面：

（1）学习和了解一般儿童在幼儿园阶段的表现，以及视力障碍儿童在该阶段的特点。

（2）端正家庭教育观念。虽然翔翔是盲童，但这并不代表，需要在生活上一味的溺爱和过多关注，而是需要家长引导孩子，培养其生活自理能力。

（3）认识情绪问题。为什么翔翔容易被激怒？由于视力线索的缺失，翔翔看不到明目儿童拥有的"视觉线索"，看不到"喜""怒""哀""乐"，使他缺乏对他人情绪情感的识别和理解。而在早期的家庭教育中，翔翔家人的过分溺爱和关注，没有能帮助翔翔理解情绪，致使翔翔形成了一套不合理的情绪表达方式——哭闹、捶打。

对于视力障碍儿童，家庭主要照料者对视力障碍儿童的认识和理解，是开展家庭早期干预的关键所在。主要照料者要担当起"眼睛"的使命，就要首先做好自己的功课，从理解视力障碍儿童的发展特点和需要入手。

第二步，训练好翔翔的双手。

针对翔翔在生活上过分依赖外婆的现象，老师手把手教妈妈如何训练翔翔的生活自理能力，内容包括：挂毛巾、洗碗、刷牙、叠被子、穿衣服、穿裤子、洗澡、系鞋带。课程以循序渐进的方式进行。

训练中，老师发现虽然翔翔已经上过一段时间的生活自理课程，对所教的内容并不陌生，也能够完成大部分的训练项目，但是一回到家里（外婆在场），又会表现出依赖和不动手的现象。因此，老师的教学重点主要放在使翔翔能够将"理论知识"转化为实际的操作步骤，在学会的基础上，鼓励翔翔自己动手。

在基本技能的训练上，按照小步子教学法，分割要领，让翔翔通过逐步掌握每一项操作过程的要领，获得实际操作的感性认识，从而掌握生活自理的基本技能。

为了使翔翔能够较快地学会并掌握生活自理的各项内容，生活老师也加入了翔翔的训练计划。利用日常的作息环节进行巩固指导。如在晚上睡觉前要求他按教学要求完成刷牙、洗脸和洗脚的过程，从主要靠老师帮忙，到儿童自己主要操作老师在旁用语言提示，最后到不需要提示。在这个过程中，生活老师对正确有效的做法给予及时的口头表扬，对长期训练取得的进步，给予一定的物质奖励，在过程中不断强化有效正确的行为。

就这样，经过循序渐进的巩固和强化，不但提高了翔翔的生活自理技能，也在实践过程中提高了他的自信心和能动性。

第三步，利用讲故事和角色扮演的方式，让翔翔认识情绪，表达情绪。

认识情绪，理解表达情绪，到控制情绪，是一个儿童情绪管理能力逐步发展和成熟的过程。对于视力障碍儿童,这个过程需要通过一些额外的训练来达成。在对翔翔的训练中,老师采用了讲故事、过家家的方式,帮助翔翔进一步认识和管理情绪。

(1) 讲故事——理解他人的情绪

围绕基本情绪——喜、怒、哀、乐,老师为翔翔编写了四个故事,故事中围绕情节发展,着重突出人物在事件中的情绪发生、发展过程。在听故事讲故事的练习中,加入提问和回答,帮助翔翔理解和认识自己的情绪,也认识其他明目人的情绪特征。在故事的编写中突出盲童能捕捉到的线索。

例如,大灰狼抓小绵羊的故事。小绵羊逃脱了大灰狼的笼子(提问:这时候大灰狼会怎么样?)这让大灰狼很生气(提问:生气的时候会怎么样?)气得大灰狼脸红脖子粗、大声叫嚷起来(情绪出现后的反应)。

为了加强和巩固,在学习了一个故事之后,可以请视障儿童复述故事,通过学习—提问—复述的过程,反复呈现和巩固故事内容。

(2) 过家家——在角色扮演中学习表达情绪

如果说认识、理解他人的情绪是与人交往的第一步,也是最基本的一步,那么如何管理自己的情绪,则是心理健康的重要保障。角色扮演能帮助视力障碍儿童在扮演中进行情绪管理的模拟。

在过家家游戏中,老师请翔翔和母亲一起参与。在过程中模拟家庭中的场景,例如"妈妈生气了"。在模拟中,老师请翔翔扮演"妈妈",妈妈扮演"翔翔",要求"妈妈"照顾好"翔翔"。在扮演中,妈妈会有意违背翔翔扮演的"妈妈"角色。观察翔翔如何处理生气时候的情绪表达。

老师在观察的游戏中可以对不恰当的行为进行引导,例如翔翔因为游戏中的"翔翔"不听话而有些着急,又不知道怎么处理,就大喊起来,并着急地伸手去抓妈妈。老师就在一旁提示翔翔"妈妈平时都是怎么照顾翔翔的? 生气的时候我们可以怎么说?"

(3) "翔翔怎么了?"——在亲子互动中学习情绪管理

当母亲熟悉了角色扮演的要领之后,则可以在家中进行有规律的练习。而模拟的情境则可以由虚构转向真实生活事件。

例如,一次翔翔和隔壁的佟佟商量好轮流玩佟佟带来的玩具,但是后来突然哭闹起来,大人们也问不出原因,闹得不欢而散。妈妈事后和"佟佟"一起玩玩具,像以往角色扮演一样,妈妈扮演"翔翔",翔翔扮演来家里玩的小朋友。开始前,妈妈引导说:"如果翔翔想和小朋友一起玩,你是来家里做客的小朋友,小朋友和翔翔怎么玩呢?"在扮演和对话中,妈妈发现原来是佟佟作为明目儿童,不能理解翔翔的感受。以往妈妈和翔翔玩的时候，都会喃喃的描述，让翔翔知道妈妈在做什么。但是佟佟就自顾自的玩起来了，翔翔看不到，也不知道如何表达，不免焦躁起来。知道了原因，妈妈扮演的"翔翔"就告诉"做客的小朋友"："我们一起玩吧，你告诉我你的玩法，我告诉你我的。"

对于全盲的儿童，要理解其他人"看"到的世界以及自己与别人的不同，是有一定困难的。对于家长而言，也要承担不少压力。但在缓和的引导中，可以帮助视力障碍儿童认识到如何提出要求，规避不必要的误会，更好地理解他人的行为，也更好地了解自己。

快 乐 成 长

经过一段时间的训练，翔翔取得了初步的进步。老师反映，翔翔基本能够掌握日常生活所需的大多数生活自理技能，如能够较熟练地自己独立完成洗手、洗脸、刷牙。在幼儿园的时候，比以前更活泼了，闹脾气的情况有所减少。虽然和其他同伴的交往还存在一些问题，但比起入园时好多了。让妈妈最感慨的是通过日常生活中的角色扮演游戏，翔翔与妈妈更亲近了。妈妈可以在游戏中走近翔翔，发现问题，也可以在游戏中尝试告诉翔翔该如何应对。

反 思

1. 以家庭为单位的早期干预

在这个案例中，教师强调了家庭，尤其是主要照料者的重要性。

照料者对幼儿的过度保护，往往会阻碍学龄前儿童社会化过程的发展。对于视力障碍儿童，更是如此。视力障碍儿童与主要照料者之间的依恋关系，是弥补视力线索缺失的重要起点。在视力障碍儿童的早期干预中，提升亲子之间的互动以及对养育环境的改善，能帮助视力障碍儿童得到最大化的发展。且有研究证实，在视力障碍儿童的康复过程中，起到决定性作用并非每周几小时的早期干预指导课程，而是照料者在家庭环境中与视力障碍儿童的互动。

2. 以角色扮演游戏为媒介

角色扮演类游戏适合 3 岁左右或 3 岁以上幼儿。在本案例中，角色扮演类游戏不但帮助翔翔熟悉如何应对情绪，也让他在模拟中将以往的生活经验进行运用，更在模拟中拓宽经验。

在操作中要注意模拟情境取材自儿童熟悉的生活场景，在建立了信任关系和积累一定的扮演经验后，可以从生活应激情境中选材，有利于儿童整合以往的经验。

3. 注意训练的倒退现象

在训练中,老师发现一个假期后,翔翔在学校中养成的习惯,又会出现倒退,被老师戏称为"打回原形"。在视力障碍儿童中这种现象很常见,一方面与家庭环境中父母的溺爱和过度关注有关,另一方面也与学龄前儿童的年龄特征有关。在训练中,要加强老师和家长的沟通,在基本规则上达成共识,减少严重的倒退现象,在巩固与学习中不断获得进步。

思考题

1. 视障儿童的主要临床特征有哪些?
2. 视障儿童的基本能力训练包括哪些?
3. 简述定向行走训练的基本内容。
4. 针对有残余视力儿童的早期干预包括哪些?
5. 针对视障儿童的个案训练,可以从哪些方面进行评估?

第十章　自闭症儿童早期干预

　　自闭症（Autism），又称作孤独症，最初是一个医学术语。它在精神病理学中的意义是指患者意图从外部的真实世界中脱身出来，以便能回到他们内心的想象世界中去。近年来，自闭症儿童及其早期干预的研究日益引发社会的关注。本章分别从自闭症儿童的概述、评估、干预方法及案例呈现来详细介绍自闭症儿童的早期干预，重点涉及：自闭症儿童的概念界定、流行率、临床特征、成因分析；诊断标准、评估工具及评估过程中的注意事项；常见的早期干预方法，如应用行为分析法、结构化教育法、地板时光法、人际关系发展干预法等。最后，本章通过一个完整的自闭症儿童个案来具体呈现此类儿童早期干预的实践应用。

第一节　自闭症儿童概述

一、概念界定

　　自闭症属于广泛性发展障碍（Pervasive Development Disorder）的类型之一，一般发病在 3 岁之前。广泛性发展障碍是一组起病于婴幼儿时期的全面性精神发育障碍，一般表现为社会交往障碍、沟通模式异常、兴趣与活动内容的局限、刻板与重复等，主要包括四个亚类型：自闭症、艾斯伯格（Asperger）综合征、雷特（Rett）综合征及童年瓦解性精神障碍。

美国教育部门(1991)对自闭症的定义如下:"自闭症意味着一种发展性障碍,对言语性和非言语性的交流以及社会性相互作用都带来了显著影响。通常在 3 岁前症状已显现,广泛地影响儿童的教育成绩。自闭症的另一显著特点是他们喜欢进行反复行为和刻板运动,抵抗环境的变化和日常生活的变化,并且总拘泥于一种感觉体验的反应。如果一般教育不能适应他们,孩子的教育成绩将受到广泛影响的话,是因为孩子有着严重的情绪障碍[①]。"

从事自闭症研究并有着丰富临床经验的英国专家洛娜·温(Lorna Wing)与其合作者茱蒂丝·戈特(Judith Gould)博士,通过对自闭症儿童的长期观察,以社会互动方面的障碍程度为标准,将自闭症儿童分为三大类,即隔离型(Aloof)、被动型(Passive)和主动与特异型(Active but odd)。后来,洛娜·温博士在她最新修订版的《自闭症谱系障碍:家长及专业人员指南》一书中强调:从帮助自闭症患儿的角度来看,花费时间去分类不同类型的自闭症儿童是没有任何意义的。临床的主要任务是确定他们是否患有自闭症谱系障碍,然后去评估他们的能力模式[②]。

二、流行率

一般来说,如果用严格意义上的自闭症(典型自闭症)为标准来进行流行病学的调查,那么自闭症的流行率大约为 0.5‰;而如果采用自闭系列综合征为标准来进行流行病调查,那么自闭症的流行率为 1‰[③]。20 世纪 90 年代以来,一些发达国家就儿童自闭症的流行率进行了流行病学调查,发现:加拿大儿童自闭症的流行率为 1‰,美国儿童自闭症的流行率为 0.4‰,日本儿童自闭症的流行率为 0.7‰到 1.1‰,法国儿童自闭症的流行率为 0.5‰[④]。自闭症儿童当中男孩的流行率明显高于女孩,大约为 4—9:1。临床观察发现,女孩一旦患上自闭症,其症状往往都比较严重。目前自闭症儿童障碍性别差异的原因并不为人所知,世界各地也正对此展开研究,并涉及自闭症障碍性别差异诸多方面的探讨。

国内大陆关于儿童自闭症流行病学调查很少。20 世纪 90 年代,北京医科大学的杨晓玲教授组织了对我国部分地区儿童自闭症发病情况的抽样调查,其结果

---

① 转引自:方俊明.特殊教育学[M].北京:人民教育出版社,2005:287.

② Lorna Wing. The Autistic Spectrum:A Guide for Parents and Professionals [M],孙敦科译.北京:北京大学医学出版社,2009:19.

③ Tanguay P E. Pervasive developmental disorders:A 10 - year review [J]. Journal of the American Academy of Children and Adolescent Psychiatry, 2000,39(9):1079 - 1095.

④ 转引自:谢明.孤独症儿童的教育康复[M].天津:天津教育出版社,2007.

发现:福建省儿童自闭症流行率为 0.027‰,江苏省常州市儿童自闭症的流行率为 0.17‰[①]。北京大学和天津市残疾人协会于 2003 年对天津市 2—6 岁儿童调查得出儿童自闭症流行率为 1.1‰[②]。

三、临床特征

自闭症研究尽管有超过 50 多年的历史,但是关于自闭症的心理及行为方面的特征研究仍然存在大量的争议。现在比较保守的说法就是:与其认为自闭症存在一种主要的缺陷,不如说是由几种缺陷所组成。这些缺陷影响儿童的社会—情感、语言和认知发展,而且各个缺陷之间也是相互影响的[③]。如:社交发展问题会导致语言障碍,语言障碍同样会影响社交问题。总的来讲,自闭症儿童主要的临床特征表现在以下几个方面:

1. 社会交往异常

自闭症儿童的一个显著标志就是缺乏社会互动,不能主动地与他人分享喜悦、兴趣和成功。社会交往方面的异常首先表现在自闭症婴幼儿不能与成人进行目光对视,不能做出社会性的表情动作,缺乏共情能力,亲子依恋安全性水平较低。在实验室进行观察,我们会发现自闭症儿童大部分时间都是独自在玩,与同伴基本上是分离的。他们没有走近同伴的意愿,对同伴向他们显示的社交意向也缺乏反应,即所谓"共同的社交注意缺陷"。同时,自闭症儿童在面孔识别方面也存在困难,在处理人的脸部信息时,他们往往会集中注意脸的某一个部分,例如嘴巴和鼻子,而不是整个脸廓。

2. 言语与语言能力障碍

自闭症儿童的语言及言语发展是滞后甚至缺失的,并且存在诸多的异常现象,比如:(1)代词颠倒使用,表现为自闭症儿童不能进行适合情景的代词变化。问自闭症儿童"你叫什么名字?"他的回答是"你叫明明!"(2)模仿语言,鹦鹉式学语,也称为回声式语言。问自闭症儿童"你想吃饼干吗?"他的回答可能还是"你想吃饼干吗?"(3)语用方面的损害,自闭症儿童不能将词汇的意思从特定的场合中区分开来。家里来客人,母亲对自闭症儿童说:"能给客人倒杯水吗?"自闭症儿童可能很快地回答"可以",但不会采取立即的行动,即其无法完全理解问句背后对于行动的

---

① 转引自:谢明. 孤独症儿童的教育康复[M]. 天津:天津教育出版社,2007:5.
② 张欣,季成叶,李金水等. 天津市 2—6 岁儿童孤独症调查[J]. 中国生育保健杂志,2004,15(4):206—208.
③ 转引自:艾里克.J.马施,大卫.A.沃尔夫. 儿童异常心理学[M],孟宪璋等译. 广州:暨南大学出版社,2004:392.

要求,不能用同一词汇在各个特定的背景下进行灵活的概念转换。

3. 行为兴趣的重复刻板性

自闭症儿童另一个典型特征就是刻板行为,也称为仪式行为或固着行为,主要包括重复身体运动或物体运动,不停地拍手、转圈,强度非常大的。自闭症儿童有自己固有的行为模式。比如物品要放在固定的地方,穿鞋先左后右还是先右后左不允许有任何的改变,固定时间段看固定的电视节目等,均属于自闭症儿童行为障碍方面的表现。刻板或仪式行为,有时候称之为是自闭症儿童对生活当中同一性的执着。

4. 智力水平异常

自闭症儿童的智力变化很大,从极重度智力低下到智力超常都有。那些有超能力的自闭症儿童经常获得媒体的关注,但往往起一种误导的作用。实际上,大约80%自闭症儿童存在智力缺陷,剩下的20%智力在平均水平或高于平均水平。心理学上对此的解释是智力的岛状成熟现象。他们可能在拼写、算术、音乐或绘画等方面表现出特殊才能。这些技能被称为裂片技能、专家技能。尽管自闭症儿童中有很多所谓的专家技能或者裂片技能,但是实际生活中往往不能建设性地改善他们的日常生活[①]。

5. 感知觉异常

自闭症儿童的感知觉异常突出表现在以下几个方面:(1)对声音的异常反应。有时候自闭症儿童会感觉到某个普通的声音非常刺耳,并以大声尖叫来回应。(2)对景象的异常反应。我们知道大部分正常的景色对普通儿童不会构成困扰,但却会让自闭症儿童感到痛苦。(3)对疼痛的异常反应。自闭症儿童对伤痛或不适感觉有的漠不关心,而有的又反应过度。(4)对触碰的异常反应。自闭症儿童有可能将别人轻轻的抚摸感觉为强烈的疼痛,然后厌恶地将对方推开,但有时候却喜欢被人用力地瘙痒,还有出现一些自我刺激、自我伤害的行为,如猛击自己的头部或撞头、拔自己的头发、撕咬身体部位等。

6. 其他特征

自闭症儿童大部分具有正常甚至有非常好看的身体外貌。部分自闭症脸部不对称,大约20%的自闭症儿童的头围大于正常人。此外,大约25%的自闭症儿童会同时伴发癫痫。个别的自闭症儿童会同时伴随多动、焦虑、恐惧和心境异常等障碍。

---

① 转引自:艾里克.J.马施,大卫.A.沃尔夫.儿童异常心理学[M].孟宪璋等译.广州:暨南大学出版社,2004:392.

四、成因分析

自闭症的病因现在还是个谜。有人说是社会环境因素造成的,有的人说是有医学生物学因素的存在,众说纷纭,相关的病因理论也有很多,这里选取几个较具代表性的理论观点简介如下:

1. 社会心理学观点

这个理论认为自闭症产生是由于家长在情感方面的冷漠和教养过分形式化所造成的。有学者调查发现,自闭症儿童的父母大多具有较高的教育文化水平,家庭经济状况良好,但是情感较为冷淡,处事孤僻,与他人交往不多,同时,缺乏亲子间的良性互动。对此,有学者用"冰箱父母"理论来解释自闭症儿童的一些行为问题。持这一观点的学者认为:"冰箱父母"对子女的忽视与冷漠,使儿童无法感受到成人的爱,从而影响其社会化的发展,进而导致一些异常的行为方式。这个理论在1964年基本上被瑞蓝德(Rimland)推翻了。现在的诸多研究也表明婴幼儿患自闭症与家长的教养方式之间不存在必然的联系,并开始越来越多地指向医学生物学领域的探讨。

2. 医学生物学观点

很多双生子、细胞遗传学研究表明遗传因素和自闭症有着一定的相关。国外有学者(Folstein、Piven,1991)报道了自闭症的双生子研究后,引起了人们对自闭症遗传学研究的关注。后来包括拜雷亚(Bailey)在内的一些学者也对自闭症进行了双生子研究,所得结果较一致,即同卵双生子的自闭症同病率明显高于异卵双生子的自闭症同病率。前者同病率为90%以上,而后者同病率约为0—10%。这表明自闭症的发生有一定的遗传背景[①]。到目前为止,所有 22 对常染色体和 1 对性染色体的异常在自闭症个体当中均有报道。

在脑损伤方面的研究发现自闭症儿童可能在脑部以下区域存在异常:额叶、海马、颞叶、扁桃核、小脑等。

此外,孕产期的一些危险因素,如抽烟、酗酒、吸毒、发高烧、服药史、高龄产妇等可能与自闭症的高发率有一定的联系。现在比较一致的观点是:孕产期危险因素可能不是自闭症发病的"直接原因",但却是一个遗传易感因素。

3. 认知神经科学观点

关于认知神经科学领域研究现提出自闭症儿童存在脑神经联结异常的假设模式。其用大量证据有力地证明自闭症存在局部脑神经联结过度而长距脑神经联结

---

① 戴旭芳.自闭症的病因研究综述[J].中国特殊教育,2006,(3):84—87.

不足的状况,这为解释自闭症儿童"优势"和"缺陷"并存的现象提供了有价值的方向①。因此,可能的解释是:自闭症是由于异常的遗传基因造成他们异常的大脑发展(如早期过度增长和增长提前结束),再导致其异常的大脑结构和功能(如长距联结不足和局部联结过度),最后使得他们表现出相应的认知和行为特征(如复杂信息加工的缺陷和简单信息加工的优势)。

总之,自闭症的发生可能是一个极其复杂的过程,而且还存在极大的个体间差异。同时,我们也不排除自闭症是多种因素综合作用的结果。随着医学科学的发展,人们应该会对自闭症的真正病因有进一步的认识。

第二节　自闭症儿童评估

一、诊断标准

1.《美国精神疾病诊断与统计手册(第四版修订版)》的诊断标准

美国的《精神疾病诊断与统计手册(第四版修订版)》(DSM-IV)针对自闭症的诊断标准有五个组,16 项标准。要求至少满足 6 项,并且第一组中至少有 2 项,其他组至少分别有 1 项。

第一组:社会交往中有质的损害,至少有下列 2 项表现。

(1)多种调节社会交往的非言语性行为,如眼睛的对视、面部表情、躯体姿势和手势的使用明显受损。

(2)不能建立与发育水平相称的同龄伙伴关系。

(3)缺乏自发地与他人分享快乐、兴趣或成就的能力。

(4)缺乏社会性或情感性的互动。

第二组:言语交流有质的损害,至少有下列 1 项表现。

(1)口头言语发育延迟或完全缺乏。

(2)已有足够言语能力的个体发动或维持与别人的交谈能力明显受损。

(3)刻板重复地使用言语或有独特的言语。

(4)缺乏与发展水平相称的各种自发地假装游戏或模仿社交游戏。

第三组:行为、兴趣和活动模式具有限制性、重复性和刻板性,至少有下列 1 项表现。

(1)全神贯注于一种或多种刻板的和限制性的兴趣模式,兴趣的强度和集中

---

① 曹漱芹,方俊明.脑神经联结异常——自闭症认知神经科学研究新进展[J].中国特殊教育,2007,(5):43—49.

程度是异常的。

（2）顽固地坚持一些特定的无作用的常规和仪式。

（3）刻板的重复的怪癖动作。

（4）持久地全神贯注于物体的某个部分。

第四组：3岁以前开始，至少有下述一项功能发育延迟或异常。

（1）社会交往。

（2）在社会交往中使用的语言。

（3）象征性的游戏或想象性的游戏。

第五组：障碍不能用 RETT 综合征和儿童瓦解性障碍来解释。

2.《中国精神障碍分类与诊断标准（第三版）》的诊断标准

《中国精神障碍分类与诊断标准（第三版）》（CCMD-3）针对自闭症的诊断标准如下：是一种广泛性发育障碍的亚型。以男孩多见，起病于婴幼儿期，主要为不同程度的人际交往障碍、兴趣狭窄和行为方式刻板。约有 3/4 的儿童伴有明显的精神发育迟滞，部分患儿在一般性智力落后的背景下具有某方面较好的能力。

【症状标准】在下列（1）、（2）、（3）项中，至少有 7 条，且（1）至少有 2 条，（2）、（3）项至少各有 1 条：

（1）人际交往存在质的损害，至少 2 条：

① 对集体游戏缺乏兴趣，孤独，不能对集体的欢乐产生共鸣；

② 缺乏与他人进行交往的技巧，不能以适合其智龄的方式与同龄人建立伙伴关系，如仅以拉人、推人、搂抱作为与同伴的交往方式；

③ 自娱自乐，与周围环境缺少交往，缺乏相应的观察和应有的情感反应；

④ 不会恰当地运用眼对眼的注视以及用面部表情，手势、姿势与他人交流；

⑤ 不会做扮演性游戏和模仿社会的游戏；

⑥ 当身体不适或不愉快时，不会寻求同情和安慰；对别人的身体不适或不愉快也不会表示关心和安慰；

（2）言语交流存在质的损害，主要为语言运用功能的损害：

① 口语发育延迟或不会使用语言表达，也不会用手势、模仿等与他人沟通；

② 语言理解能力明显受损，常听不懂指令，不会表达自己的需要和痛苦，很少提问，对别人的话也缺乏反应；

③ 学习语言有困难，但常有无意义的模仿言语或反响式言语，应用代词混乱；

④ 经常重复使用与环境无关的言词或不时发出怪声；

⑤ 有言语能力的患儿，不能主动与人交谈、维持交谈及应对简单；

⑥ 言语的声调、重音、速度、节奏等方面异常，如说话缺乏抑扬顿挫，言语

刻板；

（3）兴趣狭窄和活动刻板、重复，坚持环境和生活方式不变：

① 兴趣局限，常专注于某种或多种模式，如旋转的电扇、固定的乐曲、广告词、天气预报等；

② 活动过度，来回踱步、奔跑、转圈等；

③ 拒绝改变刻板重复的动作或姿势，否则会出现明显的烦躁和不安；

④ 过分依恋某些气味、物品或玩具的一部分，如特殊的气味、一张纸片、光滑的衣料、汽车玩具的轮子等，并从中得到满足；

⑤ 强迫性地固着于特殊而无用的常规或仪式性动作或活动。

【严重标准】社会交往功能受损。

【病程标准】通常起病于 3 岁以内。

【排除标准】排除 Asperger 综合征、Heller 综合征、Rett 综合征、特定感受性语言障碍、儿童精神分裂症。

二、评估工具

1. 儿童自闭症评定量表（Childhood Autism Rating Scale，CARS）

1980 年，斯考普勒等人（Schopler，Reichler & Renner）制定，经过 1988 年的一次修订之后，现在该量表已经广泛地应用于自闭症儿童的诊断当中，主要适用于 2 岁以上儿童。CARS 包涵 15 个分量表，主要包括人际关系、模仿、情感反应、身体使用、与物体的关系、对环境变化的适应性、视觉反应性、听觉反应性、近接受器的反应性、焦虑反应、言语沟通、非言语沟通、活动水平、智力功能和总体印象。每个分量表由正常到极不正常分为四级（分别记为 1—4 分）。每级评分依次为"与年龄相当的行为表现"、"轻度异常"、"中度异常"、"严重异常"，各级均有具体的描述性说明。CARS 的得分范围在 15—60 分之间。如果分数在 30—36 之间，表明有自闭症倾向；如果分数大于等于 37 分，就可以确定有自闭症。

CARS 的各分量表的评分者信度系数介于 0.55—0.93 之间；全量表的评分者信度系数的均值为 0.71。内部一致性系数为 0.94。在效度方面，该量表与精神病医生的临床诊断之间的相关为 0.84，与心理医生的判断之间的相关为 0.80[①]。可见，这是一个专业的诊断量表。

2. 孤独症儿童行为量表（Autism Behavior Checklist，ABC）

孤独症儿童行为量表（以下简称 ABC 量表）是克鲁格等人（Krug et al.，1978）编

---

① 韦小满. 特殊儿童心理评估[M]. 北京：华夏出版社，2006：308—311.

制的,1989年北京医科大学的杨晓玲教授将其引进并进行了修订,主要用于孤独症儿童的筛查。

ABC量表结构本量表共分五大因子,分别为感觉(S)9项,交往(R)12项,躯体运动(B)12项,语言(L)13项,生活自理(V)11项,按其在量表中的负荷大小分别给评分4,3,2,1分。各项评分组相加即可得出量表总分。

ABC量表采用他评问卷式,由家长填写,在10分钟至15分钟内即可完成。

如果受测者的量表总分等于或高于31分,可被怀疑为患有自闭症,如果总分等于或高于62分,则可以被诊断为患有自闭症。

3. 儿童孤独症筛查量表

这是我国学者自行编制的量表,由北京大学精神卫生研究所的刘靖、王玉凤、郭延庆等人于2004年发表。量表共包括17个项目,其中,社会交互作用维度有7项、言语和交流维度有6项、兴趣和行为维度有4项。这些项目采取3—5级的评分方法,评分越高,受测者就越有自闭症的特征;评分越低,受测者的儿童自闭症的特征越轻;评分为0时,受测者无该项目描述的异常表现。该量表的每个项目、每个评分等级均有详细的描述,要求家长全面回顾儿童的生长发育情况,依据儿童症状最严重时的情况予以评分。如果受测者的量表总分等于或高于24分,他就被诊断为自闭症儿童。每位受测者的施测时间大约为10—20分钟。

研究表明:该量表总分的评定者信度和重测信度(相关系数)分别为0.933和0.986。量表的分半信度为0.969。同质性信度除一项外,其他各项目间的相关系数为0.444—0.855,P均<0.01[①]。

4. 儿童孤独症及相关发育障碍心理教育评估量表(Psycho-education Profile for Autistic and Developmentally Disabled Children, PEP)

儿童孤独症及相关障碍心理教育评估量表是由美国TEACCH Program编制出版的,北京大学第六医院杨晓玲教授等于1995年引进并修订使用。该量表适用于自闭症、自闭症倾向及其他类型的发育障碍儿童。

该量表由两个分量表组成,即功能发育量表和病理量表。其中,功能发育量表中的95个项目,涵盖了7大功能领域(模仿、感知觉、精细动作、粗大动作、手眼协调、认知表现和口语认知)。病理学量表由44个项目组成,分布在情感、人际关系与合作、游戏与材料的嗜好、感觉模式及语言。

此量表使用较丰富的材料,儿童容易发生兴趣,便于沟通,同时,通过两个分量

---

① 刘靖,王玉凤,郭延庆等. 儿童孤独症筛查量表的编制与信度、效度分析[J]. 中国心理卫生杂志,2004,18(6):400—403.

表的侧面图可以直观地了解儿童的障碍程度，从而制定出切实可行的干预方案。该量表的操作时间比较长，平均约 2—2.5 小时[①]。

此外，目前较为常用的评估工具还有：自闭症诊断访谈量表（Austism Diagnostic Interview，ADI）、克氏自闭症行为量表（Clancy Autism Behavior Scale，CABS）、法国自闭症儿童行为评定 IBSE 量表、日本名古屋大学自闭症儿童评定量表等。

三、注意事项

在自闭症儿童的早期评估过程当中，要注意以下事项：

1. 目标明确，顺应儿童发展

在自闭症儿童早期干预过程当中，临床人员必须牢记：评估不是终极目标，更不是给儿童"贴标签"，评估必须服务于整个干预过程，以促进儿童的良性发展为最终目标。同时，在实践过程当中，每个阶段的评估目标并不相同：自闭症儿童早期干预的初期评估，主要是为了筛查诊断，提供干预指南；自闭症儿童早期干预的中期评估，主要是为了分析行为功能，及时调整干预策略；自闭症儿童早期干预的后期评估，主要是为了衡量干预效果，服务于"转衔"需要，最终提升自闭症儿童的生活质量。

2. 途径多样，倡导多学科合作

自闭症作为一种广泛性发展障碍，在早期干预评估过程当中，要尤其注意评估资料收集渠道的多样化，尽可能地把自闭症儿童早期干预所需要的信息全部收集起来，合理借助观察法、访谈法、问卷法、档案法和测验法等，取长补短，互相补充与印证。同时，多学科的合作在自闭症儿童的评估过程当中也是至关重要的，要有一个相对稳定的评估小组，包括心理学家、特殊教育教师、治疗师等各学科的人员，评估过程中互相配合，各司其职。此外，评估途径的多样化及多学科的合作也是满足自闭症儿童全面发展的需要。

3. 家长参与，临床观察为主

鉴于自闭症所固有的障碍特点，评估中对于问题行为的确定和症状本质的描述主要借助于他评和临床观察，所以，家长参与应该贯穿于自闭症儿童评估乃至早期干预的全过程。如果没有家长的合作与配合，要对自闭症儿童的身心发展做全面的了解，几乎是不可能完成的工作。目前的评估工具中，更多的是要借助家长对于行为项目的回应，即所谓"他评"的方式。与此同时，鉴于某些行为项目描述的模

---

① 杨晓玲，蔡逸周. 解密孤独症[M]. 北京：华夏出版社，2007:4.

糊性或不确定性,评估人员一方面要现场观察儿童的行为表现,另一方面要指导家长在日常生活当中观察儿童的行为表现。

4. 注意细节,把握"三大症状"

在《美国精神疾病诊断与统计手册》及《国际疾病分类手册》的诊断体系中,儿童自闭症属于广泛性发展障碍(或自闭症谱系障碍)的一种亚类型,其同一层面的相关障碍类型还有 Asperger 综合征、Rett 综合征等。在评估实践过程中,临床人员要对这几种障碍类型进行明确区分,在评估自闭症儿童时,首先要把握好其三大障碍特征,即"社会交往功能损害"、"言语及语言功能损害"和"重复刻板性的行为兴趣"。其次,通过各个功能领域的细节评估来区分各个障碍,比如 Asperger 综合征儿童在语言及语言领域的功能优于自闭症儿童,但在运动领域却存在较为明显的障碍。此外,其他细节领域的区分还有,比如:Rett 综合征为 X 染色体显性遗传疾病,多见于女孩。

第三节　自闭症儿童早期干预方法

通过对国内外相关研究文献的分析,我们发现目前针对自闭症儿童的干预方法主要有:药物治疗、行为分析、感统训练、游戏治疗、戏剧疗法、心理干预(包括松弛疗法、三明治疗法、生活疗法、类型疗法等)、音乐治疗、波特奇方法等。本节内容我们重点关注以下几种早期干预方法。

一、行为分析法

基于行为主义理论而形成的行为疗法作为心理治疗的一个重要分支,在世界各地产生极大影响,也是目前临床实践领域运用最多、最广的一种治疗方法。行为治疗主要包括塑造法、锁链法、强化法、消退法以及应用行为分析法等[1]。以锁链法为例,锁链法即将目标行为分解成一连串连续行为。由最初入门简单环节开始,综合强化使儿童牢固掌握每一步骤,直到掌握整个目标行为[2]。锁链法在训练自闭症儿童刷牙、穿衣服、系鞋带等生活适用技能方面效果非常显著。同样,以负强化来矫正自闭症儿童吸吮大拇指为例,干预人员可以通过在儿童大拇指涂上辣椒粉,这样儿童再吸吮手指就会产生不舒适感,出现厌恶体验,以后就会降低吸吮大拇指的频率,从而逐步改掉这一不良行为。

---

① 石晓辉. 儿童孤独症的行为治疗[J]. 中国特殊教育,2003,(6):81—84.
② 周耿,王梅. 孤独症儿童的教育训练[M]. 北京:中国统计出版社,1999:146.

行为治疗法能够得到人们的肯定的主要原因是其易操作、针对性强且效果明显。不过各种行为治疗方法大都主张对儿童进行高强度和高密度的训练，许多人对此提出异议，认为这是一种独断而专横的操作，将来会使儿童变成一种只会被动反应的机器人。但是，这种高强度高密度针对性很强的行为治疗对自闭症儿童语言、动作及常规的习得都是其他治疗方法所不能替代的①。随着行为心理学的进一步发展，行为治疗法的内容也在不断丰富，如应用行为分析等方法在自闭症儿童康复训练中的应用研究。

美国加州大学洛杉矶分校的心理学教授伊瓦·洛瓦斯(Ivar Lovaas)经过三十多年的研究，令人信服地验证早期干预或早期治疗能有效地改善自闭症儿童的功能，其出版了《发展障碍儿童的教育》一书，书中详细叙述了运用"应用行为分析"(Applied Behavior Analysis，ABA)法对自闭症儿童进行干预的基本做法。

二、结构化教育法

结构化教育法(The Division for the Treatment and Education of Autistic and Communication Handicapped Children，TEACHC)是由美国北卡罗来纳大学医学院精神科学系的斯考普勒(Schople)创建的，该法被认为是最有代表性的适用于自闭症儿童的干预方法。

结构化教育法提出并倡导在干预过程中考虑、尊重"自闭症文化"。自闭症作为一种广泛性的发展障碍，影响儿童的思维、饮食、着装、工作、休闲、交流等活动的方式，由于这些特异方式的存在，儿童往往会遭受社会或他人较低的评价。结构化教育者认为这具有某种文化的特质，因此"自闭症"在指代着一个群体的同时，也揭示着这个群体的所共同具有的某些特征和可预测的某些思维和行为模式。干预者的角色就被定义为"自闭症文化"和"主流文化"之间的"翻译者"，因此，他们要理解这两种文化之间的异同。比如，自闭症文化就具有以下一些特征：过分关注于细节、泛化困难、视觉优势、强迫倾向明显等②。

系统的结构化教育法通常是由五个部分组成，包括视觉结构、空间结构、常规、程序时间表和个人工作系统。

三、地板时光法

地板时光(Floor Time)的全称是 DIR floortime。其中 D 代表发展(Develop-

---

① 刘昊.正向行为支持法在干预孤独症儿童问题行为的个案研究[J].中国特殊教育,2007,(3):26—32.
② 杨晓玲,蔡逸周.解密孤独症[M].北京:华夏出版社,2007:166—171.

ment），I 代表个体差异（Individual difference），R 代表关系（Relation）。顾名思义，地板时光就是坐在地板上和儿童互动，建立和谐融洽的关系，让儿童通过游戏互动和做事来学习，在这个互动过程中建立眼神的交流、逻辑思维交流、语言交流以及情感之间的交流。该方法由美国斯坦利·格林斯潘（Stanley Green Span）及其工作团队创设，是一套经过长期的研究和实践、效果得到研究证明的有效方法①。目前，地板时光在全世界范围内得到了广泛传播与推广使用。

以发展和关怀为取向的干预模式，通常包括三个部分：第一，家长和儿童一起进行干预活动，创设儿童成长所必需的经验；第二，临床工作人员与儿童一起，遵循早期干预的基本原则，使用专业知识与技能合理应对儿童的行为问题，并促进儿童的发展；第三，家长必须理性地面对儿童在不同阶段所出现的一些行为与心理问题，建构一个稳健的干预支持体系。

以发展和关怀为取向的地板时光法所遵循的基本原则就是：早期干预与日常生活中的互动和游戏一样，充满自发性和趣味性，不同之处在于干预人员（包括家长）在与儿童互动的过程中还附带促进发展的角色。这个角色对孩子而言是一个非常主动的游戏伙伴。临床人员要时刻把握儿童的每一个兴趣点，以一种鼓励的方式来尝试和引发与儿童之间更多的互动。

四、人际关系发展干预法

1995 年，美国临床心理学家史蒂文·E. 葛斯汀（Steve E. Gutstein）博士根据多年的自闭症儿童临床经验和实践，提出并创立了人际关系发展干预法（Relationship Development Intervention，RDI）。该方法着眼于自闭症儿童的核心障碍，重视社交体系中的静动态系统的变化，同时根据发展心理学的研究成果，灵活借鉴正常儿童人际关系技能发展的模式，系统总结自闭症儿童在人际关系发展上的六大缺陷，表现在：情感参照能力、社会性调适能力、陈述性语言、灵活的思维方式、社交信息处理、前瞻和回顾能力②。

实施步骤：

1. 评估；

2. 确定儿童适宜的发展目标；

3. 与家长及其他干预人员的确认；

4. 准备训练环境；

---

① 杨晓玲，蔡逸周. 解密孤独症[M]. 北京：华夏出版社，2007：4.
② 王梅，张俊芝. 孤独症儿童的教育与康复训练[M]. 北京：华夏出版社，2007：111—134.

5. 规划干预时间；

6. 经验分享；

7. 建构简单适宜的活动；

8. 干预治疗权由治疗师转向家长；

9. 互动的控制权转向儿童的伙伴；

10. 帮助儿童选择适当的伙伴；

11. 在活动中加入更多的元素；

12. 尽可能符合自然生活环境。

五、其他方法

1. 药物治疗法

目前国内外均没有治疗自闭症的特效药，有些药物副作用明显，如治疗精神病常用的 Therazine 等药易导致血栓的形成，不过还是有一些药物可以减轻自闭症儿童的一些自伤、狂躁、抑郁等症状[①]。因此，家庭教育中只可适当地辅助采用一些药物疗法，但要注意所有的药物必须在精神大夫处方下才能给予，切忌按广告服药，以免贻误治疗时机或出现不良反应[②]。

2. 感统训练法

美国心理学家艾瑞斯(Ayres)认为感觉统合是人体将各部分器官输入的感觉信息组合起来，经大脑统合作用，完成对身体内外知觉并作出反应。在艾瑞斯感觉统合理论的基础上，通过对儿童前庭、本体感和触觉有刺激作用的活动，来改善儿童的运动协调、语言等功能的方法，即感统训练法。该方法被不少学者所接受并在康复机构中大量使用，在机构老师的引导下，现在很多家庭教育中运用也较为普遍。自闭症儿童往往存在某方面的感觉统合失调，如触觉防御过度、听觉统合失调等。"感统训练能够改善自闭症儿童的动作协调性、注意力、情绪的稳定性及触觉过分防御行为等"[③]。而且，家庭中一些小范围内的感统训练往往具备简单、实用的优点。家长可以通过让儿童独立翻转、走平衡木、赤脚踩豆(或踩沙)、玩大龙球等方式来锻炼儿童的感统机能。这在减轻自闭症儿童的触觉防御过度，身体协调尤其是大动作与小肌肉的协调方面效果较好。但是，需要指出的是，如何判断感统

---

① 王梅.孤独症儿童教育与医学康复的最新成果综述[J].中国特殊教育,2001,(3):44—47.

② 李雪荣.孤独症治疗简介[J].中国儿童保健杂志,2004,12(5):418—419.

③ 王成美,穆朝娟,王延诂.关于儿童孤独症治疗现状的思考[J].中国行为医学科学,2002,11(4):468—469.

失调却是一个非常专业的工作,在国外是需要专门的感统治疗师才能从事感统评量。此外,若要进行系统科学的感统训练还需要一些大型的场地和配套设施,这些条件则是很多家庭所不具备的。

3. 音乐治疗法

美国自闭症研究院院长瑞蓝德认为,自闭症人士的音乐能力几乎是宇宙性的,尽管他们对外面的世界漠不关心,有的甚至没有语言,但他们对音乐大都表现出极大的兴趣,有些孩子甚至具有超凡的音乐感和超强的辨音能力。研究人员发现,通过打击乐的学习,能加强身体机能的协调与反应,成为积极的情绪宣泄方式。这对于缺乏沟通技巧的自闭症儿童而言,是多元、安全的感官运动,有助于抒发压抑情绪,从而有效抑制问题行为与不良情绪的滋生。香港、台湾有的音乐治疗师还发现,通过培养对音乐技能如歌唱、器乐演奏的兴趣,能大大降低自闭症儿童异常玩耍行为和自我刺激行为的出现,减少自言自语的说话方式,不但可以促进他们生活兴趣的正常化,塑造日常生活的正确行为,而且有助于培养集中注意力。研究者强调音乐治疗法在使用过程中要与其他方法综合使用,如音乐综合治疗法,以在奥尔夫音乐教育体系的基础上建立的奥尔夫音乐治疗方法为主①。

第四节 自闭症儿童早期干预案例

   不再孤独,走出自闭
　　　　　　　——学龄前自闭症儿童的社会交往技能训练

自闭症是一种广泛性的发展障碍,在认知发展、语言功能、社会交往与适应方面有显著困难。其中社会交往技能缺乏常表现为不能使用恰当的方式表达内心情感,情绪宣泄方式不当,缺乏自信心,畏惧与他人交往等。这使得自闭症儿童经常遭遇他人误解和排斥,难以融入主流社会,因此,针对自闭症儿童社会交往技能的干预意义重大,本研究以个案形式对此进行了探讨。

哲 哲 其 人

哲哲,男,6岁,就读于××幼儿园大班。其父亲大专学历,公司普通职员,母亲中专学历,从事会计工作,家庭经济状况一般。

哲哲为足月剖腹产,发育状况良好,两岁半前与正常儿童没有显著差别,但进

---

① 张炎. 音乐治疗干预高功能孤独症儿童行为训练的个案研究[J]. 中国特殊教育,2005,(8):38—43.

入幼儿园后被发现难以融入同伴游戏活动,初步诊断为发育迟缓。六岁半时就读于某小学一年级,入学一周后开始变得沉默寡言,出现咬牙切齿挥拳喊叫、半夜惊醒及哭闹等现象,医院确诊为自闭症。

问 题 聚 焦

父母反映哲哲进入幼儿园后不会与人玩耍,难以听从老师指令。在他的意图无法被他人理解或要求没有得到及时满足时,他会情绪激动,躺在地上大声哭闹,且在短时间内情绪无法控制。随着时间推移,哲哲表现出更为明显的社交技能不足。例如,不会用适合的方式与人打招呼,不能与同伴和睦相处,经常遭到排斥和欺负,只与人交流自己感兴趣的话题,且总是自说自话。

老师观察发现,哲哲兴趣单一,表现出对小汽车玩具的强烈爱好。他几乎没有主动语言,只有出现自己感兴趣的话题时才出现较多语言。哲哲缺乏情绪控制能力,在遇到挫折或不愿从事某件事情时,常躺在地上大哭大闹以发泄情绪。他是一个极不快乐的孩子,并且缺乏自信心。另外,哲哲常规意识薄弱,经常我行我素,课堂上自言自语,不听讲课或突然离座,扰乱正常教学。

系统评估,解密"孤独"

针对哲哲的行为问题表现,在干预之前训练人员对其进行语言、社会情绪和综合能力等方面的系统评估。

1. 语言评估

采用《语言治疗师临床语言评估表》,分构音能力和语言理解表达两方面评估结果。

构音能力方面,哲哲除 z、c、s、zh、ch、sh、r 不足外其余基本正确。语言理解表达方面,哲哲能够做到:理解自己的名字,听见名字会应答;能够理解简单的日常对话;在辅助下能与他人互动打招呼问好;能正确的唱数及点数等。哲哲语言理解表达上的不足表现在:语句不完整,不能较好地叙述发生过的事情;不能够较好地使用表达时间的词语,如"过去"、"现在"、"今天"、"明天"";不能较好地使用人称代词,如"你"、"我"、"他";轮流等待意识薄弱。

2. 社会情绪评估

采用《葛式自闭症量表》、《儿童气质评量表》和《双溪学生学习态度观察表》。

从整体评估结果来看,哲哲在全天活动中所表现出的动作节奏和频率偏小,对感兴趣的静态活动能够持续进行,如安静的坐下来听别人读书或讲故事;在生理机能、睡眠时间、饥饿与食量的规律性方面显得略无规律;对初次接触的人、事物、环境等新刺激表现出来的接受态度略偏于退缩;对内部刺激和外部刺激的反应强度较高,倾向于害怕、不快乐等负向情绪;对正在或想要做的某件事情,遇到困难或受挫时,极易放弃;对正在进行的活动,在外界刺激干扰下,注意力不容易分散;反应阈偏低,需要的刺激量偏低;经诱导能对指定事物表现出兴趣或好奇,能独自玩感兴趣的事情;能模仿指定动作和听从指示,有自我控制表现但不明显,存在轻微不良行为表现。

3. 综合认知能力评量

采用《自闭症儿童心理教育评核》(PEP-3)。

从测评结果来看,哲哲的认知(语言/语前)发展程度为中度障碍,语言表达为中度障碍,语言理解发展程度为中度障碍,小肌肉能力发展程度为轻微障碍,大肌肉运动能力发展程度为中度障碍,模仿(视觉/动作)能力程度为轻微障碍,情感表达发展程度为轻微障碍,社交互动发展程度为轻微障碍,行为特征—非语言发展程度为中度障碍,语言特征—语言发展程度为轻微障碍。

从整个测试过程来看,哲哲适应能力良好,情绪较稳定,与他人互动意识较好,配合意识较好,注意力较集中,自制力略弱,测试过程中需要老师提醒坐好。

综合上述情况分析,哲哲语言理解优于其表达能力。由于认知量相对较少,词汇相对缺乏,使其语言理解与表达较弱,故较多时候用哭闹来表达自己的情绪。

步步为营,走进"雨人"的世界

第一,情感融入,培养孩子自信心。增加孩子的自信心,可以有效抑制其消极情绪的产生,为主动交往提供动力支持。由于哲哲平日的生活基本处于被约束的氛围中,父亲对其要求较为严格,使其心理较为紧张害怕,缺乏自信心和抗挫折能力。为提高哲哲的自信心水平,教师在初期训练中,采取课堂上以鼓励为主、平等互动的教学方式,利用其本身的优势去完成一些目标,让他较容易获得成功,感受到成功的喜悦。例如:哲哲在音乐方面较为突出,韵律感较强,音乐老师上课时,就会经常请他来做小老师,给其他孩子做示范。开始,哲哲较为胆怯,不愿意听从,教师不断给予语言表扬和眼神鼓励,营造轻松、接纳、愉悦的课堂氛围,经过几次尝试以后,哲哲开始主动要求做小老师。

第二,代币制培养孩子常规意识,提高自我约束能力。教师专门为哲哲制作了课程表,每节课都为孩子制定一个目标,通过代币制强化和塑造期望的行为。例如:哲哲早操时间经常闹脾气,不愿意去操场做操,如果老师坚持,他就会躺在地上发脾气。因此,教师将早操课的目标定为:"早操音乐响起后,我会和小朋友们一起排队去操场"。开始阶段,每节课的目标都相对简单易于完成,随着孩子能力的不断提升,目标难度逐渐增加。只要孩子独立完成了目标,就奖励他一个笑脸。如果一天之中,他可以累积得到 4 个笑脸(后期训练中,每日笑脸累计个数的要求逐渐增加),老师就奖励他一张汽车贴纸。一周累积得到 5 张汽车贴纸,爸爸就给他买一辆汽车模型作为奖励。

第三,扩大孩子认知量,训练简单语言表达。个别化教学中利用孩子感兴趣的话题进行灵活多样的教学。哲哲的认知量明显低于其实际年龄应具备的范畴,对于颜色、形状、类别、数的概念等基础知识都较为缺乏。针对这一特点,教师对哲哲开展个别化教育训练,在训练过程中尽可能地着眼于哲哲的兴趣爱好,引发兴趣的同时启发诱导。例如:哲哲喜欢汽车,在教点数报整数时,老师先创设一个情景——老师和哲哲来到了停车场(在桌子上放一些汽车模型),停车场里有好多漂亮的小汽车,哲哲是看车人,现在请哲哲数数有几辆红色的车、数数有几辆大客车等等。

利用绘本教学,增加孩子的词汇量,提高孩子的语言组织能力以及表达能力。老师首先带着孩子一起读绘本,用丰富夸张的语言、表情、声调引发他的注意。在读绘本的过程中,为了防止哲哲注意力不集中,教师有意穿插提问:如《大树爷爷过生日》中,老师会问"大树爷爷一共写了 7 封信,他们都是什么颜色的啊?"当哲哲对故事熟悉以后,老师鼓励他尝试着复述绘本,开始阶段,哲哲的句子很短且很少,经过一段时间的训练,可以较为完整地说出绘本中的故事了,比如能用 5—7 个句子简单讲述绘本故事内容。

个别化训练之外时间,尽量给哲哲创造主动表达的机会,让他知道当自己想得到或不想做什么事情的时候,可以用语言说出来。例如:点心课上,老师要求他选择自己喜欢的点心,同时用语言告诉老师他想要什么或不想吃什么。当他因意愿未满足或不愿做某事而发脾气时,老师会启发他用简单的语言说出自己的想法。最初哲哲难以配合,总是大哭大叫,经过一段时间的引导之后,哲哲能够做到说出自己的想法。

在日常生活中教师不厌其烦地告诉他正在做的每件事,看到什么就说什么,要求用简单完整的句子来谈周围的环境。平时多和哲哲聊天说话,多进行对事件叙述的练习,并且常常要求他把刚刚发生或是已经发生过一段时间的事情,说给老师听。这样做的目的,是为提高哲哲听觉记忆能力的同时,增加其生活认知。

第四,家校合作,实行共同干预。在对孩子训练之前,老师会和家长一起根据测评结果,结合平时对孩子的观察记录情况,共同商讨教育方向。哲哲的父亲最初不能面对孩子是自闭症的事实,看不到孩子身上的闪光点,且对孩子要求非常严格,经常提醒哲哲准备好后回到普通学校就读,给哲哲带来很大压力。老师首先努力去改变孩子父亲的想法,使其看到哲哲的优点,在如何采取正确教养态度与方式问题上与家长沟通,为孩子营造一个宽松的家庭环境,使孩子敢于和家长交流、表达自己的内心想法。然后针对孩子目前的情况制定相关训练内容并及时与家长沟通,教会家长一些基本方法,让家长在家继续训练与强化所学内容。要求孩子的家长及时将反馈告知老师,使老师在训练上有的放矢。

初 见 成 效

经过一段时间的训练后,哲哲的各项能力得到提高。首先,亲社会性增加,哲哲现在会用合适的方式与人打招呼;以前妈妈回家他会推搡妈妈,对妈妈发脾气,现在见到妈妈回家后会对妈妈说:"妈妈你回来啦! 妈妈抱抱!"第二,语言表达能力增强,可以用简单的语言表达自己内心的想法与需求;可以用简单的句子描述看到的物品以及正在或刚刚发生的事情。第三,情绪控制能力有所提高,哲哲在家发脾气的频率和强度明显降低,安静的时间逐步增多。在集体课上,可以遵守常规,不再我行我素。以上进步只是一个开始,需要进一步的训练。

反　　思

总的来说,对于自闭症孩子的训练是一个漫长的过程,需要付出长期的艰辛和努力,在训练中要注意以下问题:

1. 耐心训练,获取孩子信任

在训练过程中,教师要耐心地观察孩子,然后根据孩子的特点找到适合他们的方法,切忌急于求成。鼓励和赞赏孩子,通过兴趣激发,创设游戏等方式,营造轻松学习环境,育快乐于训练之中。

2. 训练工作的持续性和循序渐进性

训练一定要长期坚持,不能断断续续,同时每个环节要承前启后。

3. 行为矫正法的正确运用

要正确查找孩子问题行为的原因,评估孩子问题行为发生的时间、地点、频率等,采用合适的行为矫正方法,塑造期望行为,消退不良行为。

4. 家长配合与支持

在训练过程中家人扮演着非常重要的角色,家人的配合对干预的效果有很好的辅助功能。在儿童的早期行为干预过程中,家人要做到以下几点:

(1) 给予训练人员完全的支持,充分信任训练人员。

(2) 在非训练期间,家人可以按照训练原则要求儿童,巩固强化训练效果。

(3) 尽量为儿童创造接触社会的机会,扩展孩子的认知。

思考题

1. 如何界定"自闭症儿童"？
2. 自闭症儿童的临床特征有哪些？
3. 简述自闭症儿童的诊断标准。
4. 对自闭症儿童进行评估要注意哪些事项？
5. 对自闭症儿童进行早期干预常用的方法有哪些？

第十一章　多动症儿童早期干预

　　多动症是特殊儿童的常见症,对此类儿童的关注日益引起社会各界的重视。多动症儿童现在多指"注意缺陷多动障碍儿童",即 ADHD 儿童。本章将分别从多动症儿童的概述、评估、干预方法及案例呈现等四大方面来详细介绍此类儿童的早期干预。具体涉及的内容包括:多动症儿童的概念界定、流行率、临床特征及成因分析;多动症儿童的评估诊断标准、评估工具及评估过程中的注意事项;多动症儿童常见的干预方法,如药物治疗法、行为训练法、自我指示训练法、饮食辅助疗法及综合干预法。最后,本章通过一个具体的案例来详细介绍多动症儿童早期干预的实践应用。

第一节　多动症儿童概述

一、概念界定

　　"多动症"又称之为"多动障碍"、"注意力缺乏多动症"、"多动性障碍"、"小脑功能失调"及"运动过度障碍"等,现在较通用的提法为"注意缺陷多动障碍"(Attention Deficit Hyperactivity Disorder, ADHD),是指儿童表现出与其实际年龄不相称的,以注意涣散、活动过度和行为冲动为主要特点的行为障碍。

　　美国的《精神疾病诊断与统计手册(第四版修订版)》(DSM-IV)针对多动症儿童的障碍特点将其分成三种类型:

①以注意缺乏为主的类型,其主要特点是难以集中注意力、易健忘和分神;②以多动—冲动为主的类型,其主要特点是坐立不安、话过多和难以安静地活动;③两者兼有的类型,大部分多动症儿童属于这一亚类型,其主要特点是长期的注意力缺乏,同时伴有多动性和冲动性问题。

康纳斯等人(Conners et al.,1986)从神经生理特质出发将多动症儿童分成六个亚类型,分别是:①额叶功能失调型,其主要特征为波斯特商数、视知觉任务及配对测验得分低;②注意缺陷或学习障碍型,其主要表现为学业成绩低下、注意力不集中等;③动作冲动型,其主要表现为视动知觉能力低下、注意力不集中、容易冲动等;④高认知功能型,其主要表现为智力得分较高、学业成绩优良,但是波斯特商数较低、视动协调能力比较差;⑤高注意功能型,其主要表现为注意力较集中,但视动及画人测验较差;⑥空间视知觉功能协调型,其主要表现为空间视觉能力较差,但是不存在注意力缺陷问题。

台湾学者洪俪瑜(1991)以儿童的问题行为特点将多动症儿童分成五种类型①:①中庸型,占40.9%,其中男女比例约为10∶1,其主要特征是冲动和违规行为比较明显;②适应良好型,占11.1%,其主要特征是问题行为不明显,是正常儿童中比较好动的一群;③注意缺陷型,占9.3%,其主要特征是不专注、懒惰、被动;④高焦虑型,其主要表现为违规行为、不专注、紧张和焦虑;⑤适应困难型,主要特征是懒惰、违规行为、不专注和被动。

二、流行率

关于儿童多动症的流行率,目前世界上许多国家与地区都有相应的流行病学调查的报告,但是各个国家各个地区、甚至同一国际同一地区的儿童多动症的流行率差异巨大,这种差异大概在1%—20%之间。究其原因,主要是不同的研究者、不同的调查者所采用的调查方法及诊断标准不同所导致。

以近年来发表在国际权威杂志上的报道为例,高德曼(Goldman,1998)在JAMA报道为1.7%—17.8%;艾丽娅(Elia,1999)在新英格兰医学杂志报道为3%—6%;布罗恩(Brown,2001)在儿科学杂志报道为4%—12%。国际上较为公认的儿童多动症的流行率为3%—9%。流行率的高低与研究人群、地域、评估者、使用的诊断标准密切相关②。国内外的儿童多动症的流行病学调查及临床报告均发现男孩流行率高于女孩,二者的比例为2—9∶1。

---

① 洪俪瑜. ADHD学生的教育与辅导[M]. 台北:心理出版社,1998:61—62.
② 转引自:苏林雁. 儿童多动症[M]. 北京:人民军医出版社,2005:120.

我国从 20 世纪 80 年代就开始儿童多动症流行病学调查,调查的次数之多超过了对其他障碍类型的儿童的调查,国内调查结果差异同样巨大。孙殿凤等人(2009)对鲁北地区调查发现:4—5 岁儿童注意缺陷多动障碍的患病率为 6.1%,6—11 岁儿童的患病率为 7.7%[①];唐述文等人(2008)对乌鲁木齐学龄前儿童的调查发现:男孩注意缺陷多动障碍的检出率为 10.62%,女孩的检出率 5.16%,3 岁儿童检出率 7.07%,4 岁儿童 6.32%,5 岁儿童检出率 8.22%,6 岁儿童 9.48%,其中,性别存在显著差异,不同年龄之间差异不显著[②];陈尚徽(2006)对铜陵市儿童的调查发现:男女儿童患病率分别为 5.22% 和 1.21%,性别差异极其显著;各年龄组儿童注意缺陷障碍的患病率 3—5 岁为 3.3%,6—8 岁组为 4.2%,9—12 岁组为 2.9%,各年龄组儿童注意缺陷障碍的患病率间差异无显著性意义[③]。

三、临床特征

儿童多动症已有 100 多年的研究历史,但是直到 20 世纪末人们才对其临床特征达成相对较为一致的看法。现在通用的提法是:多动症作为一种行为障碍,其主要的临床表现包括注意分散、活动过度、任性冲动三大主要症状。但是,多动症儿童个体间的差异同样巨大,一般来说多动症儿童都具备上述三大主要症状,每一症状的严重程度因人而异。此外,多动症儿童还会存在学习困难、言语障碍、感知觉异常、品行问题、社交问题及一些生理性病变等。

1. 注意分散

注意是指个体心理活动对一定对象的指向与集中。观察材料表明:一般情况下 2—3 岁儿童能聚精会神地注意某一事物的平均时间为 10 分钟;5—7 岁为 15 分钟;7—10 岁为 20 分钟;10—12 岁为 25 分钟;12 岁以上为 30 分钟[④]。正常的儿童在学龄前其无意注意和有意注意都得到一定程度的发展。

多动症儿童很容易被无关刺激所吸引,注意的分配和转换方面有困难。平时生活当中,对来自各方面的刺激均有一定的反应,不能较好地过滤外界无关刺激,从而导致上课不能坚持认真听讲,做作业时不能全神贯注,而是一心数用。环境中

---

① 孙殿凤,依明纪,李敏,李彦丽.鲁北地区 4—16 岁学生注意缺陷多动障碍患病情况及其家庭环境调查[J].中国神经精神疾病杂志,2009,35(11):650—654.

② 唐述文,邵红.乌鲁木齐学龄前儿童注意缺陷多动障碍的现状调查[J].中国误诊学杂志,2008,8(14):3517—3518.

③ 陈尚徽.铜陵市 3—12 岁儿童注意缺陷障碍流行病学调查研究[J].中国全科医学,2006,9(13):1102—1103.

④ 朱智贤.儿童心理学[M].北京:人民教育出版社,2003:353.

任何视、听刺激均可干扰其注意力,使之分心。此类儿童在学校是比较容易识别的,如:经常关注教室外面的一些情况,只要听到教室内有异常声响,目光就会循声而去,上课过程中,经常东张西望。即使在游戏活动当中,也难于集中注意力坚持到底,如:下棋不能完整地下完一盘棋、不能完整地搭完积木,拼图,串珠子方面都有较大的困难。这是多动症儿童注意分散的其中一个表现,即指向外部世界,还有一部分儿童的注意容易分散,指向的是个体的内部心理世界。

另一类多动症儿童通常表现为没有生气,长时间保持冷漠或活动性较弱。研究发现这类多动症儿童倾向于把注意力集中在自己的内部心理世界,而不是外部世界。他们的思维可能十分活跃,并且十分具有创造性,但是给人的感觉往往是这类儿童较为懒惰、好静恶动,似乎表现出"回忆或提取概念"的困难,预后比其他类型多动症儿童好。注意分散指向个体内部的多动症儿童没有多动—冲动型的孩子有破坏性,上课过程中也会表现出较好的行为规范,如正襟危坐,但往往是开小差,没有认真听课。所以此类儿童容易被老师忽略,很容易长时间地在学业、社交和情绪上出现问题。

2. 活动过度

活动过度是多动症儿童的又一核心症状,是指在需要相对安静的环境中,儿童的行为动作和活动内容比正常儿童或成人的预期明显增加,在需要儿童自我控制和秩序井然的场合中显得尤为突出。多动症儿童从小就显得比较兴奋活跃,活动过度的症状最容易引起大人的注意,也是怀疑孩子得了多动症的最初依据。

儿童的活动过度是很多家长来咨询的直接原因,事实上很多多动症儿童在婴儿期甚至在胎儿期就开始有过度活动,表现为孕期胎动较为频繁;出生后表现出比其他婴儿更为活泼,手脚不停乱动;到了 7—8 个月的时候,会经常从摇篮或小车里向外爬,很少有安静的时候;到了 10—12 个月的时候,学习独立行走常常以跑代走,喜欢喧闹的环境,大人抱也抱不住;到了幼儿初期,经常表现不能静坐,翻箱倒柜,经常到处捣乱,好破坏,不能将玩具整齐地收拾完毕并归回原位;到学龄前期,小动作尤其多,喜欢在不同的房间中乱窜,对周围的物件喜欢用手触碰或用脚踢打;到学前阶段,上课喜欢在座位上扭来扭去,左顾右盼,甚至离开座位随意走动、说话或叫喊等,极大影响课堂秩序。

总而言之,多动症儿童的这种活动过度主要有三个特点:第一,跨场合的稳定性,儿童的这种多动行为并非只出现在家里或学校,甚至到别人家做客、到公共场合看电影、到医院就诊等场合都会表现出活动过度,难以安静。第二,跨时间的持续性,一方面多动症儿童的这种多动行为,从胎儿期会持续到青少年期,甚至持续到成人;另一方面多动症儿童的这种活动过度表现在一天当中的不同时段都是如此,情况严重者甚至睡眠期间也会活动过度,如蹬踏被褥、从床的一端翻到另一端、掉到床铺底下等。第三,不能自我克制,大多数多动症儿童无论在何种场合都处在忙碌不停之中,但是单一的动作从来不能持久,对于过多的动作,孩子不能自我克制。儿童的这种活动过度很难依靠自我控制来加以改善,同样也难以接受环境的约束。所以,儿童家长、老师的一般说教、批评等往往收效甚微。

3. 任性冲动

任性冲动一般是指多动症儿童在情况不明朗、信息不完整的情况下引发的快速、随便、非合理的行为反应。如:上课过程中,教师的问题还未呈现完毕就抢着回答,答案基本错误;在与人交流的时候,无法做到倾听,经常随意插嘴;完成家庭作业时,经常忘记老师要求,不顾对错而匆匆了事;就餐时,不管汤是冷是烫,拿来就喝;过马路时,不管有无汽车,横冲直撞;与他人游戏时,经常不服从规则,急不可待,随心所欲。同时,多动症儿童常常情绪很不稳定,极易冲动,做事凭兴趣,感情用事,情绪波动很大。对自己感兴趣的事情容易过度兴奋、激动。但是一旦受到挫折,遇到困难,则易激怒、发脾气、哭闹。情绪极易受外界影响变化。多动症儿童的需求要立即满足,否则就会大哭大闹,甚至会无缘无故的叫喊,在集体活动中很难遵守纪律等。

4. 学习困难

一般情况下,多动症儿童的智力水平大都正常或接近正常水平,但是,由于注意分散、活动过度、任性冲动这三个症状的存在极大地影响多动症儿童的学业成绩。多动症儿童的注意分散,导致其不能把注意力集中在学习上,尤其是教师的讲解过程中,好动贪玩,经常错过最佳听课期,对教师讲授的知识一知半解。此外,一部分多动症儿童存在认知功能缺陷。如:有的儿童在学习画画时,往往分不清主体与背景的关系,不能分析图形的组合,也不能将图形中各部分综合成一体;有视觉-空间位置障碍,分不清上下、左右,将"3"看成"8",把"q"读成"p"等。国外的相关研究也进一步验证了多动症儿童学习困难的存在,巴克雷(Barkey)研究报道,多动症儿童几乎 90％学习成绩差;标准化成就测验得分比同龄儿童低 10—15 个百分点;标准化测验智商比同龄儿童低 7—15 个百分点;其中,多动症与阅读障碍的共病率为 21％,与拼写障碍的共病率为 6％,与计算障碍的共病率为 28％[①]。

5. 言语障碍

一部分多动症儿童会伴发言语障碍,一方面表现为语言发育延迟而导致的表

---

① 转引自:苏林雁.儿童多动症[M].北京:人民军医出版社,2005:131—132.

达性语言障碍和感受性语言障碍;另一方面表现为特定性的言语异常,如发音异常与口吃。多动症儿童的口头语言的发育明显落后于正常儿童的水平,开口说话比较晚,有些儿童到了 2 岁还是不能说单词句,在日常生活当中,表达自己意愿和理解他人的意图存在一定的困难。同时,一部分儿童会出现发音异常,比如经常在以下音中出现错误:l/m/n/j/q/zh/ch/sh/s/z/c;另一部分儿童会出现言语节律方面的异常,即通常所说的"口吃"现象,比如经常会出现一些字音字词的多次重复、不合理拉长与异常停顿等。

6. 其他特征

大部分多动症具有正常的体貌特征,但部分多动症儿童会伴随头面部、躯干、肢体等的不自主抽动;部分多动症儿童会有吸吮手指、啃咬手指甲等不良习惯;大约一半多动症儿童存在精细动作发展缓慢、手眼协调能力差,在系鞋带、投球、写字、拼图、积木等任务中存在一定困难;部分多动症儿童会出现功能性遗尿、功能性遗粪及睡眠障碍(主要是夜惊)等异常。此外,研究者(Spencer,1999)还发现 23%—64%的多动症儿童伴有违抗性、攻击性等品行问题等。

7. 症状表现的年龄差异

在婴儿期(0—2 岁),主要表现为不安宁、过分活跃、安抚困难、容易激怒、过分哭闹、肢体动作过多、睡眠无规律或喂食困难。需要指出的是,婴儿期的孩子哭是一种正常的交流方式,但是如果儿童过多哭闹,应当引起家长足够的重视。

在学龄前期(3—6 岁),主要表现为注意力集中时间极为短暂,多不足十分钟,在幼儿园中,儿童参加活动突兀且不经思考,对常规活动极为厌恶,情绪波动异常,好发脾气,有明显的破坏性行为、攻击性行为、挑衅性行为及冲动性行为。

在学龄期(7—13 岁),主要表现为多动行为影响课堂纪律,经常引发老师和家长的关注。小学低年级的多动行为主要以小动作为主,如做鬼脸、不能自我控制的扭动身体等,有时还会出现大范围的活动,如站在桌面上或离开座位,在教室里随意走动、敲打桌椅、吹口哨等;到小学高年级和中学阶段,这种大范围的多动症状会逐渐减少,以小范围的注意缺陷症状与多动症状并存为主,并且导致学习成绩下降、学习困难。

有研究发现,只有 30%左右的儿童到了青春期之后其行为症状会消失。学龄期多动症儿童如果没有得到及时有效的干预,症状可以延续到青春期甚至到成年期。不过,由于随着年龄的增长,儿童的自制力也就相应地增强,多动症状或多或少会逐渐减少甚至消失,但注意缺陷和继发性心理行为障碍(主要缺陷而引发了相关缺陷)仍然有不同程度的存在。

有资料显示,大多数多动症儿童成年后文化水平低于正常儿童。约有 16.6%的多动症儿童到成年期工作极度不负责,与人很难相处,缺乏自信等,约有 11.1%有冲动、自大、自卑等情绪障碍。社会交往问题、说谎、逃学、过失行为或青少年犯罪的发生率也比正常儿童高。

四、成因分析

多动症的成因现在还存在诸多争议,但近些年多项研究的一个初步共识是:多动症是由多种生物因素、社会因素、心理因素等共同作用的结果。

1. 脑部异常

核磁共振成像(MRI)、正电子发射体层摄影(PET)、功能性核磁共振成像(fMRI)及单光子发射计算机断层扫描(SPECT)等技术的出现使多动症成因的神经生理理论的预测成为可能。研究发现多动症儿童的脑部前额区域存在异常,主要包括前额皮质和位于脑皮层之下的深处的灰色物质的相互联系区域。研究者指出,这些区域的损伤会导致多动症儿童的相应行为症状。比如说,教师在讲课时,班上有一个多动症儿童,这个学生很难控制自己的行为,会不合时宜地发言,在其他学生都在心里默想时,他会脱口而出。一方面他影响课堂秩序,另一方面周围同伴的取笑也使多动症儿童本人感到难以接受。尽管教师对该学生的这种行为当场加以制止,但是,多动症学生还是经常会在之后的课堂中出现一些类似不合时宜的言论,根本不会从上次的错误中吸取教训。

研究发现,上述的脑部异常往往与母亲妊娠时的病毒感染、不恰当服药、新生儿窒息、产伤等多种原因关系密切,具体表现为儿童脑缺氧、脑损伤等。此外,长时间的电脑辐射,手机辐射等对新生儿的脑部组织也有较大影响。这些因素都与多动症的产生呈现较高的相关。

2. 遗传因素

多动症的遗传因素的病因探讨主要体现在基因研究方面。早在 20 世纪 70 年代,国外学者席勒温(Silver)就发现近 40%的多动症儿童的父母、同胞和亲属也患有该症,存在家族聚集性[①]。法诺旺(Faraone)等人的研究也显示:多动症儿童其父母为多动症的几率是对照组的 20 倍,兄弟姐妹为多动症的几率是对照组的 17 倍。著名的多动症双生子研究是由高德曼和史蒂文森(Goodman & Stevenson,1989)进行的,他们从普通人群中通过老师和父母填写问卷的方式筛选多动症双生

---

① 苏林雁. 儿童多动症[M]. 北京:人民军医出版社,2005:57.

子患儿,对这些资料分析发现,单卵双生子的同病率是51%,而异卵双生子的同病率是33%①。

3. 神经化学因素

患有多动症的儿童与不患多动症的儿童在某些神经化学方面的指标,如尿液、血浆和脑脊液等方面,暂未发现显著的差异。但现在的诸多研究发现,个体内的去甲肾上腺素、多巴胺和5-羟色胺等神经递质在多动症的发生中有重要作用。有研究者指出,多动症儿童的中枢神经递质及其代谢物和一般儿童的不同,如他们脑内多巴胺,5-羟色胺、乙酰胆碱缺少,但至今没有确定研究结论。神经递质的功能运作受到心理刺激物质的影响,这在某种程度上为药物治疗提供了依据,通过药物(包括神经介质多巴胺、去甲肾上腺素、肾上腺素和血清胺)这个心理刺激物质调整神经递质。

4. 饮食和铅中毒

一些饮食因素也被认为是多动症的可能病因。20世纪80年代,食用糖在美国被认为是儿童多动症的主要成因,后来相关研究所及大学的研究者通过严格的实证研究,结论显示糖与儿童行为、注意力和学习问题之间并不存在任何的关系,即食用糖不是多动症的成因(Milich,Wolraich,& Lindgren,1986)。目前,人们对于一些食物添加剂(使用色素、香料、防腐剂)和某些饮料(可乐、雪碧、冰激凌)也存在一定的顾虑,认为这些食品增加多动症出现的可能性,但是目前研究没有发现这些物品与多动症之间的直接关系。

严重的铅中毒会导致神经系统损害,轻微的是否会导致多动症没有定论,但一定会对儿童的健康产生不良影响。生活中的塑料、油漆、汽油都含有铅,母亲在怀孕期间或者儿童在小的时候应该尽可能远离上述物质。平时生活当中的细节问题也应该引起家长的足够重视比如:儿童啃指甲容易导致铅中毒;薯片、雪饼、皮蛋等含铅量较高,应少给孩子吃;儿童不宜多吃爆米花、罐头食品等。

第二节　多动症儿童评估

一、诊断标准

1.《美国精神疾病诊断与统计手册(第四版)》的诊断标准

《美国精神疾病诊断与统计手册(第四版)》将多动症分为两维度三亚型,命名

---

① 吴增强.多动症儿童心理辅导[M].上海教育出版社,2006:21—22.

为注意缺陷多动障碍（ADHD）。在 9 条注意力缺乏症状中，如果符合 6 条以上，即可诊断"以注意缺乏为主的类型（Predominatly Inattentive Type, PI）"；在 9 条多动—冲动症状中，如果符合 6 条以上，即可诊断为"以多动—冲动为主的类型（Predominatly Hyperactive-Impulsive Type, HI）"；如果两型都符合，则诊断为"两者兼有的混合类型（Combined type, CT）"。具体的诊断标准如下：

（1）或①或②

① 注意力缺乏

至少符合下列注意力缺乏症状中的 6 条，至少持续 6 个月，其严重程度不适合于发展水平。

（a）在课堂作业、工作或其他活动中，常不能对细节给予集中注意或犯些粗心的错误；

（b）常对任务或游戏活动难以给予长久的注意；

（c）似乎常不听正在对他或她说的话；

（d）常不跟随指示，且无法完成学校作业，承担家务或工作中应负的责任（不是因抵触情绪或不能理解指示造成的）；

（e）常难以组织任务和活动；

（f）常避免或非常不喜欢需要长久心理毅力的任务（诸如，学校内作业或家庭作业）；

（g）常丢失些对任务或活动必需的东西（如学校作业本、铅笔、书本、工具或玩具）；

（h）常容易被外部新异刺激分散注意力；

（i）在日常活动中常表现出健忘。

② 多动性—冲动性

至少符合下列多动性—冲动性症状中的 6 条，至少持续 6 个月，其严重程度不适合发展水平

多动性

（a）常手脚不停地动或在座位上辗转不停；

（b）在课堂中或要求其坐下的环境中随意离开座位；

（c）常在不允许这么做的环境中过多地奔跑或攀爬（在青少年或成人中，可能只限于主观上感到无法停止）；

（d）常难以安静地玩或享受休闲活动；

（e）常说话过多；

（f）常表现出似乎受"马达驱动"，无法保持安静；

冲动性

（g）常在问题还没有说完时就说出答案；

（h）常难以排队等候；

（i）常打断或打扰别人。

（2）开始时间不晚于 7 岁。

（3）症状必须在两个或更多的情景中出现（如学校、家中）。

（4）这种障碍在临床上引起显著的痛苦或造成在社交上、学业上或职业方面的损害。

（5）不只出现于弥散性发育障碍、精神分裂症或其他心理疾病中，也不只是由于情绪障碍、焦虑障碍、分离障碍或人格障碍引起的。

2.《中国精神障碍分类与诊断标准（第三版）》的诊断标准

《中国精神障碍分类与诊断标准（第三版）》本着向《国际疾病分类手册（第十版）》靠拢，又要保留中国特色的原则，既汲取《国际疾病分类手册（第十版）》及《美国精神疾病诊断与统计手册（第四版）》的优点，又体现了中国的文化传统。由李雪荣教授主持负责修订的儿童精神障碍部分，在全国 12 省市 17 所医院的临床测试，发现国际通用的诊断标准并不完全适用于我国，如中国儿童中多动—冲动为主型发生比例较低，多动—冲动症状很难达到《美国精神疾病诊断与统计手册（第四版）》诊断要求的 6 项以上[①]。据此我国针对多动症的诊断标准进行相应的调整，具体标准如下：

注意缺陷与多动障碍（儿童多动症）是发生于儿童时期（多在 3 岁左右），与同龄儿童相比，表现为同时有明显注意集中困难、注意持续时间短暂，及活动过度或冲动的一组综合征。症状发生在各种场合（如家里、学校和诊室），男童明显多于女童。

【症状标准】

（1）注意障碍，至少有下列 4 项：

① 学习时容易分心，听见任何外界声音都要去探望；

② 上课很不专心听讲，常东张西望或发呆；

③ 做作业拖拉，边做边玩，作业又脏又乱，常少做或做错；

④ 不注意细节，在做作业或其他活动中常常出现粗心大意的错误；

⑤ 丢失或特别不爱惜东西（如常把衣服、书本等弄得很脏很乱）；

---

① 李雪荣，苏林雁，罗学荣等.中国精神疾病分类与诊断标准第三版（CCMD-3）儿童青少年部分的修订与现场测试[J].中国心理卫生杂志，2002，16（4）：230—233.

⑥ 难以始终遵守指令，完成家庭作业或家务劳动等；

⑦ 做事难于持久，常常一件事没做完，又去干别的事；

⑧ 与他说话时，常常心不在焉，似听非听；

⑨ 在日常活动中常常丢三落四。

（2）多动，至少有下列 4 项：

① 需要静坐的场合难于静坐或在座位上扭来扭去；

② 上课时常小动作，或玩东西或与同学讲悄悄话；

③ 话多，好插嘴，别人问话未完就抢着回答；

④ 十分喧闹，不能安静地玩耍；

⑤ 难以遵守集体活动的秩序和纪律，如游戏时抢着上场，不能等待；

⑥ 干扰他人的活动；

⑦ 好与小朋友打逗，易与同学发生纠纷，不受同伴欢迎；

⑧ 容易兴奋和冲动，有一些过火的行为；

⑨ 在不适当的场合奔跑或登高爬梯，好冒险，易出事故。

【严重标准】对社会功能（如学业成绩、人际关系等）产生不良影响。

【病程标准】起病于 7 岁前（多在 3 岁左右），符合症状标准和严重标准至少已 6 个月。

【排除标准】排除精神发育迟滞、广泛发育障碍、情绪障碍。

二、评估工具

1. 康纳斯行为评定量表（Conners' Rating Scales，CRS）

康纳斯行为评定量表也称之为 Conners 儿童行为问卷，最早出版于 1969 年，经过近 40 年的应用及多次修订，如今已成为筛查儿童行为问题（尤其是多动症）用得最为广泛的工具。康纳斯行为评定量表根据评定人的不同分为：父母量表、教师量表（见下表 11-1）及父母教师量表。

施测时，先让儿童父母或教师在每一条目最符合儿童实际情况的程度上画勾，量表采用四级计分法（"无"、"稍有"、"相当多"、"很多"分别记为 0 分、1 分、2 分、3 分）。然后，再将量表中的条目按照相应因子归类（父母量表中分为品行问题、学习问题、心身障碍、冲动—多动和焦虑六个因子；教师量表中分为品行问题、多动、不注意—被动三个因子），并计算各个因子的原始分数。最后，施测者根据受测者的年龄和性别查常模表，计算各个因子的 Z 分数，用 X±2SD 来代表正常范围，所以当 Z 分数大于 2 时，就表明儿童存在某方面的行为问题。

表 11-1 康纳斯行为评定量表①(教师用表)

项　目	程度			
	无	稍有	相当多	很多
1. 扭动不停				
2. 在不应出声的场合制造噪音				
3. 提出要求必须立即得到满足				
4. 动作粗鲁(唐突无礼)				
5. 暴怒及不能预料的行为				
6. 对批评过分敏感				
7. 容易分心或注意力不集中成为问题				
8. 妨碍其他儿童				
9. 白日梦				
10. 撅嘴和生气				
11. 情绪变化迅速和激烈				
12. 好争吵				
13. 顺从权威				
14. 坐立不定,经常"忙碌"				
15. 易兴奋,易冲动				
16. 过分要求教师的注意				
17. 好像不为集体所接受				
18. 好像容易被其他小孩领导				
19. 缺少公平合理竞赛的意识				
20. 好像缺乏领导能力				
21. 做事有始无终				
22. 稚气和不成熟				
23. 抵赖错误和归罪他人				
24. 不能与其他儿童相处				
25. 与同学不合作				

---

① 汪向东,王希材,马弘.心理卫生评定手册(增订版)[M].北京:中国心理卫生杂志社,1999:55.

项　　目	程度			
	无	稍有	相当多	很多
26. 在努力中容易泄气（灰心丧气）				
27. 与教师不合作				
28. 学习困难				

2. 阿肯巴克儿童行为量表（Achenbach's Child Behavior Checklist，CBCL）

阿肯巴克儿童行为量表是由美国心理学家阿肯巴克和伊德布鲁克（Achenbach & Edelbrock）于1976年编制的儿童行为量表，是目前人们评估儿童行为和情绪问题时最常使用的量表之一。该量表主要由儿童父母填写，包括两个版本，一个版本适用于2—3岁儿童，另一个版本适用于4—18岁儿童。在阿肯巴克儿童行为量表的基础上，作者后来又相继制定了内容非常接近的教师用儿童行为评定量表、青少年观察量表、青少年自我报告量表等。用阿肯巴克儿童行为量表不仅可以了解儿童的多动症症状，而且还可以评估其共病情况。

阿肯巴克儿童行为量表由三大部分组成：第一部分为儿童的背景信息，如性别、年龄、年级、种族、父母职业等；第二部分为测量儿童的社会能力，由7个项目（参加运动情况、参加活动情况、参加课余爱好小组情况、参加家务劳动情况、交友情况、与人相处情况、在校学习情况）组成三个分量表（活动情况、社交情况、学校情况）；第三部分为测量儿童的行为问题，由120项目组成攻击行为、违纪行为、焦虑/抑郁行为、体诉、社交不良、注意力不集中、思维障碍和退缩等分量表。该量表要求与儿童密切接触的家长或其他养育者填写，具有小学五年级阅读能力及以上的家长完成一份完整的量表大概需要15—20分钟。如果家长填写有困难可以由施测者进行相应解释与记录。

检验结果表明，各分量表的内部一致性系数的中位数为0.76，社会能力量表和行为问题量表的内部一致性系数的中位数为0.92。阿肯巴克以平均一周的间隔先后用该量表进行测试，计算得的稳定性系数分布在0.70—0.95之间；分别以一年和两年的间隔计算稳定性系数，结果是，各个分量表的 $r \geqslant 0.70$。这些数据表明，该量表的信度是很高的。此外，退缩分量表、体诉分量表与是否转介的相关系数分别为0.66和0.52；社交不良分量表、校内学习情况分量表与是否转介的相关系数分别为0.73和0.87；违纪行为分量表、攻击行为分量表与是否转介的相关系数分别是0.77和0.78。可见，该量表的效度同样很高[①]。

---

① 韦小满. 特殊儿童心理评估[M]. 北京：华夏出版社，2006：297—308.

3. 儿童活动水平评定量表（Werry-Weiss-Psters Activity Rating Scale，WWPARS）

儿童活动水平评定量表是由美国学者罗思（Routh）修订的用于评定儿童活动水平的他评量表，可用于筛查多动症儿童、评定儿童多动症的症状程度及追踪评估干预效果等。儿童活动评定量表共包括 22 个项目，主要根据儿童在日常生活当中的行为表现，如就餐、看电视、玩耍、睡眠、外出时的活动情况等，由儿童的家长综合评估儿童的活动水平。家长主要根据行为项目的描述与儿童的实际行为表现相匹配，进行三级评定，即如果儿童无此行为可记 0 分，有时有记 1 分，经常有记 2 分。如果有些项目对儿童不适用，则忽略不为计分。最后，将行为项目的单项得分相加则得到儿童活动水平总分。

国内学者苏林雁、谭立文等在全国 20 个大中城市选取 1728 例样本调查研究，制定了中国大陆城市儿童常模。其中，儿童活动水平评定量表总分间隔半个月的重测信度 $r = 0.85$，间隔 3 个月的重测信度 $r = 0.60$；关于内容效度方面，多动症组与常模组各项目分比较，除第 13 项"玩耍时寻求大人注意"、第 17 项"睡眠很少"两组之间差异无显著性外，其余各项多动症组均高于常模组。同时，该量表的总分与康纳斯父母症状量表的各分量表及总分呈高度相关。多动症组的儿童活动水平评定量表的总分显著高于常模组[1]。

4. 临床试验及其他量表

在临床中常用的，并且对多动症儿童的筛查有参考价值的，有以下几种简易方法：

（1）翻手试验：让儿童将双手并置于桌上，手心向下，拇指置于掌心，余四指均并拢，并将两手的食指靠紧并拢，然后，把双手都翻过来，将两小指靠紧并拢，此后再将双手翻过来，就这样限定在原位反复翻动双手，并渐渐加快速度，这时，要观察肘部摆动的幅度、双手翻动时的姿势及双手是否还能并拢等。肘部摆动超过一个肘部的宽度，而且翻手姿势笨拙，不协调的儿童则应引起家长高度重视，需做进一步的检查。

（2）指鼻试验：让受检儿童先用左手食指，后用右手食指，指自己的鼻尖，睁眼和闭眼各指鼻 5 次，此时，观察儿童在指鼻过程中的协调性和速度，多动症儿童往往动作过重，笨拙，错误次数多，尤其闭眼时，错误尤为明显。

（3）点指试验：让儿童一手握拳，另一只手用拇指依次接触其他手指指端，然后，另一只手重复上述同样的动作，亦可正反两方向接触其他手指（即食指—中

---

① 谭立文，苏林雁，张纪水等. 儿童活动水平评定量表的中国城市常模［J］. 湖南医学，2001，18（2）：81—83.

指—无名指—小指或小指—无名指—中指—食指）。此时，观察受试儿童点指动作的协调性，如不能快速灵活地完成此项试验，即为阳性。

此外，目前较为常用的儿童多动症的评估工具还有：儿童大体评定量表（Children's Global Assessment Scale，CGAS）、注意缺陷多动障碍测验（Attention Deficit Hyperactivity Disorder Test，ADHDT）、家庭情境量表（Home Situations Questionnaire，HSQ）、学校情境量表（School Situations Questionnaire，SSQ）及耶鲁综合抽动严重程度量表等。

三、注意事项

在多动症儿童的早期评估过程当中，要注意以下事项：

1. 明确各阶段评估任务

在多动症儿童的评估过程中，各阶段的任务是不完全相同的。在初期阶段，是为了筛查诊断，整体了解儿童的异常行为，提供干预计划；在干预进行的过程中，全面落实个别化教育计划，重点评估儿童的多动—冲动等典型行为；在干预后期，评估的主要任务是为了衡量干预效果，服务于"转衔"需要，最终提升多动症儿童的学业成绩及社会适应能力。

2. 步骤清楚，收集详实信息

一套完整的多动症儿童评估程序应包含以下几个步骤：第一，了解基本信息，包括儿童的年龄、年级、民族、籍贯、家庭基本情况、养育者的职业、儿童生长发育史、健康史、既往史、家族史等；第二，了解儿童的近期的主要症状表现及所产生的影响，希望达成的初步干预目标等；第三，详细的体格检查及精神状况检查，包括儿童的生长发育情况、营养状况、智力与社会适应能力情况等；第四，必要的脑部区域检查，条件允许的话可借助脑电图、大脑诱发电位等了解儿童的大脑发育情况，通过核磁共振成像（MRI）等检查儿童大脑局部代谢情况；第五，心理及行为评定，利用权威的评估工具对儿童的情绪行为进行全面的评量；第六，确诊及合理转介，在上述步骤完成的前提下，对儿童进行准确的症状确诊，同时，提供合理的干预建议，必要时提供关于教育安置方面的参考信息，以供家长选择。

3. 注意细节，把握"两重障碍"原则

在儿童评估中要尤其注意细节行为，关注注意力分散和多动冲动是儿童多动症评估的"两重障碍"原则。

在评估儿童注意力是否分散时：要坚持发展的观点来评价儿童的注意力集中时间，其参照是其相应年龄及智龄的儿童。此外，尽管多动症儿童注意力集中困难，但在强大的内驱力作用下会对其特别感兴趣的活动保持相对较长时间的注意力,如一些游戏活动及观看电影电视时。

在评估儿童是否多动冲动时:首先,要明确儿童的这种活动过度是具有跨情境和跨时间的稳定性,即多动症儿童在各种不同场合及不同时间都会存在一定程度的活动过度及行为冲动的特点;其次,要注意儿童的年龄、性别与智力水平,将这种多动冲动的行为与其同年龄、同智龄、同性别的儿童进行比较;再次,儿童的这种多动冲动行为往往带有盲目性,杂乱无章且具有破坏性,与正常儿童或一般的顽皮儿童、智力障碍儿童有着本质的区别。

第三节　多动症儿童早期干预方法

通过对国内外相关研究文献的分析,我们发现目前针对多动症儿童的干预方法主要有:药物治疗法、行为训练法、自我指示训练法、饮食辅助疗法及综合干预法,下面就几种常见的多动症儿童干预方法做一些简要介绍。

一、药物治疗法

1937 年,美国医生查尔斯·布雷德利报告了运用兴奋剂药物治疗儿童的行为和学习问题。此后,药物尤其是兴奋剂药物就一直被用来治疗多动症,药物治疗被认为是多动症的一种最为有效的干预方法。但是,通过药物来改善儿童的心理及行为症状一直也是一个富有争议的话题,不少研究者认为药物治疗并非最适宜的干预方法,而且存在药物滥用、诊断失控等风险。

利用药物来改善多动症儿童的症状,这些药物主要包括中枢兴奋剂药物、非兴奋性药物及一些中成药。

1. 兴奋剂药物治疗

药物治疗最有效的方法是服用兴奋剂,可以快速改善儿童的症状,主要改善儿童的注意力分散,随之行为问题、学业问题都会在一定程度上得以改善,表现在增强儿童学习的坚持性,提高社会交往能力,改善亲子关系等。

兴奋剂药物主要有:哌甲酯(Meihyl Phenidate, MPH),又名利他林(Ritalin);匹莫林(Pemoline),又名苯异妥因;苯丙胺(Amphetamine)。此外,咖啡因(Caffeine)等也是较为常见的兴奋剂药。

使用上述药物或多或少都存在一定的副作用,所以,在选择药物治疗时应在儿科医生或儿童精神病医师的指导之下使用,如果儿童年龄不满 48 个月,或者存在一些精神障碍、心血管疾病等,那么对于药物的选择就应更为慎重,原则上 6 岁以下和青春期以后不服此类药。

同时，在进行药物治疗的过程中，家长应该在儿童生长表上记录身高和体重，也可采用多动症儿童的评定量表进行及时的监控，一旦儿童生理发育有异常（生长率有所下降）或出现一些异常行为反应，就应该及时咨询医师或进行必要的停服药物。从长远来看，儿童不会形成对此类心理刺激药物的依赖性。

这些药物，如果正常儿童和患有其他障碍的儿童服用后，活动水平也会有所降低，但只有表现出极度的多动和注意力缺失的儿童，才能从药物的治疗中获得最好的疗效。所以，在临床实践中，最理想的剂量应该既有利于提高儿童的学业成绩，又有利于改善儿童的常规及相关的社会适应能力。

2. 非兴奋剂药物治疗

在国外，三环类抗抑郁药（Tricyclic Antidepressants，TCA）是除兴奋剂外治疗多动症应用最多的药物，是一种常用的二线药，主要用于中枢兴奋剂治疗无效或因不良反应不能耐受者[1]。

选择性5-羟色胺再摄取抑制剂是近20年来研制出的新型抗抑郁剂，以氟西汀（Fluoxiting）应用最广。此外，非兴奋剂药还有安非他酮（Amfebutamone）、文拉法辛（Venlafaxine）、可乐定（Clonidene）、托莫西汀（Atomoxetine）及氯丙嗪等。

3. 中成药物治疗

中国古代医典中无"儿童多动症"这一症名，根据临床表现为活动过多，注意力涣散，烦躁不宁，记忆减退，学习效率低下等症候，多动症属中医学"躁动"、"失聪"、"健忘"等范畴。宋代著名儿科专家钱乙对小儿心智的发育障碍，提出是由于"失天胎气怯弱，肾气亏虚，或病后亏虚"，也难怪"地黄丸主治"。其弟子阎孝忠根据钱乙的"以肾为本，其用在神"的思想，在原来补肾的理论基础上，提出"以气为本，心脑并治"，故后世对儿童心脑问题多用补肾、养心、健脑等治则。李雪荣经三十多年的临床实践的经验方——参味益智颗粒剂，采用人参、五味子的纯中药组方制成，用于治疗多动症心肾不足、肾精亏虚儿童。参味益智颗粒剂与利他林双盲对照研究显示二者疗效近似，不良反应比利他林组少[2]。该药于1995年系统开发，2000年进入临床，是研究多动症治疗的一种中西医结合的范例。

二、行为训练法

基于行为主义理论而建立起来的行为训练法在多动症儿童的早期干预中应用，其主要的步骤包括：1. 全面评估，详细了解儿童的行为功能；2. 明确合理的干预

---

① 苏林雁. 儿童多动症[M]. 北京：人民军医出版社，2005：312—316.
② 同上.

目标;3.选用合适的策略。就具体操作而言：

全面评估,详细了解儿童的行为功能。一是指对儿童的多动行为发生的频率、持续时间、发生场合等进行全面了解;二是关注儿童的兴趣爱好、主要的气质特点;三是了解儿童家庭和所在学校的基本情况;四是了解儿童本人对自身问题的意识;五是关注家长对于干预的期望及本身的配合程度等。

明确合理的干预目标。在行为评估的基础上,临床工作人员要根据儿童的实际情况,为其制定合理的干预目标。主要包括三个内容,一是长期目标,即整个干预疗程结束之后,希望儿童所达成的理想状态;二是中期目标,即阶段性的干预目标,在周期性的短程干预结束之后,希望儿童所达成的实际表现;三是近期目标,可以具体到每天、每个时段的干预能达成的目的,近期目标要细化、具体化、可操作化及评量化。

选用合适的策略。比如干预人员可以根据儿童的实际情况,选用正强化、负强化、正惩罚、负惩罚策略,也可以选用消退、厌恶、隔离等策略。以正强化策略为例:首先,干预人员要明确近期目标,即需解决的客观存在的目标行为,如儿童随意离开座位;其次,通过工序分析法,将目标行为细化成各个明确的步骤,以期让儿童有足够的把握去完成;再次,选择合理的强化物,根据儿童本身的喜好奖励其良性的行为表现等。

三、自我指示训练法

自我指示训练法最初是由美国心理学家美陈巴友姆和高德曼(Meichenbaum & Goodman, 1971)提出的,主要用于提高儿童的学习技能以及改善儿童社会技能的自我意识训练和愤怒情绪处理训练法。该方法的主要目标在于弥补多动症儿童的内部言语缺陷。研究认为语言,尤其是内部语言和个体的行为表现存在着密切的关系,内部语言一定程度上影响并控制个体的行为,外部的出声语言到外部的不出声语言再到内部的不出声语言,是儿童发育发展的正常阶段,但多动症儿童在外部语言到内部语言的过渡环节中存在一定的困难,不能很好地掌控这一过渡。因此,自我指示训练法对于多动症儿童进行早期干预的目的在于训练儿童内部言语评价,即自我指示,使其行为反应趋于正常,提高儿童对于自身内部言语的调节与控制能力,使自己的行为能服从于内部言语控制,进而不断强化,以达到对行为自我控制的目的。

需要指出的是,被选择用来进行自我指示训练的任务,在开始时应该为儿童可以胜任,一旦儿童自我引导技能发展起来,则可以逐渐使用一些富有挑战性的任务。自我指示语应该包括以下几方面的自我陈述:澄清任务("我要做什么");制定计划("我要画一幅画");引导实施计划("我要拿着铅笔慢慢地画");排除干扰("我要不理会噪音,坚持画下去");对任务行为进行自我强化("完成得很好")。

四、饮食辅助疗法

研究表明:锌、铁等微量元素及多种维生素能在一定程度上改善儿童的注意水平。鼓励儿童多吃含锌的食物,如鸡蛋、动物肝脏、豆类、花生;含铁的食物,如禽血、瘦肉等。鼓励儿童多食富含维生素的食物如新鲜的蔬菜、水果等,有助于改善儿童的多动行为。但是,一些富含水杨酸盐类的水果或蔬菜不能过多食用,如番茄、苹果、橘子和杏子等。

当然这些只能是辅助的手段,对纠正儿童多动行为来说,关键还在于综合干预。

五、综合干预法

单一的药物疗法存在一定的局限性,无法解决不同程度或不同障碍类型多动症儿童的情绪与行为问题,不能从根本上改善儿童的学业技能,提高学习成绩,增长知识,从而帮助儿童更好地应对实际问题,而药物的副作用更是让一些多动症儿童家长或教师望而却步。因此,对于多动症儿童的综合干预逐渐成为实践研究的一个热点问题。

20世纪90年代,美国精神卫生研究所(NIMH)发起了对多动症儿童综合治疗的课题研究,从引起疾病的根本原因上进行干预,以提高多动症的疗效,综合干预要求儿童、家长、医院、学校、教师以及社会共同配合,用更大的耐心周密的计划、强化及奖惩手段培养和巩固儿童的理想行为[1]。需要指出的是,关注和重视学校教师和儿童家长在多动症儿童早期干预中的作用成为综合干预法的一个重要理论前提。

2002年2月开始,上海教育科学研究院普通教育研究所和上海精神卫生中心儿童行为研究室合作开展了多动症儿童的综合干预法在中国大陆的研究,其对综合干预的界定为:通过以学校心理学家、临床心理学家、教师和家长共同参与干预,以自我控制训练为主、药物干预为辅,解决多动症儿童注意缺陷和多动行为问题的辅导模式。

综合干预采用行为辅导、家庭干预、药物治疗三种方法的综合。其中,行为辅

---

① 吴增强. 多动症儿童心理辅导[M]. 上海:上海教育出版社,2006:44.

导是通过个别辅导和团体辅导,提高多动症儿童自我控制、自我调节和解决问题技能;家庭干预,主要是为了保证干预的连续性,除了在学校里采取干预措施外,也对家长进行培训,让家长在家里也能对儿童进行一定的干预,把家庭干预纳入综合干预的重要组成部分;药物治疗,主要针对重度障碍儿童[①]。

第四节　多动症儿童早期干预案例

"异动"的孩子

——ADHD儿童的多动—冲动行为问题矫治

小智,男孩,生于2003年,今年5岁,就读于上海某幼儿园中班。

小智是家里的独生子,父亲31岁、母亲29岁时,小智出生。据其家长所述,小智母亲怀孕及整个分娩过程中未发现任何异常。

小智的父亲为某电力公司工程师,母亲为一航空公司乘务人员,两人经常出差在外,一家三口聚少离多。小智平时的生活起居等主要由其爷爷奶奶照顾。两位老人在教育小孩问题上,分歧较大:爷爷为退伍军人,极为强调"纪律"、"原则"、"服从"……坚信"棍棒教育",平时对小智要求极为严格,甚至会有打骂等体罚举动;奶奶为退休教师,极为强调"宽容"、"说教"、"耐心"……坚信"润物细无声",对小智极为溺爱,有求必应。

入园之后,首次家校交流会,小智家长(奶奶)反映,其在教育小智问题上的最大苦恼是:小智在家中及社区里活动过多,时刻不得安宁,破坏性极强,喜欢打游戏机,平时容易"走神",脾气也不好。

见识"异动"

2008年9月,教师节过后不久,新来的陈老师兴致高昂地走进小智所在的中(2)班准备开始今天的识字课。按照之前的惯例,小朋友们一般都会把书包放在专门的柜子里面,桌上会正正方方地摆着一本识字图画书。

当小陈老师准备开口说"小朋友好"的时候,她发现坐在靠近墙边位置的小智正在急急忙忙地翻动书包,里面的衣服、水杯等弄得到处都是……后来才知道,铃声响过之后,其他小朋友都主动地提前去把书包中的课本拿出来,而小智却在教室边上的洗手间里玩水龙头。

---

① 吴增强.多动症儿童心理辅导[M].上海:上海教育出版社,2006:46.

全班小朋友好不容易等小智做好上课的准备后,在第一个"常规"环节——"请你跟我这样做"中,刚做到第二个动作,就听到小智边上的蕾蕾小朋友大声地叫道:"老师,小智又用脚踢我!"此时,小智若无其事盯着教室的窗外。没过多久,坐在小智前面的乐乐,也举起手说:"老师,小智老用手打我的后背!"

更为离奇的是,第 10 分钟左右的时候,当其他小朋友都跟着老师读字的时候,小智突然站起来在教室里转了一圈,然后跑到讲台边上的垃圾桶里吐了一口痰。

午休的时候,整个中班的小朋友最令生活老师头疼的也是小智。当其他小朋友都盖好被子准备睡觉的时候,就小智一个人在床铺上不断地跳,有时候停下来就把隔壁床铺小朋友的被子拉掉,然后大声喧哗。同样在团体活动中,老师们反映,小智经常不能完整地做完一个游戏,而且在游戏过程中喜欢推搡其他小朋友,抓其他小朋友的头发、衣服等。

此外,平时在幼儿园中,小智经常会犯一些粗心的错误,不能对细节给予集中注意;似乎对老师或其他小朋友的话听而不闻,经常打断或打扰别人的说话;对一些需要长时间才能完成的任务(如:画画、积木等)非常不喜欢;经常被一些无关刺激影响、注意力分散且常出现健忘,如下课之后忘记自己的外衣、书本等。

心 中 有 数

鉴于小智平时的行为表现,学校强烈建议家长带其到专业机构进行全面评估。家长反馈的评估结果如下:

医学评估:在上海市杨浦区某儿童中心确诊为儿童多动症。

心理学评估:通过《瑞文测验》之联合型测验商为 70,等级为 3%;通过《图片词汇测验》(PPVT-R)测得的结果原始分为 76;个性评估中鉴定为:情绪易激动,较为冲动,性格外向,冒险倾向明显。

此外,幼儿园也利用一些常见的评估工具,结合平时的观察,对其总的鉴定结论:小智在感知觉、认知、语言、人际交往、运动等方面不存在严重问题,但依据专业机构的评估结果和现实情况,参考《美国精神疾病诊断与统计手册》的第四版(DSM-IV)的诊断标准,诊断其为多动症儿童,具体属于"两者兼有的混合类型(Combined type, CT)",需要进行专门的训练与矫治。

有约在先,步步为营

小智的行为问题产生在很大程度上有可能是家庭因素起诱发作用。主要表现为,家庭中缺乏亲子之间的感情交流,其主要养育者爷爷奶奶不一致的教养态度,在一定程度上促发并且加深了其多动—冲动的行为表现。

小智在幼儿园里的行为已经对老师和其他小朋友造成较大的影响,所以征得其家长的配合就变得刻不容缓。在后续的工作中,我们联手其家长对其进行系统的早期矫治,我们与小智本人及其家长制定了一份详细的"契约"。重点关注三大方面,一是医学治疗,二是心理治疗,三是教育训练。同时,辅助一些日常的饮食疗法。

　　在医学治疗方面:由其家长带到医院进行全面诊断之后,服用医生开的中枢神经兴奋剂类药物(匹莫林)。但是,由于其年龄较小,用量非常小。而且家长也对小智的身高和体重等进行及时的监控。随着后来心理和教育干预的成效日趋明显,半年之后在医生建议下,停止其兴奋剂类药物的摄入。

　　心理治疗与教育训练方面:由于心理治疗和教育训练是相辅相成,不可分割,所以我们下面就这两个方面的早期干预情况进行综合介绍。

　　首先,拟定目标,明确其长期目标和短期目标。

　　长期目标:尽可能克服其多动—冲动行为,让小智学会自我控制和自我监督,培养其对常规活动及学习的兴趣。短期目标:上课时可以保持注意集中 10 分钟,不打断老师讲课,不影响其他小朋友听课;上课之前做好常规准备,保存好必须的用品;午休时,不在床铺上乱跳、拉扯其他小朋友被褥等;集体活动中,听取老师指令,不得随意跑动;在家可以安分地吃饭、安静地观看电视。

　　其次,选择教育方法,侧重行为改变。

　　我们在教育干预方法选择方面,主要采用行为分析的方法,在具体的情境当中了解小智多动—冲动行为发生的前因后果,明确其行为的功能,并让幼儿园老师和家长对小智的不良行为进行系统的观察记录,用行为管理的理论(刺激—行为—结果—加强)来加强预期的良好行为,消除不良行为。并尽可能地让小智通过自我控制训练帮助小智集中注意力,从而形成良好的常规行为和习惯。

　　最后,辅助实践,注重细节的改变。

　　在幼儿园的教室环境调整方面,我们让小智从中后排的靠墙边的位置移到前排居中位置,避免其受到窗外等无关刺激的干扰;在课堂常规环节中,我们刻意安排其带领其他小朋友做"请你跟我这样做"的示范动作;在一些活动课中,我们还会让小智给其他小朋友分发玩具、当"排头兵"等角色;当小智认真完成老师指令和相关活动任务时,尽可能快地给予正面反馈,不断鼓励其进步,有时候也会让其他小朋友对小智的规范行为进行表扬。

　　我们建议家中为小智准备一处固定的安静的活动空间。保持环境的安静,当有学习任务时,让家长尽可能减少学习时分散注意力的无关刺激,如电视机、电脑等;让家长全程陪同小智的学习;但是,保证每次的学习活动不超过 20 分钟,中间穿插一些有趣的谜语、小故事等。逐步提高小智注意力集中的时间,让其奶奶帮助检查老师布置的事,要求要明确、适当,教会小智怎么做,而不是命令他做什么,尤其告知爷爷不能再通过一些严厉的打骂来达到吓唬小智的目的,让家长知道适当惩罚的目的性。

期间,就幼儿园老师而言,我们主要运用的方法是认知行为训练法。首先,详细了解小智的家庭情况,尽管其年龄较小,但是还是安排专门的老师与他交谈,询问他认为的行为爆发的原因。通过多次的心理疏导,帮助他正确认识自己行为的问题所在,让其意识到课堂、午休及集体活动时自己的一些多动、冲动行为是不对的,会影响自己的学习,而且也会影响其他小朋友。帮助他认识"好孩子"的标准,教师先肯定他"是一个聪明、漂亮的孩子",再告诉他遵守常规、听老师等大人们话,才会得到"小红花"等。

在课堂上,教师通过观察确定影响其行为的某些(个)特定刺激(事件或事物),再确定要改变或建立的目标行为,这要比较具体,如小智经常用脚踢其他小朋友,教师对他的要求是"在 10 分钟内不踢别人",在他能完成时(即结果),给予鼓励,多以精神鼓励为主,如在全班小朋友面前表扬。

训练小智的行为自我控制技巧。如对注意力的自我控制。首先,"自我监督",让小智保持对控制目标的清醒意识:"我要在以后的 20 分钟里集中注意力听课,不打扰其他小朋友。"其次,"自我评价",对自己的行为进行评价,是否达到要求:"如果我做到了,那我就是一个好孩子,老师会表扬我。"然后,"自我强化",若达到一定的要求,可对自己进行鼓励或表扬:"我是一个了不起的好孩子!"当然,这些具体的技巧都是根据小智的实际行为表现,在专门教师帮助指导的情况下进行。

当小智学会一定的行为自我控制技巧后,我们建议其家长在家里和社区当中同样运用此类策略。如:要求他能独立完成一项任务,如 20 分钟内完成一项拼板任务或积木任务,家长尤其是爷爷对他进行口头表扬,或让他看 10 分钟的卡通电视。

此外,我们还建议家长,鼓励小智多吃鸡蛋、动物肝脏、豆类、花生、禽血、瘦肉等。鼓励小智多食富含维生素的食物如新鲜的蔬菜、水果等。

通过近 9 个月的系统训练,我们发现小智之前一些扰乱课堂秩序等多动冲动行为有大幅度的降低,而且在一些持久性的任务活动中也能保持一定的注意力,尽管还会出现一些反复,但总体而言,其多动冲动问题已得到一定程度的改善。

反　　思

本案例在以下三大方面值得借鉴。

第一，科学准确的评估与界定是多动症儿童有效干预的前提条件。鉴于学龄前尤其是学前阶段儿童本身的心理行为特点，在实践过程中干预人员一定要注意区分儿童正常的活泼好动与"多动障碍"的不同，区分儿童常见的注意力不集中与"注意缺陷"的不同。正是因为小智在幼儿园的"反常"行为表现引发了我们关注，然后及时告知家长，在得到专业机构的界定之后，再结合教师日常的观察结果，才为小智日后的系统干预提供了参考并明确了方向。

第二，控制环境因素，主动争取家长配合。儿童多动症同其他心理行为问题一样，都是受多种因素的控制与影响。有效的干预一方面要得益于多方力量的共同合作，及时改变环境中的不利因素；另一方面家长与教师也要做好长期的思想准备。多动症问题不是短期内造成的，成功干预与康复也并非"一朝一夕"的事情。所以，提醒有关人员尤其是家长在多动症儿童早期干预过程中要做好长期的思想准备。

第三，充分利用多种方法，进行综合干预。针对小智混合型的注意缺陷多动障碍特点，本个案在干预方法的选择方面进行了合理的尝试，比如：环境改变、药物介入、自我指导与自我控制、行为分析、认知行为训练以及食物疗法等等。实践也证明这些方法均有其本身的优势，扬长避短，合理利用，能够给多动症儿童的良好预后带来积极的效果。

思考题

1. 多动症儿童的临床特征有哪些？
2. 多动症儿童可以分成哪几类？
3. 对多动症儿童进行评估需注意哪些事项？
4. 多动症儿童的诊断标准有哪些？
5. 如何对多动症儿童进行早期干预？

第十二章 脑瘫儿童早期干预

脑瘫,又称脑性麻痹,一种常见的小儿疾患,主要表现为脑神经性运动功能障碍和姿势异常。近年来,随着儿童医疗康复事业的不断发展,人们对脑瘫儿童的良好预后也抱有很大的期望,这给脑瘫儿童的早期干预工作带来新的挑战与要求。本章将从脑瘫儿童的概述、评估、干预方法及个案呈现来详细介绍脑瘫儿童的早期干预工作。

第一节 脑瘫儿童概述

一、概念界定

1. 定义

脑性瘫痪(Cerebral Palsy, CP),简称脑瘫,国内常用的定义是 2006 年全国小儿脑瘫康复学术会议中修订的,即脑性瘫痪是自受孕开始至婴儿期非进行性脑损伤和发育缺陷所导致的综合征,主要表现为运动障碍和姿势异常。包括以下诊断条件:①引起脑瘫的脑损伤为非进行性的;②引起运动障碍的病变部位在脑部;③症状在婴儿期出现;④有时合并不同程度的智力低下,癫痫、心理行为异常、感知觉障碍及其他异常;⑤除进行性疾病所致的中枢性运动障碍及正常小儿暂时性的运动发育迟缓[1]。

---

[1] 陈秀杰,李树春.小儿脑瘫的定义、分型和诊断条件[J].中华物理医学与康复杂志,2007,29(5):309.

从上述定义中可以看出:①诱发脑瘫的原因是在小儿大脑未发育成熟之前出现的,如大脑缺氧、受伤、感染等;②小儿脑瘫是非进行的,大脑畸形一般不会得到改善;③脑瘫是有不同临床表现的一组综合征,而不是一种单一疾病。

国外对小儿脑瘫的定义于2006年进行修订,即认为:脑性瘫痪是指一组持续存在的导致活动受限的运动和姿势发育障碍症候群。这种症候群是由于发育中的胎儿或婴儿脑部受到非进行性损伤而引起的。其运动障碍常伴有感觉、认知、交流、行为障碍、癫痫、继发性肌肉骨骼障碍[①]。

2. 分类

根据生物学、解剖学、病因学及功能受损程度的不同,可以将脑瘫分为不同的类型。根据耐乐森(Nelson)儿科学教科书第十四版,可将小儿脑瘫进行如下分类[②],详见下表12-1:

表 12-1 脑瘫分类

生理学	解剖学	病因学	功　　能
痉挛型	单瘫	出生前	一级——无活动受限
手足徐动型	截瘫	出生时	二级——轻中度活动受限
强直型	偏瘫	出生后	三级——中度活动受限
共济失调型	三肢瘫		四级——无有效身体活动
震颤型	四肢瘫		
弛缓型	双瘫		
混合型	双重偏瘫		
无法分类型			

痉挛型,此类型的脑瘫患儿比例最大,约占50%—60%,主要特点为肌肉紧张、挛缩,肌张力高,运动时有"折刀"样反射,行走时多呈剪刀步态,脚尖着地,膝盖内旋,足部内翻,关节活动范围窄等。

手足徐动型,发生率约占20%,主要表现为难以用意志控制的全身性不自主运动,当进行有意识运动时,不自主、不协调及无效的运动增多。如当患儿伸左手去拿物体时,往往右手也开始不自主的运动,面部扭曲,舌头外伸。

① 史惟,杨红,施炳培等.国内外脑性瘫痪定义、临床分型及功能分级新进展[J].中国康复理论与实践,2009,(9):801—803.
② 李晓捷.脑瘫概念的历史回顾及对定义和分型的讨论[C]//中国康复医学会首届儿童康复学术会议暨中国残疾人康复协会第八届小儿脑瘫学术会议,2004:38—43.

强直型,发病率较低,主要特点为全身肌张力显著增高,身体异常僵硬,运动减少,甚至长期固定于一个姿势。

共济失调型,主要特点为平衡功能障碍,患儿在没有支撑的情况下很容易摔倒。

震颤型,主要指身体的某部分,在一个平面内呈不随意的、节律性的摇动。

肌张力低下型,又称弛缓型,通常指重症患者,肌张力低下,无力,随意运动、不随意运动都缺乏。

混合型,大多数脑瘫患儿都有弥漫性脑损伤,单纯一种脑瘫类型较为少见,一般都是几种类型混同出现的。

二、流行率

各国脑瘫儿童的流行率都很高,但不同的国家流行率不尽相同;同一国家不同类型、不同病因导致的小儿脑瘫的流行率也有很大差异。据国际卫生组织报道小儿脑瘫的患病率为 1‰—5‰;我国 6 省(区)流行病学调查脑瘫患病率为 1.2‰—2.7‰[①]。

三、临床特征

运动障碍及姿势异常是识别小儿脑瘫的标志,也是脑瘫儿童最主要的障碍,此外小儿脑瘫还可伴有不同程度的智力障碍、语言障碍、感觉障碍以及心理障碍等问题。

1. 运动障碍与姿势异常

(1) 肢体的姿势与运动功能障碍

脑瘫儿童都存在运动功能障碍和异常的姿势反射,且脑瘫程度越重,运动发育迟缓项目和运动方式异常项目愈多。如果脑瘫儿童长期运用不正确的运动模式去活动,会出现许多问题。如:髂腰肌紧张变短,双髋关节屈曲,双下肢后伸困难,臀大肌无力;膝关节屈曲,伸直困难等。

(2) 口咽部的运动功能障碍

脑瘫儿童除肢体运动障碍外,脑瘫患儿还可能合并口运动功能障碍,并因此会造成进食困难、语言构音障碍、体格发育障碍与营养不良等[②]。

进食运动技能障碍:主要表现为拒绝接受口内食物、缺乏吃的能量和耐力、口

---

① 洪世欣. 小儿脑性瘫痪伴发疾病的临床流行病学分析[J]. 中华儿科杂志,2003,6(4):468—469.
② 王辉. 学龄脑瘫儿童障碍特征的分析[J]. 中国特殊教育,2004,(10):6—12.

运动障碍,以致不能产生必需的进食运动技巧。脑瘫儿童口腔原始反射残存和刺激减少常致口腔高敏感性、口内实体辨别觉下降,而肢体运动障碍、受挫的进食经验导致儿童易缺乏食欲和厌食,进而出现体格发育障碍与营养不良。此外,脑瘫儿童进食过程中也伴有口颜面肌肉功能障碍,包括舌外推食物,吞咽不充分,用口呼吸,口面肌不平衡等。唇关闭困难导致脑瘫儿童多伴有流涎症状。我国湖南省儿童医院曾对2001—2007年就诊的602例脑瘫儿童进行脑瘫合并症回顾分析,发现摄食困难出现率为58.47%,而流涎的出现率为75.91%[①]。

构音过程中常见的口运动障碍:以往研究表明手足徐动型脑瘫儿童多伴随语言构音障碍。包括下颌运动范围过大,不同语音片断舌位不恰当,尤其舌的前后方向运动范围缩小,软腭上抬不稳定导致间歇性腭咽腔关闭不全,构音转换时间长,下唇后缩,构音不清、口唇控制不良,口腔器官主动运动幅度减小、速度减慢、力度减弱、不随意或不协调运动等。口运动障碍导致脑瘫儿童正确的构音运动完成困难,言语可理解性差,流畅度、清晰度下降,重者丧失言语能力。

2. 智力障碍

许多学者研究发现,各种类型的脑瘫并发症以智力障碍最多见,在47%—81%之间[②]。与其他并发症相比均比例最高,湖南儿童医院的研究结果显示智力障碍伴随出现率为72.09%[③]。智力障碍在混合型脑瘫中多见,痉挛型少见,手足徐动型和共济失调型更少。有严重运动功能障碍的儿童,由于其全身运动功能极度受累,不能控制舌、吞咽以及手的运动,虽智力正常亦不能很好地完成这些动作。此外,伴有癫痫发作的脑瘫儿童多有智力障碍。

3. 语言障碍

脑瘫儿童由于围产期广泛性脑损伤,一方面直接损害语言脑区,另一方面常合并视觉、听觉等感觉系统异常、智能异常、口运动异常及行为异常等。这些出生时已存在的神经心理学问题使语言的输入、输出和中枢处理过程受损,限制了正常模式的语言发育,而家庭和社会对儿童的失望及不适当的补偿更促成语言障碍的发生。脑瘫儿童常常伴随有语言障碍,主要包括语言发育迟缓和运动性构音障碍等。我国学者侯梅等(2003)研究报道,73.1%的脑瘫儿童存在语言障碍,且不同类型的脑瘫儿童语言发育迟缓和构音障碍的发生率不相同[④]。一般来讲,痉挛型、手足徐动型和共济失调型三类脑瘫患儿语言障碍发生率较高。

① 王军英,张惠佳,汤清波等. 小儿脑瘫危险因素与合并症相关分析[J]. 长沙医学院学报. 2009.3(15):8—11.
② 郑华,王晓慧,韩彤立等. 195脑性瘫痪儿童合并症分析[J]. 中国康复理论与实践,2006,12(10):837—838.
③ 王军英,张惠佳,汤清波等. 小儿脑瘫危险因素与合并症相关分析[J]. 长沙医学院学报. 2009.3(15):8—11.
④ 侯梅,于荣,赵荣安等. 脑瘫儿童的语言特征初探[J]. 中华物理医学与康复杂志. 2003,4(25):232—234.

4. 感觉障碍

由于未成熟大脑的缺损或者损害部位不同,脑瘫儿童还可伴有不同程度的听觉、视觉等感觉障碍。

听觉障碍:不同类型的脑瘫儿童可能伴随有不同程度的听觉障碍,其中手足徐动型和共济失调型脑瘫儿童有较高的听力损害发生率。徐玲等(2003)报道,74%的脑瘫儿童脑干听觉诱发电位结果异常[①];而湖南儿童医院对就诊儿童回顾调查显示,进行听觉诱发电位检查发现22.09%的儿童伴随听力障碍[②]。脑瘫儿童的听觉障碍多属感音性耳聋,可合并有外周和中枢性听力障碍,并可有脑干功能的损害。主要表现为:严重听力减退或丧失;对声音的节奏、话语的辨别有一定的困难,但对熟悉家庭成员的声音分辨一般都无困难。

视觉障碍:脑瘫儿童视觉障碍的发生率约为28.2%—47%[③],其视觉障碍特征主要集中在:斜视,发生率最高,包括内斜、外斜、麻痹性斜视、废用性斜视、共同性斜视;屈光不正,包括近视和远视,且近视居多;视神经萎缩;视网膜发育不全;视神经发育不全;黄斑发育不良;白内障;眼球震颤等。这些特征在行为上具体表现为:视力下降、偏盲或全盲;视野缩小;对于各种物体、图片、符号的外观特点及位置的辨别有不同程度的困难。

其他感觉障碍:脑瘫儿童除了合并有听觉、视觉障碍外,在感觉上还合并有其他的障碍。约有10%的脑瘫儿童可能伴有触觉障碍,表现为触觉消失与实体觉消失,如伴有触觉障碍的脑瘫儿童仅用手的触摸是无法区别各种物体或物体的形状的[④]。此外,多数脑瘫儿童关节觉迟钝,少数脑瘫儿童甚至缺乏关节觉。痉挛性脑瘫儿童存在明显的深感觉障碍,而浅感觉基本正常。

5. 心理障碍

脑瘫儿童由于躯体姿势异常和运动障碍,社会活动受限制,加上社会歧视与偏见,常易出现情绪消沉、自卑、自弃,感到受挫、孤独、无助、不幸、悲观、缺乏安全感、失去信心、缺乏动机、对事物没兴趣、变得被动等心理障碍,主要表现为情绪障碍、行为异常、气质消极等。且随着年龄的增长,脑瘫儿童情绪行为障碍的发生率增高,消极气质也明显增强。

---

① 徐玲,杨亚丽,万学云.脑干听觉诱发电位对脑性瘫痪早期诊断的作用[J].中国临床康复,2003,7(7):1162.

② 王军英,张惠佳,汤清波等.小儿脑瘫危险因素与合并症相关分析[J].长沙医学院学报.2009.3(15):8—11.

③ 赵建慧,侯梅,王丽燕.脑性瘫痪伴发视觉障碍的研究进展[J].中国康复理论与实践.2010,2(16):133—135.

④ 韩伟成.脑性瘫痪儿童的治疗与康复[M].北京:华夏出版社,1992:28—29.

为了使脑瘫儿童身心都能获得充分的康复和发展,医疗机构、康复机构及学校等部门都应重视对脑瘫儿童的心理康复,在进行运动康复的同时尽可能地关注其心理健康问题,促进脑瘫儿童积极心态的形成。

四、成因分析

脑瘫发病过程复杂,是多因素共同作用的结果,目前对其病因学的研究大多是建立在流行病病因学基础上的。按病因性质可将其分为遗传的、物理的(如头部外伤所致颅内出血)、生物的(如感染)、化学的(如缺血、毒素)因素;按脑损伤时期可分为产前因素(如妊娠期感染)、产时因素(如围产期窒息)、产后因素(如高胆红素血症、小儿脑炎)。通过对儿童脑瘫病因的发掘与分析,可以有针对性的采取预防措施,减少脑瘫发病率。目前对儿童脑瘫病因的研究多着重于产前和围产期因素。

1. 产前因素

(1)遗传因素:若同辈或上辈的母系及父系家族中有脑瘫、智力障碍或先天畸形等遗传病史,则小儿脑瘫的发病率高于普通婴儿。此外,近亲结婚出生的幼儿中脑瘫的发生率相对较高。

(2)妊娠期感染:妊娠期感染是诱发胎儿神经发育异常的重要原因。宫内感染包括羊膜腔感染、绒膜羊膜炎、脐带炎、胎儿感染等。其中,绒膜羊膜炎是宫内感染致小儿脑瘫的主要病因。发生于孕早期的风疹病毒、巨细胞病毒、单纯孢疹病毒、弓形体感染等均可能引发胎儿的脑发育畸形,进而引发小儿脑瘫[1]。

(3)母体因素等其他因素:包括母亲妊娠早期用药史、不良孕产史、孕期营养不良以及母亲暴露在不利健康的环境中等因素,均可能成为胎儿脑瘫的高危因素。此外,多胎妊娠时造成的早产和低体重胎儿出生率的增加也使得脑瘫的发生率增高[2]。

2. 产时因素

(1)早产、出生体重异常:大量的流行病学调查显示,早产和低出生体重是造成小儿脑瘫的高危因素。随着医学的发展,胎龄不足 32 周的早产儿存活率的提高,使得小儿脑瘫的发生率明显增加,早产儿脑瘫发生率可能性是足月儿的 25—30 倍。此外,低出生体重(出生体重小于 1500 g)一直被认为是脑瘫的另一个重要危险因素,但出生体重过高也会增加脑瘫的危险性。最近研究表明,患脑瘫的危险

---

① 李玉堂.脑性瘫痪的病因学研究进展[J].中国康复理论与实践,2009,(11):1029—1031.
② 余艳红,钟梅.婴儿脑瘫的病因[J].实用妇产科杂志.2009,8(25):449—450.

性随着出生体重偏离同胎龄标准体重的程度而增加[①]。

(2) 围产期窒息：围产期窒息指由于产前、产时或产后各种病因，导致出生后 1分钟内无自主呼吸或未建立规律呼吸。Pschirrer 研究表明，由围产期窒息造成的脑瘫占 8%—10%[②]。围产期内羊水堵塞、胎粪吸入、脐带绕颈等都可能导致窒息，窒息后常使脑组织缺血缺氧、脑细胞水肿、坏死，进而引发小儿脑瘫。

3. 产后因素

(1) 高胆红素血症：高胆红素血症时，胆红素通过血脑屏障，损害中枢神经系统的某些神经核，导致脑瘫。脑瘫的基本病理变化为大脑皮层神经细胞坏死、软化、纤维化、萎缩、脑沟增宽、脑白质丧失、神经细胞数量减少、神经髓鞘化延迟等而导致的大脑传导功能失常[⑤]。

(2) 失血、感染等原因引起的新生儿休克、颅脑损伤及癫痫抽搐等。缺氧缺血性脑病是构成新生儿脑损伤的主要原因，可表现为有明显的窒息史或出生后 12 小时内有异常神经系统症状，如意识障碍、嗜睡或昏迷、肌张力减弱、原始反射异常等。病变有脑水肿、脑组织坏死、缺氧性颅内出血等。

第二节　脑瘫儿童评估

一、诊断标准

1. 早期筛查

通过对小儿早期行为观察可以初步筛查脑瘫，一般患儿在出生后 6—9 个月内表现出来的脑性症状常有：①易激惹，持续哭闹或过分安静，哭声微弱，哺乳吞咽困难、易吐，体重增加缓慢；②肌张力低下，自发运动少；③身体发硬，姿势异常，动作不协调；④反应迟钝，不认人，不会哭；⑤痉挛发作；⑥大运动发育滞后，出现手握拳、斜视等。

2. 诊断标准

随着对脑瘫研究的深入，小儿脑瘫的诊断方法越来越多，各有特点，虽至今尚未形成统一的诊断标准，但对任何一例脑瘫儿童的诊断中均需符合小儿脑瘫定义中的诊断条件，即：①发育性：脑瘫是脑组织在生长发育过程中受到的损伤。从受孕到出生后 4 周，由任何原因造成的脑损伤都是对发育中脑组织的损伤。②非进

---

① 阎炯,刘念,张庆松. 小儿脑性瘫痪病因学的研究进展[J]. 中国实用儿科杂志,2007,22(3):231—233.

② Pschirrer ER, Yeomans ER. Does asphyxia cause cerebral palsy [J]. Semin Perinatol, 2000,24(3):215-220.

行性：脑瘫的病变是非进行性的，症状是非进行性的，病情以不再向前发展为特点，据此诊断时应排除进行性疾病所导致的运动障碍和暂时性的运动发育迟缓。③永久性：脑瘫是永久存在的中枢性运动功能障碍性疾病，大脑畸形一般不会得以改善。

二、评估内容及工具

在发现脑瘫的早期症状后应尽快进行相关的诊断评估，做到早发现、早诊断、早干预。对小儿脑瘫的评估应坚持医教结合、全面评估的原则，对其功能障碍的性质、部位、范围、严重程度、发展趋势、预后和转归等进行全面的评定，为制定科学的康复治疗计划打下牢固的基础，同时评估康复治疗的效果。

1. **一般的身体检查**：了解儿童一般性的健康指标，同时了解儿童的病史，掌握儿童障碍的基本内容和生理发展的现状。

2. **脑瘫影像学检查**：脑瘫儿童的诊断和评估中重要的一部分是医学影像学的检查，通过一系列医学手段，确保正确诊断、评估儿童的脑瘫病症。其中常用的手法包括：头颅 CT 检查，了解颅内的结构有无异常，以及脑部结构、形态及骨骼变化情况；脑超声检查，了解患儿脑部 B 超异常情况；脑电图检查，对于脑瘫是否合并癫痫及合并癫痫的风险具有特殊意义；神经诱发电位检查，能更深层次地诊断病情，更好地指导治疗；磁共振成像（MRI）检查，能准确地反映出脑瘫儿童脑内病变的解剖部位、范围以及与周围脑组织的关系，具有较高的组织分辨能力①。

3. **康复医学评估**

对涉及脑瘫儿童未来接受康复教育各项因素进行评估，目前临床上常用的系列的评定可以用仪器或徒手进行。评定的内容主要包括：小儿体格发育状况、神经发育综合评定、神经肌肉基本情况评定（包括肌张力及痉挛程度、肌力及瘫痪程度、原始反射和自动反应评定、运动的协调性等）、关节活动评定、肢体功能评定（包括姿势及平衡能力评定、步行能力及步态评定）、智力水平评定、适应行为评定、言语功能评定、综合功能评定、感知觉评定、口腔运动功能评定、功能独立性评定（FIM）等。

发育状态评定

Gesell 发育诊断量表是评价婴幼儿心理发展水平的量表，反映小儿神经系统不断完善和功能成熟的发育水平。量表内容分为 5 个行为领域能区。测试过程需60—120 min，适用于 0—6 岁儿童。量表用于识别神经肌肉或感觉系统是否有缺

---

① 王辉. 脑瘫研究现状［J］. 中国康复理论与实践，2004，(5)：289—292.

陷,发现存在的可以治疗的发育异常,针对脑损伤高危儿童发现他们的行为随后的变化,具有诊断性。我国的婴幼儿发育检查量表是根据 Gesell 量表于 1984 年在北京制定,并于 1994 年进行了重新修订。发育诊断是以正常行为模式为标准来鉴定观察到的行为模式,以年龄表示[1]。

痉挛状态评定

对儿童痉挛状态的评定可分为主观评定和客观评定。主观评定常采用修正的 Ashworth 量表(Modified Ashworth Scale, MAS, Bohanon and Smith 1987)和修正 Tardieu 量表(Modified Tardieu Scale, MTS)。MAS 为徒手痉挛检验法,用于评定四肢各肌群,操作简单,作为中枢神经系统损伤导致痉挛的评估方法,对疾病程度和预后预测有肯定的临床应用价值;而 MTS 的可信度好于 MAS。目前这两个量表均获得广泛的临床认可。客观评定主要采用神经生理学方法和生物力学方法。神经生理学临床上通过肌电图检查 F 波、H 反射、T 反射(腱反射)等电生理指标了解脊髓节段内 A 运动神经元、C 运动神经元、Renshow 细胞及其他中间神经元的活性,这为评价痉挛的基本节段性病理生理机制提供了可能。生物力学方法在近 20 年使用广泛,尤为突出的是用等速装置进行痉挛量化评定,即借助等速装置描记重力摆动实验曲线进行痉挛量化评定[2]。

精细动作状态评定

上海复旦大学附属儿科医院制定的精细运动功能评估量表(Fine Motor Function Measure Scale, FMFM),以 0—3 岁脑瘫儿童为样本制定,采用 Rasch 分析法建立,条目设置合理,等级评分点多,而且属于等距量表,可以合理判断脑瘫儿童的精细运动功能水平,并具有良好的信度和效度。量表分为 5 个方面,共有 45 个项目,包括视觉追踪(7 项)、上肢关节活动能力(8 项)、抓握能力(8 项)、操作能力(10 项)、手眼协调能力(17 项),每项为 0—3 分 4 个等级,原始分满分为 135 分,通过该量表可以换算出具有等距特性的精细运动能力分值(FMFM 分值),得分范围在 0—100 分之间[3]。

粗大动作状态评定

可采用粗大运动功能评估量表(Gross Motor Function Measure, GMFM),它含 88 项内容,可以对脑瘫儿童的运动功能进行个体化描述及量化记录,并据此可以制订具有针对性且比较细致的治疗方案,是有价值的疗效评估和指导制订治疗

---

① 吴卫红,郝文哲. 脑瘫儿童常用评估量表及其应用[J]. 中国康复理论与实践. 2010,7(16):601—604.

② 张艳宏,刘保延,赵宏等. 脑卒中痉挛性瘫痪特点及其评定进展[J]. 中国康复理论与实践,2008,14(2):110—112.

③ 史惟. 脑瘫儿童上肢功能障碍的评价与治疗[J]. 中国康复理论与实践. 2007,13(12):1121—1123.

目标的方法。但其在轻度和极重度脑瘫儿童评估中的灵敏度仍较欠缺[①]。

日常生活活动能力

Barthel 指数(Barthel Index，BI)创建于 20 世纪 50 年代,评定方法简单,具有较高的可信度及灵敏度,是目前康复机构应用最广泛的日常生活活动(Activities of Daily Living，ADL)能力评定量表(详见下表 12 - 2)。它通过对进食、洗澡、修饰、穿衣、控制大便、控制小便、用厕、床椅转移、平地行走及上下楼梯 10 项日常活动的独立程度打分的方法来区分等级,依据是否需要帮助及帮助程度分为 0,5,10,15 分四个等级,记分为 0—100 分,各项分值不尽相同。100 分表示患者基本的日常生活活动功能良好,不需他人帮助,能够控制大、小便,能自己进食、穿衣、床椅转移、洗澡、行走至少一个街区,可以上、下楼。0 分表示功能很差,没有独立能力,全部日常生活皆需帮助。

表 12 - 2　Barthel 指数记分法[②]

日常活动项目	独立	部分独立,需部分帮助	需极大帮助	完全不能独立
进食	10	5	0	
洗澡	5	0		
修饰(洗脸、刷牙、刮脸、梳头)	5	0		
穿衣(包括系鞋带等)	10	5	0	
控制大便	10	5(偶尔失控)	0(失控)	
控制小便	10	5(偶尔失控)	0(失控)	
用厕(包括拭净,整理衣裤,冲水)	10	5	0	
床椅转移	15	10	5	0
平地行走 45 m	15	10	5(需轮椅)	0
上下楼梯	10	5		

4. 心理—教育方面的评估

对涉及脑瘫儿童心理与教育等因素进行检查,包括动作发展、认知发展、智力、情绪、社会适应等项目。要结合具体情况,灵活选择适合脑瘫儿童心理与教育现状

---

① 史惟,王素娟,徐秀娟,等.三种粗大运动评估方法在婴幼儿脑瘫中的应用研究[J].中国儿童保健杂志,2004,(3).

② 南登崑.康复医学[M].北京:人民卫生出版社,2004:2.

的方法进行评估,由受过专门训练的、具有一定心理教育学基础的人担任,评估时一定要客观、严格地按照每个测验的程序和要求进行。由于每个测验各不相同,测试和评分方法比较复杂,而且标准要求严谨,因此评估过程中,一定要严格按照评估指导手册进行,否则结果就难以准确。这样不仅失去了评估的意义,还容易造成混乱和不良后果。

三、注意事项

1. 早发现、早诊断

脑瘫的早期诊断,一般是对出生后 0—6 个月的诊断,其中 0—3 个月诊断又称为超早期诊断。因为脑组织在婴儿早期(0—6 个月),尤其是新生儿期,尚未发育成熟,还处于迅速发育阶段,这一时期脑的可塑性大,代偿能力高,恢复能力强;此外脑损伤也处于初期,异常姿势和畸形尚未固定化,矫正的可能性较大。

同时,对脑瘫的早期诊断往往也比较困难,因为运动和精神神经发育是一个渐进的过程,年龄越小可观察的项目越少,未成熟儿脑损伤神经症状一般表现不明显;而正常儿童也可能存在发育脱落的表现,一定程度上对早期发现脑瘫儿童造成困难。

2. 重视早期鉴别诊断

脑瘫的临床表现非常复杂,很容易与其他疾病相混淆,尤其在婴儿期,有些患儿只出现肌张力低下、运动和智力发育延迟三大症状,又无其他特征所见,鉴别较为困难。临床实践中运动发育落后、蛋白质营养不良、进行性肌营养不良、肝豆状核变性等疾病与脑瘫的表现颇类似,应予鉴别。

3. 持续评定、循序渐进

对于婴幼儿阶段的脑瘫,最好每月进行 1 次评定,至少应在治疗初期、治疗中期和治疗末期进行 3 次评定。初期评定以掌握患儿的情况,判定近期、远期目标和制定训练计划为目的;中期评定是为了判定治疗效果,变更治疗手段,修正目标;末期评定在出院前进行,判定治疗效果、继续康复的可能性,以及研究出院后家庭的康复措施,指导家长配合。最终的结论来自最后的评定。

第三节 脑瘫儿童早期干预方法

脑瘫儿童的早期干预,旨在通过医疗、教育、社会等康复手段,实现儿童身体、心理、社会适应等方面最大限度的恢复和补偿。对小儿脑瘫的康复与干预应坚持医教结合、全方位的综合干预,由医生、教师、物理治疗师、作业治疗师、专业顾问及其他与患儿和家人一起工作的人员共同合作完成。

一、医学治疗与康复

脑瘫儿童一旦被确诊,就需要对其进行治疗与康复。目前,虽然脑瘫不能根治,但可以通过多种手段改善脑瘫儿童的功能障碍,充分发挥其潜能。常用的医疗康复方法主要有:

外科手术:通过采用矫形手术来改善、消除脑瘫儿童的功能障碍,如肌腱延长术、神经肌支切断术、脊神经切断术等。

药物:主要以促进脑代谢的活脑素为代表,如脑活素、胞二磷胆碱、神经生长肽等脑神经细胞营养药,以利于脑瘫儿童神经机能的恢复;对痉挛型可用巴路芬、肉毒杆菌毒素等降低肌张力,对手足徐动型可配合使用安坦、左旋多巴等多巴胺类药物;对髓鞘发育不良的瘫痪可给予糖皮质激素配合治疗。

应用矫形器等辅助器具:采用特殊装置或人工方法帮助脑瘫儿童改善肢体功能或替代已受损的功能,常用的辅助器具有:重锤式髋关节训练器、长短下肢矫形器、拐杖、轮椅等。

中医:中医疗法对脑瘫康复有一定的疗效,如推拿、穴位按摩、穴位针灸、经络导平疗法、头针治疗等。中医按摩可减低痉挛肌肉的张力,扩大四肢关节活动范围;针灸可采取头针在运动、语言区,以改善该区功能。

二、运动疗法

运动疗法是通过主动运动、被动运动来改善运动障碍的治疗方法的总称。主要内容包括关节活动度训练、增强肌张力训练、姿势矫正训练和神经生理学疗法等。

1. 布巴斯(Bobath)疗法

布巴斯(Bobath)疗法是当前世界各国治疗脑瘫及一切肢体不自由者的主要方法,它是由英国学者布巴斯(Bobath)确立的治疗方法。主要采用抑制异常姿势,促进正常姿势的方法治疗脑瘫,此法又称通过反射抑制和促通而实现的神经发育治疗法。治疗手法包括:(1)反射性抑制手法(抑制伸展姿势、抑制屈曲姿势手法),前者适用于头背屈、全身呈 ATNR、角弓反张脑瘫儿童,后者适用于头前屈、脊柱弯曲、屈髋屈膝呈屈曲状态的脑瘫儿童。(2)关键点调节,指训练师在患儿身上的特定部位进行调节,使痉挛减轻,同时可促通正常姿势和运动的手法。(3)促进姿势反射的手法,不需脑瘫儿童过度用力,引导出脑瘫儿童最大潜力,形成机能活动的运动姿势,并学习体会这种机能活动运动姿势的经验,达到治疗目的。(4)叩击法是提高脑瘫儿童一定部位肌肉的肌紧张,在四肢躯干上有规律地或任意地叩击后出现肌紧张,保持脑瘫儿童正常姿势的促进手法。该方法的具体手技因人而异,可以有千余种。

2. Vojta 疗法

Vojta 疗法是由德国学者 Vojta 经过多年的临床实践创建的,是一种集诊断、治疗、预防为一体的运动疗法。这种方法是通过对身体一定部位的压迫刺激来诱导产生全身的、协调化的反射性移动运动,促进与改善脑瘫儿童的运动机能,因此也称其为诱导疗法。本法有自成一体的 Vojta 姿势反射,通过反射性腹爬和反射性翻身两种手技诱发脑瘫儿童的运动能力、用身体各部位支持身体的能力、抬起身体的能力及移动能力,同时促进脑瘫儿童肌肉收缩方向的转换等,进而改善脑瘫儿童的异常姿势、运动模式,促进正常姿势运动模式的发育。

3. 路德(Rood)疗法

路德(Rood)疗法是以运动发育和神经生理基础相结合为依据,通过对皮肤施加不同的刺激,对运动系统产生促进或抑制性影响,以诱发有目的的动作。路德疗法常用的刺激技巧主要是易化法、叩击法和抑制法。

三、物理治疗

物理疗法(Physical Therapy)是研究应用物理因子作用于脑瘫儿童以提高健康水平、保健、预防和治疗疾病,促进病后机体康复等的干预方法。所应用的物理因子包括人工、自然两类:人工物理因子如光、电、磁、声、温热、寒冷等;自然物理因子如矿泉、气候、日光、空气、海水等。

上田法为日本小儿整形外科医生创建的一种小儿脑瘫的疗法,根据相反神经兴奋与抑制的网络理论而创设,属物理治疗范畴。主要应用于痉挛型脑瘫儿童,通过手技操作,可以降低患者的肌张力,缓解肌痉挛,达到防止肌肉挛缩、预防关节变形,抑制异常姿势的发生与发展,促进正常姿势发育。目前在临床上常与其他疗法结合应用,可起到相互加强疗效的作用。上田法手法比较简单,容易掌握,脑瘫儿童家长应该学会,开展家庭疗育,会收到较好的效果。

四、职业疗法

职业疗法(Occupational Therapy)是通过选择特定的作业活动,有针对性地对脑瘫儿童进行治疗和干预,从而达到恢复或者提高其生活和学习技能的目的。在实践过程中,职业疗法主要包括器官功能的评估、认知能力训练、生活技能训练、支持环境的创设等。它和运动疗法理论原则基本相同,不同之处主要在于它将器官功能的训练与具体的职业活动或作业活动结合起来,如利用剪纸活动来训练精细运动和手眼协调。

日常生活活动(ALD)训练:如穿着衣物、使用餐具进食、个人卫生、洗浴、整容、用厕等。训练脑瘫儿童用新的活动方式、方法或应用辅助器具帮助和使用合适的家用设施,以完成日常生活活动。

游戏治疗(Play Therapy):通过有选择的游戏,对脑瘫儿童进行教育和训练,促进其运动智能和社会—心理能力的发展。

感知训练(Sensory and Perceptual Training):对周围及中枢神经系统损害患者进行触觉、实体觉、运动觉、感觉运动觉的训练。

五、引导式教育

引导式教育是一种集体的、游戏式的综合康复方法,旨在使运动机能失调的儿童学习融入社会的教育体系。它在较轻松而愉快的环境下通过教育学习的主动形式,利用认识、感觉交流的方式,对脑瘫儿童日常生活给予各种刺激,逐渐形成功能性动作与运动,并促进脑瘫儿童建立正确的社交、沟通能力等,比较注重人格和性格的培养。引导式教育对脑瘫儿童的康复有着明显的作用,有研究者认为引导式教育是脑瘫儿童最佳的教育训练方法。引导式教育过程中需特殊的辅助器械,如木条床、坐凳、梯背架、垫子、小梯背椅、手掌板、彩色木棒、地梯、平行杠等。

引导式教育在脑瘫儿童康复训练中有以下作用:

第一,引导式教育让脑瘫儿童,在训练学习之初就明确地知道自己的训练目的和训练目标。

第二,引导式教育可以让脑瘫儿童在学习某种知识、技能以及在与同伴进行游戏的同时,达到训练运动功能的目的,使他们感受到学习的快乐和兴趣。

第三,引导式教育发展了儿童的性格,纠正了儿童不良的行为和情感问题,使得其感到虽然自己有残疾,但也能和普通的孩子一样成为一个各方面"健全"的人。

第四,引导式教育让脑瘫儿童在家庭化的环境和氛围中进行学习和训练,使他们情绪愉快,没有更多的压力感。

第五,引导式教育培养了儿童良好的生活习惯,让他们通过普通的一日活动,时刻接受训练和学习,最终学会如何照料自己。

六、音乐治疗

脑瘫儿童的治疗,一方面在于改善神经运动障碍,另一方面在于改善生理功能和情绪障碍,因而音乐治疗的作用也是多方面的。音乐和音乐活动可以缓解脑瘫儿童紧张、敏感的不良心境,增强积极的人与人之间的关系感以及语言学习的愿望,同时音乐的节律感有利于纠正脑瘫儿童的言语障碍。

第四节　脑瘫儿童早期干预案例

"我会走路了!"

——脑瘫儿童的运动康复

"豪豪,从你那里走到老师这里来!"循声看去,只见身材偏小的豪豪慢慢从教室后排的桌子前面走了过来,虽然步伐缓慢,身体歪歪斜斜,还伴有明显的外八字步态,但从不能站立到可以迈步前进,这对于脑瘫儿童豪豪来讲,已然是可喜的飞跃。想起四年前6岁的豪豪初次入校时,他还不能站立,即使辅助站立对他而言也是一项艰巨而困难的工程,更不要说走路了。豪豪的家长和老师都为豪豪在4年干预中取得的巨大进步而深感欣慰。

遥想四年前的豪豪

豪豪是一个脑瘫儿童,合并有中度智力障碍。父母是自主经营的个体商,家庭经济条件良好,豪豪还有一个双胞胎弟弟,生理发育与智能发展健全。双胞妊娠和出生时早产可能是诱发豪豪脑瘫的高危因素。俗话说"二抬四翻六会坐,七滚八爬周会走",在对双胞胎兄弟的养育过程中,父母逐渐发现豪豪发育似乎有点不对劲,总是比同胞弟弟要慢得多,但是又想到五指还有长有短,何况人呢,也许随着时间推移,豪豪也会发育起来的。带着这样的想法,父母并没有对豪豪早期发育中表现出的异常予以重视。然而到了1岁半,豪豪的异常越来越明显了:双腿内旋,全身缺乏支撑力,不能站立行走,身体姿势异常,身体发育状况也低于同胞弟弟,免疫力和身体抵抗力差,容易感染疾病。于是父母带豪豪去医院做了全方位的检查,结果豪豪被诊断为小儿脑瘫。一纸诊断如当头棒喝,让豪豪的父母万念俱灰。本以为自己的儿子只是发育晚而已,却从没想过居然是罹患了脑瘫。而且医生明确告诉豪豪的父母,脑瘫的病变是永久性不会逆转的,也就是豪豪不可能被治愈。但同时医生也一再提醒和鼓励豪豪家人,不能治愈并非不能治疗。既然豪豪已确认脑瘫,那就应该尽早采用多种方法进行康复治疗,在大脑尚未发育完全,异常姿势尚未固化之前做好早期干预工作。

经历了短暂无望与悲观之后,豪豪的父母走上了医教结合促豪豪康复的早期干预之路。首先豪豪进行了一系列的医学治疗：为矫正双腿内旋问题，接受了髋关节矫形手术，但由于豪豪全身缺乏控制力，术后出现了髋关节外旋的问题；还配穿过矫形鞋，对矫正尖足，稳定踝关节，更好地进行站立、行走训练有所帮助。

转眼间，豪豪6岁了，为更好地促进豪豪康复，父母将其送往特殊学校接受教育，并请阿婆陪读照顾豪豪的日常生活。刚刚入校时，豪豪基本不具备行为及运动能力，表现为：姿势控制异常，不能独立坐、立、走，髋关节外旋严重，双腿合拢困难，下肢缺乏力量。其次，豪豪生活无法自理，在穿衣、吃饭、大小便等方面完全依赖于陪读阿婆的照料。此外，豪豪非常胆小，不敢与同伴交往，给老师最大的印象就是爱脸红。上课时，老师提问他，他总是低头一言不发，倘若老师说话声音略大一点，声调略高一点，他便即刻哭起来。

医教结合促康复

针对儿童脑瘫最主要的运动障碍和姿势异常的表现，在对豪豪障碍状况及程度进行细致分析之后，我们逐步确定了以"腰背肌力量训练、腿部力量训练"等为重点，辅助进行精细动作训练的康复训练目标，每天进行2小时左右的康复训练，此外每周二由获得资格认证的医师对其进行一次医学康复，包括医学按摩、肌肉紧张/放松练习等。医教结合的康复训练，促进了豪豪运动技能的飞跃发展。

1. 站立训练

入校的第一学期起，豪豪就成了康复室里的常客，老师为其安排了提高腿部力量和支撑力的"站立架"训练和提高腰背肌力量的"垫上活动"，如仰卧起坐、飞燕式姿势练习、搭桥练习等。在对豪豪训练过程中，考虑到他胆小的性格特征，教师总是以表扬与鼓励为主，对豪豪取得的每一点进步都加以鼓励，增强豪豪的信心和胆量。同时，垫上活动时，老师安排其他脑瘫孩子和豪豪一起轮流训练，增强其规则养成意识和同伴交往能力，也降低了他对陪读阿婆过分的依赖。根据其进步的情况逐步增加训练难度和延长训练时间，循序渐进。在坚持了一个学期的训练之后，豪豪的腿部力量明显增强，其可以扶物站立，基本具备了进行行走训练的能力。

2. 行走训练

在豪豪的站立能力达到一定的水平后，教师开始逐渐增加对豪豪的行走训练，在其能力所及的范围内训练豪豪的行走能力，提高豪豪辅助行走的水平，为将来独立行走奠定基础。为防止豪豪因反复练习出现"疲劳效应"和"练习效应"，教师采用了多种不同类型的康复器具，包括助行器、平衡杠等，在每天下午的康复训练课上对其训练。此外，利用一切时间和机会，如体育课、课间操时间、中午就餐时间等鼓励豪豪搀扶他人或扶墙行走。

3. 医学康复训练

对脑瘫儿童的康复应贯彻医教结合的理念，当医则医，当教则教，医中有教，教中融医。在这一理念的指导下，学校为豪豪安排了医学康复训练，每周二康复医生都会到学校对豪豪进行医学康复。康复医生一般采用按摩、释放肌张力等手法降低豪豪的痉挛肌肉的张力，扩大关节活动范围，纠正其不良姿势。同时对老师和陪读阿婆等相关人员进行简单医学康复知识和手法的指导。

"我也参加运动会"

一年一度的兴趣运动会又到了，所有的孩子都为之而努力和兴奋，豪豪也不例外。虽然6岁的豪豪还不能独立行走，但兴趣运动会多元的项目设置以及"重在参与"的理念没有把豪豪排除在外。在老师的推荐和鼓励下，豪豪第一次参加了投掷皮球的运动会比赛项目。运动场上气氛团结而热烈，豪豪在陪读阿婆的辅助下顺利完成了投掷的项目。他在同伴们此起彼伏的加油声中努力地把小皮球投进篮里后，兴奋地朝着老师和同学们露出胜利者的笑容。这笑容便是最大的奖励和最大的希望。

除了让豪豪参与运动会之外，针对豪豪不能正常参与早操和课间操的现状，老师为豪豪单独设立了早操、课间操的内容，让他分享和同学们一起完成校园基本活动的乐趣。早操时间陪读阿婆会带着豪豪进行下蹲练习，课间操时间豪豪也会在操场上进行简单动作的活动。

家校合作共同携手

豪豪的父母对待豪豪态度积极，豪豪与同胞弟弟在家待遇平等，父母也积极教育同胞弟弟和豪豪和睦相处，懂得照顾残疾的哥哥。豪豪父亲以外出工作为主，母亲将大部分精力放在教育孩子身上。家长愿意主动参与配合学校教育，如学校组织的春游、秋游、亲子活动等活动，豪豪的家长都能够带着孩子共同参与。豪豪与父母的亲子互动良好，豪豪愿意将学校发生的事情回家和家人分享。随着老师不断的鼓励和其同伴交往能力的提高，他也开始把家里发生的事情与学校的老师和同伴分享。

豪豪的家长乐意听取并接受学校老师和医生的建议，在家中对孩子进行适当的教育和康复训练，避免了豪豪在周末和假期出现反弹的不良现象。如老师跟豪豪的妈妈强调因为豪豪存在矫形手术以后的髋关节外旋问题，在家中要避免豪豪盘腿而坐的不良姿势，防止髋关节外旋的加深和异常姿势的固化。学校还为家长提供了送教上门、残联医生培训、专业康复专家培训的专业知识学习机会，提高了家长的专业知识,为家长在家对孩子进行辅助训练奠定了基础。在家校合作共同携手的努力下,豪豪一天一天不断进步。这也验证了加强父母的角色作用和家庭在学校参与儿童教育的有效机会可以使得特殊儿童教育得到更好的效果。

融合教育节节开花

"同学们,让我们掌声欢迎××幼儿园来我校和同学们联欢,下面请我们学校一年级的小朋友为我们表演儿歌!"和普通幼儿园小朋友共度节日的融合教育活动又定期举行了,这一次豪豪也参加了节目表演。"1像小棒111,2像鸭子222,……"看着豪豪认真并略带自豪的表情,老师们都感到欣慰。的确,对特殊儿童的教育最终目标就在于让特殊儿童能融入社会,自立生活。为营造更多更好的特殊儿童和普通儿童融合机会和环境,特殊学校和普通幼儿园、普通小学成为牵手单位,每学期都举行两次以上的融合活动,让普通小朋友了解特殊小朋友,同时更重要的是让像豪豪这样的特殊孩子能和普通小朋友一样共享童年的快乐。

"老师知道我会走路了一定很高兴"

转眼间豪豪已经是4年级的学生了。又是一个普通的星期一,豪豪的妈妈如往常一样送豪豪来上学,一见到班主任老师,豪豪的妈妈就兴奋地讲述起这个周末豪豪在家练习走路的事情。妈妈说豪豪从家里客厅电视机的位置一直走到了沙发旁边,3米多的路,是豪豪一个人独立完成的,豪豪边走嘴角边露出甜甜的笑,还说"要是老师知道我会走路了一定很高兴的,我明天去学校一定要告诉老师"。妈妈话语间流露出抑制不住的激动和欣喜。有一个罹患脑瘫的儿子也许是家庭的不幸,但是早期干预让这个家庭有了希望。看着豪豪从体弱多病,无力站立,完全依赖家庭到现在可以独立行走一段路程,还与同龄的小朋友们一起健康成长,不断进步,成为一名小学生,这是这个家庭最大的收获!

持之以恒贵以坚

豪豪从6岁入校接受早期干预以来,学校为其安排的医教结合的康复训练收到了良好的效果。在将近4年的时间里,豪豪接受了专业的医学康复和有针对性的学校康复,同时教师在日常教学中营造出全方位的康复环境,无论课间操、体育课、运动会,还是融合教育活动、亲子活动等,都为豪豪在身体姿势、运动能力方面的康复提供了多种机会。早期干预的基础加上持之以恒的训练,帮助豪豪取得了长足的进步。

在身体姿势和运动能力方面,豪豪现在可以独立站立并持续一定时间,可以独立行走 3—5 米,腰背肌和腿部力量有所增强。未来训练一方面要对现有效果加以巩固以防止倒退,另一方面提出新的训练目标,即训练其从座位上独立站起的能力,提高身体支撑力。生活自理能力方面,现在豪豪可以借助吸盘碗自主进食,挑食现象在大集体的生活中逐渐消失;但是在自己穿脱衣,尤其穿脱裤子方面仍有困难,导致大小便仍不能自己完成。未来训练中要继续增强腿部力量,在能力达到一定程度后训练单腿站立、提高平衡能力等。此外,豪豪在集体生活中锻炼了胆量,提高了同伴交往能力。以前那个低头不语、羞羞答答、偏爱脸红的豪豪早已消失了,现在的豪豪语言表达能力较好,乐于参与集体活动。

反　　思

运动和姿势异常是脑瘫儿童最大的障碍,同时伴随的智力障碍、心理问题等都可能阻碍他们的健康成长和良好发展。本案例中对豪豪 4 年的早期干预之所以能够收到积极的效果,与医教结合、家校合作的共同作用分不开。

1. 医教结合是促进脑瘫儿童康复的重要手段。脑瘫是一系列脑损伤和发育异常的综合症,医学手段的介入能够针对损伤程度和部位等病灶进行治疗,早期实施的矫形手术帮助豪豪一定程度上纠正了姿势固化和异常的问题,为后期教育康复训练提供了可能性。而后期康复医师和教师的针对性康复训练为豪豪运动能力的提高奠定了基础。

2. 家校合作携手康复保证了脑瘫儿童持续进步。豪豪父母的积极配合,以及在家庭中持续的训练和严格要求避免了豪豪在干预中出现反复、倒退的情况,在学校和家庭中持续的干预帮助了豪豪更快进步。

3. 积极鼓励,促使脑瘫儿童良好心理品质的养成。豪豪由于罹患脑瘫,不能完成很多同龄人可以完成的事情,往往缺乏自我悦纳,胆怯,成就动机低下。在教育干预中老师、家长及时鼓励豪豪,并选择适合他完成的项目帮助他建立自信和获得成功的喜悦,一步步使得他形成了正确的自我认识,减少了心理障碍的限制。

思考题

1. 如何界定脑瘫儿童?

2. 脑瘫儿童可以分成哪几类?

3. 脑瘫儿童的临床特征有哪些?

4. 对脑瘫儿童的诊断应包括哪些诊断条件?

5. 对脑瘫儿童进行早期康复与干预常用的方法有哪些?

第十三章　其他障碍类型儿童早期干预

　　除了前面所述的几种障碍类型儿童的早期干预外,还有如恐惧及焦虑障碍、肢体残疾与病弱、言语语言障碍等儿童早期干预,下面主要从这三类儿童的概述、评估以及干预方法等方面进行分述。

第一节　恐惧及焦虑障碍
儿童早期干预

一、恐惧及焦虑障碍儿童概述

1. 概念界定

　　就"恐惧及焦虑障碍"这一主题概念而言,不同的著作在名称上有不同的提法,使用比较多的是:焦虑症、恐惧症、焦虑障碍、情绪恐惧及焦虑问题、神经症等。

　　本著作对这些障碍类型的关注,主要以在儿童身上高发障碍类型为主,比如分离焦虑、特殊恐惧症及创伤后应激障碍等。

　　每一个儿童在正常的成长过程中,都体验过羞怯、担忧、焦虑和恐惧,应该说恐惧及焦虑问题是儿童青少年最为常见的心理健康问题,儿童中的流行率较高,并导致一些相关问题,但这些问题往往容易被忽视。

　　恐惧一般情况下指的是适应性恐惧,焦虑指的是非适应性恐惧。也就是说,适应性恐惧是个体对刺激或情景潜在危险性做出准确评估后出现的恐惧，而这个刺激或情景是很明确的。如狗、蛇、坐飞机、上学等，都是一些十分明确的物体、事件或情景。非适应性恐惧是指，没有明确对象的担忧，即使没有任何理由说明环境中存在危险，儿童仍然会感到危机四伏，体验到持续的紧张不安等。

2. 恐惧及焦虑的发展

从婴儿期到童年期再到青少年期，诱发焦虑或恐惧的刺激类型不断发生变化，这种变化与个体的认知能力、社会能力以及关注点的发展基本上是同步的。儿童在不同的发展阶段其焦虑或恐惧的类型是不一样的[①]。

从出生后的 6 个月内，儿童常见的恐惧是：身体支持的丧失，较大的声音等强烈的感官刺激。

6 个月—12 个月，儿童常见的恐惧是：害怕陌生人，害怕与父母或其他看护者分离，即分离焦虑。分离焦虑在这个时候开始出现，童年晚期达到高峰。主要原因是客体恒常性及因果图式的发展。

2 岁—4 岁(幼儿期)，儿童常见的恐惧是：想象中的怪物、超自然的生物、黑暗、夜贼等。主要原因是儿童这个时候处于前运算阶段，想象能力有所发展，但是尚未发展出区分现实和虚幻的能力。

5 岁—7 岁(童年早期)，儿童常见的恐惧是：自然灾害，如大火、雷电、洪水等，还有怕受伤，一些动物。有的儿童会出现动物恐惧症、血液恐惧症等。这些恐惧可能会一直延续到童年晚期等。

3. 成因分析

遗传学说认为遗传因素与除创伤后应激障碍症状之外的所有焦虑障碍都有关系；伽马氨基丁酸(GABA)假说认为恐惧症和广泛性焦虑障碍的产生都是由于分泌伽马氨基丁酸的神经元功能紊乱造成的；肾上腺素—去甲肾上腺素假说认为惊恐发作是自主神经系统，特别是肾上腺素和去甲肾上腺素系统功能失调所引起的[②]。此外，精神动力学、认知理论、潜伏期理论及家庭系统理论等也对恐惧焦虑的病因进行相关的探讨。

二、恐惧及焦虑障碍儿童评估

1. 诊断标准

参考《中国精神障碍分类与诊断标准(第三版)》(CCMD-3)，对与儿童关系密

---

① 转引自：艾里克. J. 马施，大卫. A. 沃尔夫. 儿童异常心理学[M]. 孟宪璋等译. 广州：暨南大学出版社，2004：246.

② A·卡尔. 儿童和青少年临床心理学[M]. 张建新等译. 上海：华东师范大学出版社，2004：470—478.

切的几种恐惧及焦虑障碍的诊断标准摘录介绍如下：

（1）儿童分离性焦虑症

儿童与其依恋对象分离时产生的过度焦虑情绪。

【症状标准】至少有下列3项：

① 过分担心依恋对象可能遇到伤害，或害怕依恋对象一去不复返；

② 过分担心自己会走失、被绑架、被杀害或住院，以致与依恋对象离别；

③ 因不愿离开依恋对象而不想上学或拒绝上学；

④ 非常害怕一人独处，或没有依恋对象陪同绝不外出，宁愿呆在家里；

⑤ 没有依恋对象在身边时不愿意或拒绝上床就寝；

⑥ 反复做噩梦，内容与离别有关，以致夜间多次惊醒；

⑦ 与依恋对象分离前过分担心，分离时或分离后出现过度的情绪反应，如烦躁不安、哭喊、发脾气、痛苦、淡漠，或退缩；

⑧ 与依恋对象分离时反复出现头痛、恶心、呕吐等躯体症状，但无相应躯体疾病。

【严重标准】日常生活和社会功能受损。

【病程标准】起病于6岁前，符合症状标准和严重标准至少已1个月。

【排除标准】不是由于广泛发育障碍、精神分裂症、儿童恐惧症及具有焦虑症状的其他疾病所致。

（2）儿童恐惧症（儿童恐怖症）

指儿童不同发育阶段的特定恐惧情绪。

【症状标准】对日常生活中的一般客观事物和情境产生过分的恐惧情绪，出现回避、退缩行为。

【严重标准】日常生活和社会功能受损。

【病程标准】符合症状标准和严重标准至少已1个月。

【排除标准】不是由于广泛性焦虑障碍、精神分裂症、心境障碍、癫痫所致精神障碍、广泛发育障碍等所致。

需要指出的是：儿童学校恐惧症属于儿童恐惧症的一种亚型，是心理适应不良的表现，女孩较男孩多见。《中国精神障碍分类与诊断标准（第三版）》（CCMD-3）未纳入儿童学校恐惧症。由于这是儿童常见的障碍之一，故参考相关资料①，摘录介绍如下：

儿童学校恐惧症是指儿童对学校环境或到学校上学产生恐惧、焦虑情绪和回

---

① 傅安球.实用心理异常诊断矫治手册[M].上海：上海教育出版社，2006：231—232.

避行为,而在与上学无关或非学校环境(如家中)表现正常。

【临床表现】

儿童学校恐惧症的临床表现主要是对到学校上学存在持久的恐惧、焦虑情绪和回避行为,以及对学校环境感到痛苦、不适、哭闹、不语或退出。例如该去上学时不去上学,或者提出苛刻的条件,或者诉说头痛、头晕、腹泻、恶心、呕吐等不适。如果强制儿童上学,或者其处在学校环境,则会出现焦虑不安、痛苦、叫喊、吵闹等强烈的情感反应。任何保证、安抚或许以物质奖励都不能吸引儿童去上学,其甚至宁愿在家受打骂也不愿去学校。而不在学校环境或不去上学,则一切表现正常。

【诊断要点】

儿童学校恐惧症的诊断要点为:一是直接诱因常常是学习困难或失败,或者在学校遭受到某些挫折和侮辱,或者师生关系、伙伴关系紧张,或者家庭发生某些变故。二是去学校上学或在学校环境出现恐惧、焦虑情绪和回避行为,而在非学校环境或不去上学可表现正常。

【鉴别诊断】

主要应与逃学进行鉴别。逃学通常无明显的类似于儿童学校恐惧症那样的情绪表露,学习上往往有长期困难,且也常有其他违纪行为,父母常常不知道儿童不去上学或从学校逃出在外游戏或游荡。儿童学校恐惧症则有对学校环境明显的情绪障碍,学业上虽有时也会出现困难或失败,但总体上问题不大甚至品学兼优,也没有其他违纪行为,父母也知道儿童拒绝上学而留在家中。

(3)儿童广泛焦虑症

儿童与少年广泛性焦虑的主诉较成人少,诊断需参照以下标准。

【症状标准】

① 以烦躁不安、整日紧张、无法放松为特征,并至少有下列2项:

(a) 易激惹,常发脾气,好哭闹;

(b) 注意力难于集中,自觉脑子里一片空白;

(c) 担心学业失败或交友受到拒绝;

(d) 感到易疲倦、精疲力竭;

(e) 肌肉紧张感;

(f) 食欲不振,恶心或其他躯体不适;

(g) 睡眠紊乱。

② 焦虑与担心出现在两种以上的场合、活动或环境中。

③ 明知焦虑不好,但无法自控。

【严重标准】社会功能明显受损。

【病程标准】起病于 18 岁前,符合症状标准和严重标准至少已 6 个月。

【排除标准】不是由于药物、躯体疾病(如甲状腺机能亢进),及其他精神疾病或发育障碍所致。

2. 评估工具

几种常见的评估工具如下:

(1) 儿童广泛性焦虑

儿童焦虑性情绪障碍筛查量表(The Screen for Child Anxiety Related Emotional Disorders,SCARED)是美国精神病学家巴瑞马赫尔(Birmaher)于 1997 年编制的。

学前儿童焦虑量表(父母报告)是澳大利亚昆士兰大学的斯班斯(Spence 和 McDonald)等人于 2001 年编制的专门用于测查学前儿童一般焦虑症状的评估工具,它平行于 DSM-Ⅳ对焦虑障碍的分类,具有较好的信度和效度。

(2) 分离焦虑:拒绝上学评估量表(Kearney & Silverman,1993)。

(3) 特殊恐惧:恐惧调查量表(修订版)(Gullone & King,1992)。

(4) 与创伤后应激相关的焦虑:儿童创伤后应激障碍问卷(Saigh,1989);儿童创伤后应激障碍访谈表(Pynoss & Eth,1986)。

三、恐惧及焦虑障碍儿童早期干预方法

1. 药物治疗法

对恐惧及焦虑障碍使用药物治疗始于 20 世纪 60 年代。目前的药物针对治疗恐惧及焦虑障碍的有如下。5-羟色氨再摄取抑制剂:左洛复、赛乐特;倍他受体阻滞剂:倍他乐克、心得安;苯二氮卓类:舒乐安定、氯硝基安定、佳静安定、三唑仑等。

2. 心理教育法

给儿童解释焦虑有三个不同的成分:害怕时的想法,害怕时的身体感觉,以及害怕逃避情境的行为模式[①]。对于低年龄儿童的心理教育法,干预人员要不断尝试让儿童了解或知晓每个人都会对一些特定的事情或事物感到害怕。但是,在面对这些害怕情境的时候,人们可以不断进行自我暗示,以降低自己心理的紧张或害怕水平。当儿童做好充分的心理准备的时候,其相应的焦虑或恐惧方面的问题也会得到很好的控制或改善。

此外,在心理教育方面,干预人员也可通过一些放松的游戏、绘画或谈话的方式,帮助儿童去体会自己的感觉或情绪,先在"预设"的情境中,引导儿童不断摸索

---

① A·卡尔. 儿童和青少年临床心理学[M]. 张建新等译. 上海:华东师范大学出版社,2004:486—516.

战胜焦虑或恐惧的方法,然后迁移到真实的情境中加以实践。

3. 系统脱敏法

系统脱敏法指儿童逐步接触不同等级刺激情境,训练儿童使用放松技能来应对每一个情境,在应对过程中,达到降低自己的焦虑。主要原理是:交互抑制的理论,指个体的紧张和放松是不能同时存在,这两种感觉是对立的,当个体感到放松的时候,紧张或者恐惧感就会被抑制。

主要步骤:

(1) 放松练习

(2) 制订脱敏等级表

对焦虑刺激所带给自己的恐惧情绪进行打分。比如单纯恐惧症(害怕狗)的儿童的脱敏等级表就可以这样制订,一般是 10 级,比如:

第一级看到"狗"的字眼;

第二级听到别人讨论"狗";

第三级看到狗的照片;

第四级看到狗的录像;

第五级听到狗的叫声;

第六级接触到玩具狗;

……

第十级跟狗在一起。

(3) 逐步脱敏:儿童在放松的情况下,从脱敏等级焦虑最轻的一项开始想象,如果感到焦虑就示意干预人员,并停止想象,进行放松。在完全放松后,再重新想象。每次想象的时间逐渐增加,直到儿童两次想象这个情境不再感到焦虑持续 10 秒钟,则进入下一个等级。在每一个等级的情境重复上述过程,直到儿童可以舒服地、没有焦虑地想象所有的等级情境。在完成想象脱敏之后,可以逐渐进入与想象情境相应的现实情境。

4. 放松训练法

放松训练有很多种,深呼吸、瑜珈冥想等,应用比较广泛。

对家长而言:每天抽出 20 分钟,与孩子一起做这些放松练习;尽量把练习安排在与孩子关系融洽的时候,这样孩子会盼望做练习;每天在同样的时间,同样的地点做练习。

开始前,移开所有转移注意力的东西(关掉灯、收音机、电视机、电脑等)并要求儿童将紧的衣服宽松(如腰带、领带和鞋子)。

坐着或者半躺着。

调整呼吸(吸气的时候从 1 默数到 6,吐气的时候从 1 默数到 9,中间停顿 1 秒钟)。

每次练习后,表扬孩子"棒极了"或者"你做得非常好",或者给予其他形式的表扬。

整个练习中可以用平和、放松的、安静的声音说话。

5. 饮食治疗法及其他

有一些食物含有类似于治疗恐惧症药物的成分,所以以下这几种食物将有助于儿童恢复自信,比如:菠菜、香蕉、大蒜、深海鱼、葡萄柚等。

在一些儿童治疗案例中,还有必要建议儿童的父母也接受心理问题和婚姻问题的治疗,因为有些父母的行为一方面维持着儿童的焦虑,另一方面可能也借此逃避着解决自己个人或婚姻的问题。

第二节　肢体残疾与病弱儿童早期干预

一、肢体残疾和病弱概述

1. 概念界定

肢体残疾和病弱,属于常见的生理疾患。二者都对儿童的生活学习造成了不同程度的障碍和困扰。有研究者认为"肢体残疾"可以分为肢体障碍和身体病弱两种[①],而二者的差异主要表现在活动能力是否受到限制以及受限的程度严重与否。一般认为肢体残疾儿童不但受限,甚至基本丧失活动能力,而病弱儿童具备一定的活动能力,但其能力不足以使其能与正常儿童一样生活和学习。

(1) 肢体残疾

2006 年《第二次全国残疾人抽样调查残疾标准》中对肢体残疾的界定:肢体残疾,是指人体运动系统的结构、功能损伤造成四肢残缺或四肢、躯干麻痹(瘫痪)、畸形等而致人体运动功能不同程度的丧失以及活动受限或参与的局限。肢体残疾包括:

① 上肢或下肢因伤、病或发育异常所致的缺失、畸形或功能障碍;

② 脊柱因伤、病或发育异常所致的畸形或功能障碍;

③ 中枢、周围神经因伤、病或发育异常造成躯干或四肢的功能障碍。

(2) 病弱

病弱儿童,又称虚弱儿童,特殊教育的对象之一。患有疾病或体质差的儿童,

---

① 方俊明.特殊教育学[M].北京:人民教育出版社,2005:265.

包括患各种慢性病/急性病初愈、严重贫血、营养不良、发育落后、癫痫等儿童。轻者可在普通学校学习,重者须在专门的学校就读或通过其他形式接受教育。

病弱儿童常见的特征有:

① 长期多病而经常缺席。

② 异常肥胖、瘦弱或发育不良。

③ 身体虚弱无力,容易晕倒。

④ 轻微运动就心跳加速、呼吸困难、面色发紫。

病弱儿童常包括:心脏病、肺脏病、哮喘、肾脏病、肝病、癫痫、血液病、脑性麻痹、恶性肿瘤等[①]。此外,美国的肢体障碍和健康问题儿童,是指患有各种非感官性障碍的儿童,这类障碍影响到他们的健康并导致围绕着运动能力、体力及自我观的特殊教育问题。这些儿童包括先天畸形、癫痫、肌营养不良、哮喘、风湿热、脑性瘫痪和糖尿病等。

2. 流行率

(1) 肢体残疾的流行率

2006 年第二次全国残疾人抽样调查数据显示,我国各类残疾人总数为 8296 万人,肢体残疾 2412 万人,其中,0—6 岁肢体残疾儿童约有 43.4 万名,每年新增 6.2 万名。肢体残疾儿童中约有 13% 需要进行矫治手术。肢体残疾人,特别是贫困肢体残疾儿童的康复状况亟待改善[②]。

(2) 病弱的流行率

由于我国对病弱没有明确法规界定,目前尚没有文献报告病弱的流行率。中国台湾地区第二次特殊儿童普查中曾报告,身体病弱儿童的流行率为 0.08%,占残疾儿童中的 3.81%[③]。

3. 心理行为特征

(1) 肢体残疾儿童的心理与行为特征

肢体残疾儿童由于存在明显的生理残缺,行动力受到限制。严重的肢体残疾儿童,缺乏生活自理能力,甚至需要父母协助饮食和排泄,并因此而产生悲观、绝望和自卑的心理状态。而另一方面,由于生理的限制,一些儿童习惯于依赖成人的照

---

① 身体病弱儿童的定义特征与心理辅导. http://www. ssvs. tp. edu. tw/deps/dep006/spe/new_page_56. htm. 2009 - 08 - 03.

② 全国残疾人康复工作办公室关于印发《肢体残疾康复"十一五"实施方案》实施办法》的通知(全康办〔2007〕7 号). http://law. baidu. com/pages/chinalawinfo/10/80/e4b89e0dc207a9dfe46070cd106e5418_0. html,2010 - 08 - 09.

③ 林宏炽. 多重障碍学生辅导手册. 台湾. http://www. tntcsh. tnc. edu. tw/comm/uploadfile/uploadfiles/ f0402/%A6h%BB%D9%BE%C7%A5%CD%BB%B2%BE%C9%A4%E2%A5U. pdf,2009 - 12 - 22.

顾,导致在同伴交往中存在任性现象,容易产生隔阂。

肢体残疾造成的心理影响,贯穿在儿童发展的全过程中。先天致残的儿童可能在婴儿时期更难与父母建立亲密的依恋关系。伴随着儿童感知觉和运动能力发展的受限,肢体残疾儿童逐渐意识到自身的缺陷和不足,低龄时表现为抑郁或攻击行为,年纪稍长时则可能出现自卑和压抑,在青春期更有可能出现自伤和自杀行为。肢体残疾儿童成年之后,如果适应不良,可能表现为对自己以及社会的不满,生活在自怨自艾中,丧失积极主动的心态。

因此,对肢体残疾儿童需要加强心理辅导和干预。对低龄的肢体残疾儿童,需要更多地关注儿童的情绪体验,建立主要照料者与儿童之间的安全依恋关系。以往的研究发现,家长在发现儿童的肢体残疾问题后,往往自身也需要一段时间来接受和适应,而一定程度上疏忽了儿童的情感需要。

(2)病弱儿童的心理与行为特征

大部分病弱儿童具备正常的智力水平和一定的活动能力。但长期的慢性疾病,影响其生活和学习,这种侵蚀病弱对儿童人格发展有着不容忽视的影响,具体表现为孤僻、退缩,并且容易出现人际交往障碍。

4. 成因分析

(1)肢体残疾的主要成因

调查发现,在儿童肢体残疾中,先天的、生物学的因素在儿童肢体残疾中起着十分重要的作用。有88.89%儿童肢体残疾是由先天性或遗传性因素引起[1],其中脑瘫是最主要原因[2]。此外,在我国山区1—4岁儿童中,跌落伤害也是儿童肢体致残的重要原因之一。

(2)病弱的主要成因

导致病弱的原因是多种多样的。研究显示,病弱儿童的主要病因是慢性病、癫痫及严重营养不良等。慢性病包括哮喘、心脏病、肾炎等;严重营养不良包括贫血、进行性肌肉营养障碍、筋骨脆弱等。

二、肢体残疾和病弱儿童的早期干预方法

针对肢体残疾和病弱的儿童,主要的干预方法包括:医疗干预和康复干预。近年来,随着对特殊儿童心理行为特征的研究和认识不断发展,人们也开始关注肢体

---

① 汪卫华. 常州市0—6岁儿童肢体残疾的流行病学调查[J]. 中国民康医学杂志,2003,15(4):248—250.
② 赵绍杰,孙帅,王玉英等. 洛阳市0—18岁儿童肢体残疾的临床分析[J]. 中国民康医学杂志,2006,18(1):67—68.

残疾与病弱儿童的心理干预。

1. 预防性干预

针对儿童的肢体残疾预防策略和措施主要是：①加强宣传教育，特别是优生优育教育，加强孕产期保健，预防出生缺陷的发生。同时，应将脑瘫列入新生儿筛查保健的常规项目，形成一个监测网络，早识别、早康复，减少或减轻儿童肢体残疾的发生。②制定和颁布、推广有关保护儿童安全的规范化条例，强调卫生部门应参与儿童意外伤害预防的组织和技术指导工作，进行调查、安全教育和采取预防性措施。另外，加强学校、家庭和社会的宣传教育，预防交通事故、溺水、跌落等意外伤害的发生，以减少儿童由于伤害导致的肢体残疾发生。③加强脊髓灰质炎病毒的监测以及强化脊髓灰质炎减毒活疫苗的预防接种[①]。

2. 医疗干预

医疗干预对于肢体残疾和病弱儿童，具有重要的作用。其中常见的一种干预方法即手术治疗。手术治疗指对肢体残疾儿童常见的、严重影响正常生活和活动的、术后效果明显的四肢畸形，如马蹄足畸形、脑瘫肢体畸形、膝关节屈曲、臀肌挛缩、小儿麻痹后遗症等实施矫治手术。

此外，医疗干预还涉及多个方面。例如：采用伊利萨洛夫器能够有效地改变下肢的畸形和脊柱的弯曲。而随着科技的发展，尤其是生物科学的发展，还将给肢体残疾与病弱儿童带来更多的干预途径。

3. 康复干预与功能代偿训练

康复性干预是另一种针对肢体残疾的主要干预模式。

一方面，康复性干预是肢体残疾自身生理障碍的需要，另一方面，康复干预与医疗干预有着密切的关联。儿童在接受了相应的手术医疗干预后，绝大多数都需要辅以肢体方面的康复训练。目前，我国常用的模式是依托残疾人康复机构、卫生医疗机构，为有训练需求的脑瘫、脊柱脊髓疾患及损伤、骨关节病、四肢畸形、儿麻后遗症等肢体残疾儿童进行功能评估，制定康复训练计划，进行运动功能、姿式矫正、日常生活活动、语言交往的训练等。

在康复性干预中，有一类干预旨在帮助肢体残疾儿童练习和获得补偿性的身体功能，例如许多肢体残疾儿童学会了用嘴或脚写字，这种干预策略也称为功能代偿训练与功能重建[②]。

肢体残疾的康复工作，应注重矫治手术、假肢和矫形器装配、功能训练三者之

---

① 栾承，刘民. 我国肢体残疾预防策略的探讨[J]. 中国康复医学杂志，2008，23(4)：369.
② 刘全礼. 残障儿童的早期干预概论[M]. 天津：天津教育出版社，2007：225.

间的有机结合和系统服务①。

4. 心理干预

儿童意识到自己的肢体残障或由病症带来的病弱特征时,都会经历一个艰难的适应阶段。肢体残疾儿童面对"差异"更容易出现负面的情绪和认识,表现出自卑、缺乏信心和过分依赖等心理特征。而病弱儿童在长期的体质虚弱和疾病困扰后,往往表现为情绪不稳定、注意力不集中,以及人际交往中的障碍。因此需要对肢体残疾和病弱儿童实施及时的心理干预。

对肢体残疾和病弱儿童的心理干预,需要注意儿童身体发育的现状、所处的教育安置环境。此外,鼓励家庭成员对儿童的关注和参与,也是针对此类儿童心理干预的重要议题。

第三节 言语语言障碍儿童早期干预

一、言语语言障碍概述

1. 概念界定

言语和语言是两个既相互关联又存在区别的概念。目前关于言语与语言障碍的术语有许多提法,如言语障碍(言语残疾)与语言障碍(语言残疾)同义。也有学者认为言语与语言异常(言语与语言缺陷),包括言语障碍和语言障碍。不同学者研究中对于言语障碍的界定各不相同,各有所指。因此,有必要理清言语与语言障碍的概念。

(1) 定义

① 语言障碍

语言障碍(Language Disorder)指理解和(或)使用口头语言、书面语言和(或)其他信号系统的发育障碍或异常。主要表现在三个方面的障碍和落后:①语言的形式(语音、词法和句法系统);②语言的内容(语义系统);③交流中语言的功能(语用系统)。以上三种情况可以是单一存在也可是三种表现任意组合。语言障碍存在于任何发育迟缓或障碍的儿童,影响他们理解(感受性语言)和(或)恰当地使用语词或表达性语言的能力。以上描述为狭义的语言障碍,可分为语言发展异常和失语症。

② 言语障碍

又称说话障碍(Speech Disorder)、言语缺陷(Speech Defect),是指个体的言语

<hr />

① 全国人大常委会法制工作委员会研究室.中华人民共和国法律法规及司法解释分类汇编社会法卷(1)[M].北京:中国法制出版社,2010:45.

过分异常,引起人的注意、厌烦或不易被他人理解,不但妨碍了个体与他人的交流与沟通,而且会造成个体的不适应。主要表现为个体口语的产生与运用出现异常,包括声音的发出、语音的形成以及语流节律等。可分为构音(或发音)障碍、声音(或发声、嗓音)障碍和语流(流畅性)障碍。

③ 言语残疾

2006 年我国《第二次全国残疾人抽样调查残疾标准》认为:言语残疾,是指由于各种原因导致的不同程度的言语障碍(经治疗一年以上不愈或病程超过两年者),不能或难以进行正常的言语交往活动(3 岁以下不定残)。

简而言之,上述三个定义是有区别的。本文中的言语语言障碍概念采用我国第二次全国残疾人抽样调查中言语残疾的定义。

(2) 分类

2006 年我国《第二次全国残疾人抽样调查残疾标准》,把言语残疾分为七类。

① 失语:是指由于大脑言语区域以及相关部位损伤所导致的获得性言语功能丧失或受损。

② 运动性构音障碍:是指由于神经肌肉病变导致构音器官的运动障碍,主要表现为不会说话、说话费力、发声和发音不清等。

③ 器官结构异常所致的构音障碍:是指构音器官形态结构异常所致的构音障碍。其代表为腭裂以及舌或颌面部术后。主要表现为不能说话、鼻音过重、发音不清等。

④ 发声障碍(嗓音障碍):是指由于呼吸及喉存在器质性病变导致的失声、发声困难、声音嘶哑等。

⑤ 儿童言语发育迟滞:指儿童在生长发育过程中其言语发育落后于实际年龄的状态。主要表现为不会说话、说话晚、发音不清等。

⑥ 听觉障碍所致的语言障碍:是指由于听觉障碍所致的言语障碍。主要表现为不会说话或者发音不清。

⑦ 口吃:是指言语的流畅性障碍。常表现为在说话的过程中拖长音、重复、语塞并伴有面部及其他行为变化等。

2. 流行率

言语与语言障碍是儿童期各种发展障碍中一种主要的类型,出现率达3.5%—7%。据国外报道,2 岁儿童言语和语言障碍的发生率高达 17%,6 岁为3%— 6%;美国 0—5 岁障碍婴幼儿中,语言障碍儿童大约占 20.8%,是各类特殊儿童中出现率最高的;1994—1999 年在江苏的一项调查显示,普通低幼教育机构中语言障碍的发生率是 4.02%,平均每个班级中约有 2 名儿童患有不同类型和程度的语言障碍,其中男童为 4.93%,女童为 2.93%。由于言语与语言障碍的复杂性,不同国家和地区以及不同年龄段儿童,其障碍出现率有一定的差异。

3. 障碍特征

根据言语障碍和语言障碍的概念,言语障碍主要表现在发音、声音和语言的流畅性方面,而语言障碍主要体现在语言发展异常和失语症方面。下面就从这几方面分析言语与语言障碍儿童的障碍特征。

(1) 构音障碍(Articulation Disorders)

也称发音障碍,指在发音过程中因构音器官的运动异常或协调运动障碍而导致的构音不清和声韵调异常等现象,影响了言语的可懂度,以致交流难以正常进行。儿童的发音障碍主要表现为:

① 替代。指言语过程中用另一个音去替代原来的音。如,将"兔子跑了"说成"肚子饱了",就是用不送气的 d,替代了送气音 t,用不送气音 b,替代了送气音 p。

② 歪曲。指言语过程中用语音系统中没有的音替代原来的音。

③ 省略。指言语过程中丢失某个或某几个音段,造成音节的不完整。最常见的是把作韵头的元音漏掉,有的把作声母的辅音漏掉,有的把韵尾漏掉。如将"轮船"发成 lenchuan。

④ 添加。与省略相反,是在言语过程中增添了原音节中没有的音段。如将"馋"发成 chuan。

另外,不少儿童还经常表现出更为复杂的构音问题,即复合型构音障碍,如既有替代,也有省略或添加,或者双重替代,即声母与韵母同时替代。再者,他们也常常会表现出声调上的错误,其中第三声获得最难。

(2) 嗓音障碍(Voice Disorder)

又称发音障碍,指个体声音在音高、音强和音质共鸣等基本特性方面的各种异常表现。

① 音调异常。即声音的高低异常,主要由发音体的震动频率异常造成。其障碍表现为:声音过高过低、音高平直(声音没有起伏变化)、音高特变、假声和双音(发声时同时发出两个声音,少见)。

② 音质异常。即声音的个性、特色异常。主要表现为:共鸣异常,鼻音过重或过轻,儿童腭裂、黏膜下腭裂、神经功能障碍影响声门关闭造成鼻音过重,而严重上呼吸道感染或鼻炎可造成鼻音过轻,儿童腺样增殖体肥大可出现慢性的无鼻音的发声。音质异常可出现气息声、沙哑声和嘶哑声,最常见的是声音嘶哑。

③ 响度异常。即声音大小强弱的异常,主要取决于说话者用力的大小。其障碍主要体现为:喉全切失音,是由于喉部被全部切除而完全丧失用声带发声的能

力;癔病性失音,是因为心理因素造成的情绪紧张而导致突然发不出声音;声音过弱或声音过强。

（3）语流障碍（Fluency Dsorder）

也称流畅性障碍、口吃,是语言节律障碍中最常见的现象。主要指连续话语过程中的韵律失调,表现为节律、语速失当,无意识的声音重复、延长或中断而使说话者无法清楚表达自己的想法。该类障碍常始于2岁半—4岁的儿童,主要表现如下:

① 异常的言语行为。包括音素或音节的拖长、重复,说话时发生中断,发音用力过强以及只有发音动作而发不出声音。

② 有意识掩饰自己的口吃。

③ 存在情绪困扰,表现为紧张。

口吃最麻烦的问题是有越来越严重的发展倾向。初期表现为不费力的音节重复或者语音拖长;然后是充满紧张,为把话说出来而过分用力以致出现各种附加动作;最后,出现整体语流的阻塞,甚至回避说话。

（4）语言发展迟滞（Language Detardation）

也称语言发展异常,指理解或使用口语、书面语或其他符号系统时出现障碍,语言发展的速度、程度等低于正常儿童,主要表现为不会说话、说话晚以及发音不清等[①]。

这里是指单纯性语言发展异常,是一种特殊性语言障碍（Specific Language Impairment）,即在正常语言学习环境下,没有听力丧失、智力迟钝、明显神经或精神损伤等情况,但其语言能力得不到正常发展[②]。也有人从语言产生（编码过程）和接受（解码过程）,来分析其特征:

① 表达性语言障碍。无生理上的障碍,并有正常的语言理解力,但学习说话困难,因而无法有效表达。

② 接受性语言障碍。接受信息能力受损,因而无法理解他人所表达的意思。

③ 混合性语言障碍。接受和表达均出现障碍,因而在理解和表达上具有双重困难。如能听到声音,但不能理解其意义,不能运用语音来表达个人意愿。

（5）失语症（Aphasia）

失语症是正常获得语言能力后,因大脑言语区域及相关部位损伤所导致的获得性言语功能丧失,影响到个体的听、说、写和手势表达能力的发展。具体表现在:

---

① 林宝贵.语言障碍与矫治[M].台北:五南图书出版公司,1995:225.

② 刘浩明等.特殊言语损伤研究及其进展[J].心理科学,2004,27(5):1178—1180.

① 儿童运动性失语症。其基本问题是发音技能的丧失,表现为儿童虽然言语器官正常,且可自由运动,但不会使用。

② 儿童感觉性失语症。主要有以下几种表现:狭义感觉性失语症,表现为儿童虽能听到和倾听声音组合,但言语理解极差,复述性和自发性口语常有错语症状,常伴有多语症现象,较为少见;言语声音失知症,表现为儿童的语音听觉严重受损,独立地丰富和恢复言语的能力极差,爱使用表情手势语;声音定向障碍,表现为对声音刺激不注意,听到和倾听声音组合的能力基本丧失,不理解言语;混合性失语症,表现为言语声音失知和声音定向障碍的混合。

4. 成因分析

目前对儿童的言语与语言障碍成因还缺乏系统而深入的研究,从现有的资料看,其成因非常复杂,每一种不同的类型就可能有一个或几个特殊的原因。综合分析,这些成因大体上可分为四个方面。

(1) 生理因素

生理因素是言语与语言障碍的主要影响因子。与言语运动系统有关的任何器官或组织(主要包括声音的发生系统和声音的中枢系统)的生理损伤所造成的器质性损伤都会导致语言障碍。

(2) 心理因素

心理因素也是造成儿童言语与语言障碍的主要因素之一。家庭中亲子关系失谐,儿童的情绪受到压抑可能会导致失语现象;父母对儿童要求过高,易于造成儿童口吃或完全不说话;不当的声带滥用,紧张的家庭关系也是导致儿童语言问题的诱因之一。

(3) 环境因素

社会环境为儿童言语与语言的实践和发展提供机会和条件。环境中缺乏适当的言语和语言刺激,或是刺激不足和刺激不当,都会造成言语与语言发展障碍。如儿童过度模仿别人的口吃,或语言关键期时,缺少语言刺激,可致儿童语言发展迟缓;儿童由于各种原因频繁更换生活环境,面对不同语言环境的适应不良,会造成语言学习紊乱等等。还有开始学话的儿童,由于长期营养缺乏,或长期患结核病等消耗性疾病,也可妨碍其语言的正常发展。

(4) 遗传因素

研究发现,约 20% 的言语与语言障碍儿童的一级亲属存在言语或语言障碍。关于双生子的研究,为之提供了证据。衣阿华大学的唐柏林(Bruce Tomblin)的研究发现,同卵双生子言语语言障碍的共同发生率高达 80%,异卵双生子言语语言障碍的共同发生率为 38%。

除上述因素外,大脑损伤、听觉功能障碍等因素,也会导致儿童言语语言障碍。

二、言语语言障碍儿童早期干预内容和方法

1. 言语障碍训练

言语障碍的治疗应该始于运动性构音障碍的训练。构音障碍又称运动性构音障碍,指与发声语言有关的呼吸器官、喉头、口腔、下颌、舌、口唇等功能障碍。具体的训练方法如下:

(1) 呼吸功能训练

正确控制呼吸之间的气流量是发音的基础,而且控制呼吸又可减轻咽喉肌的紧张性利于发声。正确的发声和构音,必须靠呼吸做动力,当形成一定的气流压力时,才可以发声,所以做语言训练前必须先进行呼吸训练,不能只单独进行语言训练,必须与理学疗法师等共同进行综合训练治疗。儿童全身机能得到改善,呼吸机能也会相应得到改善。抗重力肌的发育对呼吸机能有重要的作用。

(2) 口唇与下颌的运动训练

儿童下颌运动障碍,口唇难以正常地开闭,因而也就无法构音,所以我们可以采用适当的方法刺激下颌及口唇周围的肌群,使之收缩而达到口唇闭合的目的。对智力较好的言语语言障碍儿童可以用语言指示做张口、闭口、撅嘴、露齿、咧嘴、圆唇、鼓腮、吮颊、微笑的动作,反复进行,直到熟练为止。具体做法有:压舌板刺激、冰块刺激法、毛刷法、拍打下颌法。

用吸管回吸、用奶嘴吸吮的动作,或在口中放上食物让儿童保持的动作,都可促进口唇的闭合动作。低龄幼儿可利用吹气泡、吹羽毛等游戏活动,稍大幼儿可采用照着镜子吹泡泡糖的活动,锻炼其口唇闭合能力,效果明显。

双唇的训练对发声意义重大,要持之以恒。口唇与下颌的协调运动,为发音打下了初步的基础。

(3) 舌的运动训练

主要包括舌运动训练和改善口腔感觉两部分内容。舌运动训练主要包括舌的前伸和后缩,舌上举舔上腭,向后卷舌,以及舌的两侧性运动。利用咀嚼运动、吸吮动作,使舌与口唇动作协调,增加舌的搅拌动作;训练舌向前伸阶段,让儿童张开口,把食品或其他儿童感兴趣的物品放在其口唇前方,使其出现伸舌舔物的动作,并逐渐做到自行控制;训练舌向前、后、左、右运动阶段,可用蜂蜜涂在口周,鼓励其做出伸舌舔糖的动作。此外也可以用压舌板做被动抵抗训练锻炼舌的灵活运动。改善口腔感觉训练,可用各种不同形状、不同硬度的物体放在儿童口腔内进行刺激,使之获得感觉的经验。治疗师常用洗净的手指在儿童口腔内进行不同部位的

按摩,这对于调动口唇、舌、软腭的动作十分有利,对发育也会起到积极作用。

(4) 构音训练

构音障碍个体差异很大,应具体情况具体分析。要按照语言发育的规律,并与视觉、听觉、触觉等功能密切配合,利用儿童已能发出的音,先从容易构音的音开始,例如先发唇音 b、p、m,然后再进行较难的音训练,如软腭音 k、g 等,齿音及舌齿音 t、d、n 等。也可先训练发元音,如 a、u 等,然后训练发辅音,如 b、p、m 等,再将已掌握的辅音与元音相结合,如 ba、pa、ma、fa 等。

2. 语言障碍训练

多数语言发育迟缓的儿童,其全身的运动功能也落后或存在不同程度的障碍,因此在进行理学疗法、作业疗法训练的同时,如配合进行语言疗法的训练,对语言发育迟缓的儿童则会有更大的帮助。儿童语言发育迟缓的训练必须根据其所处的阶段制定具体的康复计划和训练方法。训练中要注意双向发展,即先横向扩展,再纵向提高。如学说名词"帽子"、"手套"、"裤子"等(横向发展),进一步增加词汇"黄帽子"、"红手套"、"蓝裤子"(纵向提高)。对于年龄较小的运动障碍儿童,要注意在游戏的过程中学习语言,在不同的发育阶段加入不同的游戏内容,使儿童在游戏时应用自己学过的词汇和语句,促进交流行为的发展。

(1) 手势符号训练

手势符号是利用本人的手势作为一定意义的示意符号,可通过手势符号来表达自己的意愿,与他人进行非语言的交流。对中、重度语言发育迟缓的儿童或语言符号未掌握的儿童以及表达困难的儿童均可将手势语作为表达训练的导入方式,逐步过渡到用幼儿语、口语进行表达的目标。

(2) 文字训练

正常儿童的文字学习是在全面掌握了语言的基础上再进行的学习。但在语言发育迟缓儿童言语学习困难时,将文字符号作为语言行为形成的媒介是一种非常有效的学习方法。另外文字符号还可以作为言语的代作手段。文字训练适用于:言语理解与表达的发育均迟缓的儿童,言语理解好而表达困难的儿童,既有以上原因又伴有构音障碍、说话清晰度低下的儿童。文字训练的顺序为文字形的辨别→文字符号与意义的结合→文字符号与音声的结合→文字符号与意义、音声的构造性对应的结合。

(3) 交流训练

交流训练不需要特殊教材,主要是根据儿童的发育水平选用合适的训练项目进行训练。交流训练不仅可在训练室中进行,在家中、社会中应随时随地进行。应尽可能帮助儿童参与家庭和社会的活动,鼓励他和其他小孩一起玩,鼓励他和其他小孩一样活动,增进其社会交往的能力。注意不要把表达的手段只限定在语言上,要充分利用手势语、表情等可能利用的随意运动,随着日常生活交流能力的提高,会大大地促进语言的发育,为儿童将来融入社会做准备。

3. 注意事项

首先,要充分发挥游戏的作用。游戏是儿童最喜欢的活动,在游戏过程中,儿童情绪高涨、自由自在,最容易自发地进行语言表达,最注意倾听别人的讲话,因而也最容易习得新的语言技能,巩固已有的语言技能。可通过抢答游戏、动作演示游戏等方式,将集体游戏和个别游戏相结合,充分调动儿童语言学习的积极性,提高学习效果。

其次,要最大限度地争取父母的全面配合。儿童首先是在家庭的语言环境中习得言语的,即使进入学校后,这种影响还在继续发挥很大的作用。儿童各种语言问题,特别是语言发展迟缓问题,大多由不良的家庭因素所致。所以,任何语言障碍的矫治工作都需要儿童父母和其他家庭成员的积极配合,让儿童的家庭成员为其提供尽可能优越的语言环境,安排尽可能充分的语言活动机会,帮助儿童的语言矫治。

再次,注意训练的度。训练频率越高、时间越长,效果越大,但要按照儿童的接受能力而定。训练时间一般在儿童注意力较集中的上午,最好在睡醒后 1 小时,饭后 30 分钟进行,时间以 30—60 分钟为宜,每日一次,训练时应注意儿童的反应,每次内容不可过多,要循序渐进,以达到最佳效果。

思考题

1. 什么是儿童分离性焦虑症?如何干预?
2. 什么是儿童恐怖症?如何干预?
3. 简述病弱儿童的含义。
4. 简述肢体残疾儿童的心理行为特征。
5. 肢体残疾和病弱儿童预防性干预指什么?举例说明。
6. 言语语言障碍儿童的成因有哪些?
7. 言语语言障碍常见的干预方法有哪些?

参考文献

1. A·卡尔.儿童和青少年临床心理学[M].张建新等译.上海：华东师范大学出版社，2004.

2. A·班杜拉.思想和行动的社会基础——社会认知论(上)[M].上海：华东师范大学出版社，2001.

3. American Association of Mental Retardation. Mental Retardation：definition，classification，and systems of supports（10th ed.）[M]. Washington，DC：The Author，2002.

4. Deborah C. Essential elements in early intervention：visual impairment and multiple disabilities [M]. New York：AFB Press，1999.

5. Hyatt K J. The new IDEA：Changes，concerns and questions. Intervention in School and Clinic [J]. 2007，(3)：131-136.

6. Lorna Wing. 孤独症谱系障碍家长及专业人员指南[M].孙敦科译.北京：北京大学医学出版社，2008.

7. McDermott S，Durkin M S，Schupf N. et al.. Epidemiology and etiology of mental retardation [M]. Springer US，2007.

8. Patricia M B. Early intervention services for infants [J]. Toddlers and the Families，2005.

9. Pschirrer E R，Yeomans E R. Does asphyxia cause cerebral palsy [J]. Semin Perinatol，2000，24(3)：215-220.

10. Richard M G. Special education in contemporary society (2th，ed) [M]. Thomson Wadsworth，2006.

11. Sigafoos J，O'Reilly M F，Lancioni G E. Mental Retardation [M]. New York：Springer. 2009.

12. Stanley I. Greenspan，Serena Wieder，Robin Simons.特殊儿童教养宝典：促进智力和情绪成长的全新疗法("地板时间"疗法)[M].刘琼瑛译.台北：久周出版文化事业有限公司，2005.

13. Stephen R. Hooper，Warren Umansky. Young children with special needs (4th，ed)[M]. Upper Saddle River，New Jersey：Pearson Education，2004.

14. Steven E. Gutstein. 自闭症/亚斯伯格症：解开人际关系之谜[M]. 何修瑜等译. 台北：久周出版社,2005.

15. Tanguay P E. Pervasive developmental disorders：A 10 - year review [J]. Journal of the American Academy of Children and Adolescent Psychiatry，2000,39(9):1079 - 1095.

16. William L·休厄德. 特殊需要儿童教育导论[M]. 肖非等译. 北京：中国轻工业出版社,2007.

17. 艾里克·J·马施,大卫·A·沃尔夫. 儿童异常心理学[M]. 孟宪璋等译. 广州：暨南大学出版社,2004.

18. 曹倩璐. 自闭症在英国的诊疗[M]. 上海：上海科学技术文献出版社,2008.

19. 曹漱芹,方俊明. 脑神经联结异常——自闭症认知神经科学研究新进展[J]. 中国特殊教育,2007,(5):43—49.

20. 陈秀杰,李树春. 小儿脑瘫的定义、分型和诊断条件[J]. 中华物理医学与康复杂志,2007,29(5):309.

21. 成雪枫. 盲生受挫心理分析及教育对策[J]. 现代特殊教育,2004,(10):28.

22. 程祁德. 白银市区 0—6 岁儿童残疾抽样调查分析[J]. 中国康复医学杂志. 2004,19(3):222.

23. 戴旭芳. 自闭症的病因研究综述[J]. 中国特殊教育,2006,(3):84—87.

24. 第二次全国残疾人抽样调查听力残疾标准组. 第二次全国残疾人抽样调查残疾标准[J]. 中国残疾人,2006,(5):9.

25. 第二次全国残疾人抽样调查办公室. 第二次全国残疾人抽样调查主要数据公报[J]. 中国残疾人,2006,(12):5.

26. 董为. "用进废退"、"器官相关"与竞技运动员的早期培养[J]. 中国体育科技,1998,34(12):12—16.

27. 方俊明. 特殊教育学[M]. 北京：人民教育出版社,2005.

28. 冯志颖. 精神疾病诊疗常规[M]. 天津：天津科学技术出版社,2004.

29. 傅安球. 实用心理异常诊断矫治手册[M]. 上海：上海教育出版社,2006.

30. 傅培等. 全国 0—6 岁儿童视力残疾抽样调查[J]. 中华医学杂志,2004,84(18):1545—1549.

31. 贺荟中,方俊明. 视障儿童的认知特点与教育对策[J]. 中国特殊教育,2003,(2):41—44.

32. 洪俪瑜. ADHD学生的教育与辅导[M]. 台北：心理出版社,1998.

33. 胡岢,张琨,朱辉. 聋儿早期干预的必要性和实施[J]. 中国医师杂志,2000,2(1):8—9.

34. 黄希庭. 人格心理学[M]. 杭州：浙江教育出版社. 2002.

35. 黄昭鸣,杜晓新. 言语障碍的评估与矫治[M]. 上海：华东师范大学出版社,2006.

36. 黄昭鸣,杜晓新,孙喜斌等. "多重障碍·多重干预"综合康复体系的构建[J]. 中国特殊教育,2007,(10):67—69.

37. 黄昭鸣,周红省. 聋儿康复教育的原理与方法——HLS理论与 1＋X＋Y 模式的构建与实践[M]. 上海：华东师范大学出版社,2008.

38. 黄昭鸣,杜晓新. 言语障碍的评估与矫治[M]. 上海：华东师范大学出版社,2006.

39. 蒋京川. 认知神经科学对早期学习的研究进展及其启示[J]. 早期教育,2004,(1):6—7.

40. 焦敏,杜亚松. 儿童焦虑性情绪障碍筛查量表的临床应用[J]. 上海精神医学,2005,(2).

41. 焦胜敏. 廊坊市区 2276 名学龄前儿童弱视流行病学调查分析[J]. 中国医药指南,2009,7(4):116—118.

42. 赖仲泰. "波特奇"与特殊儿童早期干预[J]. 现代特殊教育,2005,(4):47—48.

43. 李玲,孙华峦. 海南省智力残疾现患率的流行病调查[C]//第三届全国儿童康复学术会第十届全国小儿脑瘫学术研讨会论文汇编,2008.

44. 李晓捷.脑瘫概念的历史回顾及对定义和分型的讨论[C]//中国康复医学会首届儿童康复学术会议暨中国残疾人康复协会第八届小儿脑瘫学术会议,2004.

45. 李雪荣,苏林雁,罗学荣等.中国精神疾病分类与诊断标准第三版(CCMD-3)儿童青少年部分的修订与现场测试[J].中国心理卫生杂志,2002,16(4):230—233.

46. 李雪荣.孤独症治疗简介[J].中国儿童保健杂志,2004,12(5):418—419.

47. 李玉堂.脑性瘫痪的病因学研究进展[J].中国康复理论与实践,2009,(11):1029—1031.

48. 李震中,岳月红等.河北省人群智力残疾发生风险分析[J].脑与神经疾病杂志,2008,16(4):446—449.

49. [英]丽莎·埃文斯.对三个视障学生社交心态的调查与分析[J].内蒙古教育,2008,(9):43—44.

50. 梁爱民,武英华,张秀玲等.北京市0—6岁儿童智力低下的现患率调查[J].中国实用儿科杂志,2006,21(11):829—832.

51. 林宝贵.语言障碍与矫治[M].台北:五南图书出版公司,1995.

52. 林崇德,罗良.认知神经科学关于智力研究的新进展[J].北京师范大学学报(社会科学版),2008,1:42—49.

53. 林云强,张福娟.美国"波特奇方法"在智障儿童家庭教育中的运用[J].现代特殊教育,2007,10:34—36.

54. 刘春玲,江琴娣.特殊教育概论[M].上海:华东师范大学出版社,2008.

55. 刘春玲.弱智儿童语言获得的研究[J].心理科学,1999,22(5):443—446.

56. 刘昊.正向行为支持法在干预孤独症儿童问题行为的个案研究[J].中国特殊教育,2007,(3):26—32.

57. 刘浩明等.特殊言语损伤研究及其进展[J].心理科学,2004,27(5):1178—1180.

58. 刘金花.儿童发展心理学[M].上海:华东师范大学出版社,1997.

59. 刘景梅,赵忠国,张品等.河南省0—6岁残疾儿童抽样调查报告[J].中华医学研究杂志,2005,11:1084—1091.

60. 刘靖,王玉凤,郭延庆等.儿童孤独症筛查量表的编制与信度、效度分析[J].中国心理卫生杂志,2004,7(6):389,400—403.

61. 刘俊升,桑标.发展认知神经科学评述[J].心理科学,2007,30(1):123—127.

62. 刘黎明.儿童视觉发育的研究现状及检测技术[J].国外妇幼保健分册,2002,13(6):266—269.

63. 刘全礼.残障儿童的早期干预概论[M].天津:天津教育出版社,2007.

64. 刘全礼.残障儿童早期干预的理论与实践[M].西宁:青海人民出版社,1995.

65. 路荣喜.视障学生社会适应能力的培养与评估[M].北京:中国文史出版社.2004.

66. 栾承等.我国肢体残疾预防策略的探讨[J].中国康复医学杂志,2008,23(4):369.

67. 罗慧珍.试论视障幼儿的社会交往能力的培养[J].现代特殊教育,2001,(9):34—36.

68. 罗仕兴等.贵阳市0—6岁残疾儿童抽样调查[J].中国康复理论与实践,2004,10(6):40—342.

69. 马红英,昝飞.言语语言病理学[M].上海:华东师范大学出版社,2005.

70. 茅于燕,王书荃.弱智儿童的早期干预[M].北京:华夏出版社,1994.

71. 苗淑新,苗歌.儿童智力残疾预防[M].北京:华夏出版社,1997.

72. 南登崑.康复医学[M].北京:人民卫生出版社,2004.

73. 彭霞光. 视力残疾儿童的教育理论与实践[M]. 北京:华夏出版社,1997.

74. 朴永馨. 特殊教育学[M]. 福州:福建教育出版社,1995.

75. 秦金亮. 发展认知神经科学及其对当代教育的启示[J]. 教育研究,2008,(7):59—64.

76. 全国人大常委会法制工作委员会研究室. 中华人民共和国法律法规及司法解释分类汇编社会法卷(1)[M]. 北京:中国法制出版社,2010:45.

77. 桑标. 关键期:医教结合的重要纽带[J]. 上海教育科研,2008,(7):14—16.

78. 石晓辉. 儿童孤独症的行为治疗[J]. 中国特殊教育,2003,(6):81—84.

79. 史惟,杨红,施炳培等. 国内外脑性瘫痪定义、临床分型及功能分级新进展[J]. 中国康复理论与实践,2009,9:801—803.

80. 史惟. 脑瘫儿童上肢功能障碍的评价与治疗[J]. 中国康复理论与实践. 2007,13(12):1121—1123.

81. 苏林雁. 儿童多动症[M]. 北京:人民军医出版社,2005.

82. 孙喜斌,于丽玫,张晓东等. 中国0—17岁听力残疾儿童抽样调查分析[J]. 中国听力语言康复科学杂志,2008,(5):14—17.

83. 孙喜斌,李兴启,张华. 听力残疾标准解读[J]. 中国残疾人,2006,(5):10.

84. 孙喜斌等. 听觉功能评估标准及方法[M]. 上海:华东师范大学出版社,2007.

85. 孙玉梅等. 功能型视力评估在视觉障碍教育中的运用. http://www.xinxuyao.com/edu/vision/teaching/2008020213380.shtm,2008 - 2 - 2.

86. 谭立文,苏林雁,张纪水等. 儿童活动水平评定量表的中国城市常模[J]. 湖南医学,2001,18(2):81—83.

87. 汤盛钦. 特殊教育概论[M]. 上海:上海教育出版社,1998.

88. 汪立. 深圳市0—7岁残疾儿童调查结果与分析[J]. 中华物理医学与康复杂志,2001,23(4):240—242.

89. 汪卫华,吴亚南,屈晓燕等. 江苏省0—6岁儿童智力残疾的流行病学调查[J]. 中国行为医学科学,2005,14:1024—1025.

90. 汪卫华. 常州市0—6岁儿童肢体残疾的流行病学调查[J]. 中国民康医学杂志,2003,15(4):248—250.

91. 汪卫华. 江苏省0—6岁儿童肢体残疾的流行病学调查[J]. 中国民康医学杂志,2005,17(1):1—2,5.

92. 汪卫华等. 常州市0—6岁残疾儿童的流行病学调查[J]. 中国临床康复,2002,6(22):3330—3332.

93. 汪向东,王希材,马弘. 心理卫生评定手册(增订版)[M]. 北京:中国心理卫生杂志社,1999.

94. 王朝勇,姬长友,王宜南. 感染性神经性聋的新进展[J]. 山东大学基础医学院学报,2004,(1):56—58.

95. 王成美,穆朝娟,王延祜. 关于儿童孤独症治疗现状的思考[J]. 中国行为医学科学,2002,11(4):468—469.

96. 王辉. 脑瘫研究现状[J]. 中国康复理论与实践,2004,(5):289—292.

97. 王辉. 学龄脑瘫儿童障碍特征的分析[J]. 中国特殊教育,2004,(10):6—12.

98. 王梅,张俊芝. 孤独症儿童的教育与康复训练[M]. 北京:华夏出版社,2007.

99. 王梅. 孤独症儿童教育与医学康复的最新成果综述[J]. 中国特殊教育,2001,(3):44—47.

100. 王美芳,赵金霞,白文. 学前儿童焦虑量表中文版的测量学分析[J]. 中国临床心理学杂志,2009,17(1):21—23.

101. 王敏,刘敏娜,黄哲等.陕西省0—6岁儿童五类残疾现况调查[J].中国儿童保健杂志,2007,15(4):353—355.

102. 王敏.陕西省0—6岁儿童五类残疾现况调查[J].中国儿童保健杂志,2007,15(4):353—355.

103. 王晓红等.青岛市盲校学生心理卫生状况调查[J].齐鲁医学杂志,1997,(1):28—29.

104. 王雁.早期干预的理论依据探析[J].中国特殊教育,2000,28(4):1—3.

105. 王燕,张雷.自我概念在父母情感关爱与儿童发展间的完全中介效应[J].心理发展与教育.2006,(3):30—34.

106. 王永丽,林崇德,俞国良.儿童社会生活适应量表的编制与应用[J].心理发展与教育,2005,(1):108—114.

107. 王雨生,赵炜,马吉献等.陕西省盲校盲童致盲原因调查分析[J].国际眼科杂志.2006,6(1):219—221.

108. 王争艳,刘迎泽,杨叶.依恋内部工作模式的研究概述及探讨[J].心理科学进展,2005,13(5):629—639.

109. 韦小满.特殊儿童心理评估[M].北京:华夏出版社,2006.

110. 吴卫红,张雁.脑瘫儿童的教育康复[J].中国康复理论与实践,2003,9(4):210.

111. 吴增强.多动症儿童心理辅导[M].上海:上海教育出版社,2006.

112. 谢明.孤独症儿童的教育康复[M].天津:天津教育出版社,2007.

113. 阎炯,刘念,张庆松.小儿脑性瘫痪病因学的研究进展[J].中国实用儿科杂志,2007,22(3):231—233.

114. 杨静,高书文.五类残疾儿童现患调查与康复需求分析[J].天津医科大学报,2002,8(1):99—101.

115. 杨晓玲,蔡逸周.解密孤独症[M].北京:华夏出版社,2007.

116. 杨鑫辉.心理学通史第4卷·外国心理学派·上[M].济南:山东教育出版社,2000.

117. 杨鑫辉.心理学通史第5卷·外国心理学派·下[M].济南:山东教育出版社,2000.

118. 梁宁建.心理学导论[M].上海:上海教育出版社,2006.

119. 银春铭,于素红.儿童语言障碍及矫正[M].北京:人民教育出版社,2001.

120. 余强.美国中小学阶段特殊教育安置的趋势分析[J].中国特殊教育,2007,(4):41.

121. 袁东.视障儿童个别矫正与康复[M].北京:中国盲文出版社,2005.

122. 约翰C.斯科.情感发展:儿童的社会化.耶鲁育儿宝典[M].北京:中国社会科学出版社,2003.

123. 张福娟,谢立波,袁东.视觉障碍儿童人格特征的比较研究[J].心理科学,2001,(2):154—156.

124. 张丽军,申长礼,张云艳等.PL视力的临床应用价值[J].实用眼科杂志.1999,(9):571.

125. 张庆松,刘京华,王海勇等.脑性瘫痪病因与视力障碍[J].中国临床康复,2003(19):2761.

126. 张文新等.3—4岁儿童攻击行为发展的追踪研究[J].心理科学,2003,26(1):44—47.

127. 张晓丽等.6月—4岁儿童视力筛查量表的应用研究[J].儿童健康护理,1998,(6):50—51.

128. 张欣,季成叶,李金水等.天津市2—6岁儿童孤独症调查[J].中国生育保健杂志,2004,15(4):206—208.

129. 张欣,阎佩琦,张庆红等.天津市盲童学校学生个性特征探讨[J].天津医科大学报,1996,(2):38—40.

130. 张秀坤,田彦.天津市和平区0—6岁残疾儿童调查[J].中国妇幼保健,2001,16(12):

748—750.

131. 张炎.音乐治疗干预高功能孤独症儿童行为训练的个案研究[J].中国特殊教育,2005,(8):38—43.

132. 张艳宏,刘保延,赵宏等.脑卒中痉挛性瘫痪特点及其评定进展[J].中国康复理论与实践,2008,14(2):110—112.

133. 张悦歆.视力残疾儿童视功能训练理论与实践新探[D].北京:北京师范大学,2005.

134. 章煜,陈孙敏,钱飞敏等.上海市7岁以下残疾儿童的流行病学研究[J].上海预防学,1999,11(3):109—111.

135. 赵斌,冯维.精加工策略训练对盲生理解记忆影响的实验研究[J].中国特殊教育,2001,(4):46—49.

136. 赵堪兴.要特别注重儿童弱视诊断中的年龄因素[J].华眼科杂志,2007,43(11):961—964.

137. 赵绍杰,孙帅,王玉英等.洛阳市0—18岁儿童肢体残疾的临床分析[J].中国民康医学杂志,2006,18(1):67—68.

138. 赵绍杰.洛阳市0—18岁儿童肢体残疾的临床分析[J].中国民康医学,2006,18(1):68.

139. 郑远远,孙葆忱,崔彤彤.视力残疾儿童的视觉康复与教育康复[J].眼科,1997,(6):173.

140. 中国残疾人实用评定标准. http://www. gov. cn/ztzl/gacjr/content_459939. htm. 2006 - 12 -02.

141. 中国人口信息网.中国发布第二次全国残疾人抽样调查主要数据公报. http://www. cpirc. org. cn/tjsj/tjsj_gb_detail. asp? id=9570,2009 - 08 - 10.

142. 钟经华.视力残疾儿童的心理与教育[M].天津:天津教育出版社,2007.

143. 钟经华.视力残疾儿童教育学[M].北京:华夏出版社,2006.

144. 周耿,王梅.孤独症儿童的教育训练[M].北京:中国统计出版社,1999.

145. 朱华,艾荣,刘建平等.内蒙古自治区智力残疾现患率调查及病因分析[J].内蒙古医学杂志,2008,40(11):1355—1358.

146. 朱智贤.儿童心理学[M].北京:人民教育出版社,2003.